AF619451

# TARIFFE GENERAL

Des droicts dépendans des cinq grosses Fermes de France.

*ARRESTÉ AU CONSEIL DU ROY le 27. Octobre 1632. auec les Lettres Patentes de sa Majesté pour la leuée & payement desdits droicts.*

A PARIS,
Chez AUGUSTIN COURBÉ
Marchand Libraire au Palais, dans la salle des Merciers à la Palme.

M. DC. XLIV.

# ESTAT DES DANREES ET

## Marchandises, Drogueries & Espiceries,

*Sur lesquelles le Roy ordõne estre prins & leuez ses droicts de Traicte & Imposition Foraine, Resue, Domaine Forain & hault passage, & Traicte Domanialle lors du chargement d'icelles, pour sortir le Royaume, ou estre portees aux Prouinces où les Aydes n'õt cours; & les Bureaux des Cinq grosses Fermes ne sont establis: Ensemble des taxes que chacune espece de Marchandise doit payer en chacune Prouince dependant du Bail desdites Cinq grosses Fermes pour les anciens droicts; A sçauoir en la Prouince de Normandie, Picardie, Poictou, Aulnis, la Rochelle & Berry, à raisõ de seize deniers pour liure, en Bourgongne à raison de 20. deniers pour liure, & en Champagne, à raison de 23. deniers pour liure, de la valleur & estimation desdites Marchandises. Cõme aussi les droicts de la nouuelle reapreciation desdites Danrees & Marchandises, Drogueries & Espiceries, lesquels droicts, ensẽble ceux de l'ancienne Traicte Domanialle, Sa Maiesté ordõne par ses Lettres de Declaration du 14. iour d'Aoust 1632. estre pris & leuez esgalement en toutes lesdites Prouinces, pour le soulagement des Marchãs, & qu'ils seront payez par toutes personnes sans aucun priuilege, des foires frãches, ou autres quelcõques, ainsi que ses droicts d'ẽtree, conformement aux Edicts & Reglemẽs sur ce faits: Mémes aux Arrests de son Conseil, donnez sur les priuileges des foires de Lyon pour raison de ladite Traicte Domanialle. Le tout y compris, caisses, tonneaux, cordages, serpilliers & tous autres amballages.*

| *Marchandises.* | *Norman. Picardie. Berry & Poictou.* xvi.d.pour liure. | *Bourgongne.* xx.d. pour li. | *Champagne.* xxiii.d.pour l. |
|---|---|---|---|
| **A** | | | |
| ACier ouuré & nõ ouuré, le cent pesant cy deuant estimé cent sols, & à present dix liures, payera pour l'ancien droict, | vi.s. viii.d. | viii. s. iiii. d. | ix.s.vii.d. |
| Et pour la nouuelle reapreciation, | vi. s.viii.d. | vi.s. viii.d. | vi.s.viii. d. |
| Aigneaux d'vn an gras ou maigres la piece cy deuãt estimee vingt sols, & à present xxv.s.x. payera pour l'ancien droict, | i. s.iiii.d. | xx.d. | xxiii.d. |
| Et pour la nouuelle reapreciation, | iiii.d. | iiii.d. | iiii. d. |
| Aignelin en suin , voyez laines, | | | |
| Aiguilles,voyez Mercerie. | | | |
| Airain ouuré & non ouuré , le cent pesant cy deuant estimé quinze liures, & à present trẽte liures, payera pour l'ancien droict, | xx.s. | xxv.s. | xxviii.s. ix.d. |
| Et pour la nouuelle reapreciation, | xx.s. | xx. s. | xx. s. |
| Aix de sapin, tant grands que moyens,le cent en nombre cy deuãt estimé vingt cinq liures, & à present quarante deux liures dix sols,payera pour l'ancien droict, | xxxiii.s. iiii.d. | xli.s.viii.d. | xlvii. s. xi. d. |
| Et pour la nouuelle reapreciation, | xxiii.s.iiii.d. | xxiii.s. iiii.d. | xxiii.s. iiii. d. |

| Marchandises. | Norman. Picardie, Berry & Poictou. xvi.d. pour liure. | Bourgongne. xx.d.pour l. | Champagne. xxiii.pour liu. |
|---|---|---|---|
| Albastre le pied cy deuant estimé cinquante sols, & à present soixante sols, payera pour l'ancien droict, | iii.s.iiii.d. | iiii.s.ii.d. | iiii.s.ix.d. |
| Et pour la nouuelle reapreciation, | viii.d. | viii.d. | viii.d. |
| Alumettes, le cent pesant cy-deuāt estimé sept sols six den. & à present dix sols, payera pour l'ancien droict, | vi.d. | vii.d. ob. | viii. d. |
| Et pour la nouuelle reapreciation, | ii. d. | ii. d. | ii.d. |
| Alun de toutes sortes, le cent pesant l'vn portant l'autre cy deuant estimé dix liures, & à present douze liures, payera pour l'ancien droict, | xiii.s.iiii.d. | xvi.s. viii.d. | xix.s.ii.d. |
| Et pour la nouuelle reapreciation, | ii.s. viii.d. | ii.s. viii.d. | ii.s.viii.d. |
| Anchoix, le cent pesant cy deuant estimé sept liure dix sols, payera pour l'ancien droict, | x.s. | xii.s.vi.d. | xiiii.s.iiii. d. |
| Et pour la nouuelle reapreciation, | neant. | neant. | neant. |
| Anguilles, le cent en nombre cy deuant estimé sept liures dix sols, payera pour l'ancien droict, | x.s. | xii. s. vi.d. | xiiii.s. iiii. d. |
| Et pour la nouuelle reapreciation, | neant. | neant. | neant. |
| Anil ou Indefinie de Barbarie voyez Indefinie. | | | |
| Ardoise le millier en nombre cy deuant estimé six liures, & à present dix liures, payera pour l'ancien droict, | viii.s. | x. s. | xi.s.vi.d. |

| Marchandise. | Norman. Picardie. Berry & Poictou. xvi.d.pour liure. | Bourgongne. xx. d. pour. liu. | Champagne. xxiii.p.pour.l. |
|---|---|---|---|
| Et pour la nouuelle reapreciation, | v.ſ.iiii.d. | v.ſ.iiii.d. | v.ſ.iiii.d. |
| Amidon du creu de France, le cent peſant cy deuant eſtimé ſept liures dix ſols, & àpreſent dix liures, payera pour l'ancien droict, | x. ſ. | xii.ſ. vi. d. | xiiii. ſ.iiii.d. |
| Et pour la nouuelle reapreciation, | iii.ſ. iiii.d. | iii.ſ. iiii. d. | iii.ſ.iiii.d. |
| Aſnes & Aſneſſes grandes & petites, la piece eſtimee cy deuant cent ſols, & à preſent neuf liures, payera pour l'ancien droict, | vi.ſ.viii.d. | viii.ſ.iiii.d, | ix. ſ. vii. d. |
| Et pour la nouuelle reapreciation, | v.ſ. iiii.d. | v.ſ. iiii.d. | v. ſ.iiii.d. |
| Auirons, le cent en nombre cy deuant eſtimé cent liu. payera pour l'ancien droict, | vi.l. xiii. ſ. iiii. d. | viii.l.vi.ſ.viii.d. | ix.l.xi.ſ.viii.d. |
| Et pour la nouuelle reapreciation, | neant. | neant. | neant. |
| Aulx, la ſomme cy deuant eſtimé cinquante ſols, & à preſent ſoixante ſols, payera pour l'ancien droict. | iii.ſ. iiii.d. | iiii.ſ.ii.d. | iiii.ſ.ix.d. |
| Et pour la nouuelle reapreciation, | viii. d. | viii. d. | viii. d. |
| Auoyne, le muid, meſure de Paris, contenant douze ſeptiers faiſant deux tonneaux cy deuant eſtimé xx. l. & à preſent xl. liu. payera pour l'ancien droict | xxvi.ſ.viii.d. | xxxiii.ſ.iiii.d. | xxxviii.ſ.iiii.d |
| Et pour la nouuelle reapreciatiō | xxvi.ſ.viii.d. | xxvi. ſ. viii.d. | xxvi. ſ. viii. d. |
| Pour la Traicte Domanialle, pour tonneaux. | iii.l. | iii.l. | iii.l. |

| Marchandiſes. | Norman. Picardie, Berry & Poictou. xvi.d.pourliure. | Bourgongne. xx.d.pour liu. | Champagne. xxiii. d. pour l. |
|---|---|---|---|
| Et pour la nouuelle reapreciation. | xl. ſ. | xl. ſ. | xl. ſ. |
| Aiman, ou pierre d'ayman, le cent peſant cy deuant eſtimé vingt liures, & à preſent trente liures, payera pour l'ancien droit. | xxvj.ſ.viij. d. | xxxiii.ſ.iiii.d. | xxxviii.ſ.iiii.d. |
| Et pour la nouuelle reapreciation. | xiij. ſ. iiij. d. | xiii.ſ. iiii. d. | xiij. ſ. iiij. d. |

| Drogueries & Epiſceries. | Norman. Picardie. Berry & Poictou. xvi.d.pourliure. | Bourgongne. xx.d.pour liu. | Champagne. xxiii. d. pour l. |
|---|---|---|---|
| **A** | | | |
| Acatia le cent peſant cy-deuant eſtimé vingt liu. & à preſent vingt-cinq liures, payera pour l'ancien droit. | xxvi.ſ. viii. d. | xxxiii. ſ. iiii. d | xxxviii.ſ.iiii. d. |
| Et pour la nouuelle reapreciation. | vi. ſ. viii. d. | vi. ſ. viii. d. | vi.ſ.viii. d. |
| Acorus, le cent peſant cy deuant eſtimé cinquante liur. & à preſent cinquante cinq liures, payera pour l'ancien droict. | iii. l. vi. ſ. viii. d. | iiii.l.iii.ſ.iiii.d | iiii.l.xv. ſ. x. d. |
| Et pour la nouuelle reapreciation. | vi. ſ. viii. d. | vi.ſ. viii. d. | vi.ſ.viii.d. |
| Æuſtum le cent peſant cy deuant eſtimé trente liures & à preſent trente ſix liures, paye- | | | |

| *Drogueries & Esppiceries.* | *Normand. Picard. Berry & Poictou.* xvi.d.pour liure. | *Bourgogne.* xx.d.pour liu: | *Champagne.* xxiii.d.pour |
|---|---|---|---|
| ra pour l'ancien droict. | xl. s. | l. s. | lvii. s. vi. d. |
| Et pour la nouuelle reapreciation. | viii. s. | viii. s. | viii. s. |
| Agaric, le cent pesant cy-deuant estimé trente liures, & à present trente six liures, payera pour l'ancien droict, | xl. s. | l. s. | lvii. s. vi. d. |
| Et pour la nouuelle reapreciation. | viii. s. | viii. s. | viii. s. |
| Agnus Costus, le cent pesant idem, | xl. s. | l. s. | lvii. s. vii. d. |
| Et pour la nouuelle reapreciation, | viii. s. | viii. s. | viii. s. |
| Aloës Citrin, le cent pesant, cy-deuant estimé soixante quinze liures, & à present quatre-vingts cinq liures, payera pour l'ancien droict, | c. s. | vi. l. v. s. | vii. l. iii. s. ix. d |
| Et pour la nouuelle reapreciation, | xiii. s. iiii. d. | xiii. s. iiii. d. | xiii. s. iiii. d. |
| Aloes Chicotin & autres, le cent pesant, cy-deuant estimé lxxv. l. & à present quatre-vingts liures, payera pour l'ancien droict, | c. s. | vi. l. v. s. | vii. l. iii. s. ix. d. |
| E pour la nouuelle reapreciation, | vi. s. viii. d. | vi. s. viii. d. | vi. s. viii. d. |
| Aloes Lignùm fin, le cent pesant, cy-deuant estimé quatre cens liures, & à present quatre cens vingt liures, payera pour l'ancien droict, | xxvi. l. xiii. s. iiii. d | xxxiii. l. vi. s. viii. d. | xxxviii. l. vi. s. viii. d. |
| Et pour la nouuelle reapreciation. | xxvi. s. viii. d. | xxvi. s. viii. d. | xxvi. s. viii. d. |
| Aloes moyen, le cent pesant, cy-deuant estimé cinquante liures & à present cinquante cinq liures, payera pour l'ancien droict. | iii. l. vi. s. viii. d. | iiii. l. iii. s. iiii. d. | iiii. l. xv. s. x. d. |

| *Drogueries & Espiceries.* | *Norman. Picardie, Berry & Poictou.* xvi.d. pour liure. | *Bourgongne.* xx.d.pour liu. | *Champagne.* xxiii.d.pour l. |
|---|---|---|---|
| Et pour la nouuelle reapreciation, | vi. ſ. viii.d. | vi.ſ.viii.d. | vi. ſ. viii.d. |
| Alun de toutes ſortes, voyez cy deuant aux marchandiſes, | | | |
| Amandes le cent peſant, cy-deuant eſtimé ſept liures dix ſols, & à preſent dix liures, payera pour l'ancien droict, | x.ſ. | xii.ſ.vi.d. | xiiii.ſ. iiii.d. |
| Et pour la nouuelle reapreciation, | iii.ſ.iiii.d. | iii.ſ.iiii.d. | iii.ſ.iiii.d, |
| Amatiſtes, le cent peſant, cy-deuant eſtimé ſoixante quinze liure, & à preſent quatre vingts liures, payera pour l'ancien droict, | v.l. | vi. l. v.ſ. | vii.l.iii. ſ.ix.d. |
| Et pour la nouuelle reapreciation, | vi.ſ.viii.d. | vi.ſ. viii.d. | vi.ſ. viii.d. |
| Ambre gris la liure, cy deuant eſtimee trois cens liures, & à preſent quatre cens liures, payera pour l'ancien droict, | xx. l. | xxv.l. | xxviii.l. xv. ſ. |
| Et pour la nouuelle reapreciation, | vi.l.vi.ſ.viiii.d. | vi.l.vi.ſ.viiid. | vi.l.vi.ſ.viii.d. |
| Ambre de toutes ſortes, le cent peſant cy deuant eſtimé ſoixante liures, & à preſent quatre vingts liures, payera pour l'ancien droict, | iiii. l. | v.l. | v.l.xv.ſ. |
| Et pour la nouuelle reapreciation, | xxvi.ſ.viii.d. | xxvi.ſ. viii. d. | xxvi. ſ. viii.d. |
| Amidon, le cent peſant cy deuant eſtimé cinq liures & à preſent dix liures, payera pour l'ancien droict, | vi.ſ. viii.d. | viii.ſ. iiii. d. | ix.ſ. v.d. |
| Et pour la nouuelle reapreciation, | vi.viii. d. | vi. ſ. viii.d. | vi.ſ. viii.d. |
| Anacardes, le cent peſant, cy | | | |

| Drogueries & Espiceries | Norman. Picardie, Berry & Poictou. xvi.d. pour liure. | Bourgongne. xx. d. pour li. | Champagne. xxiii.d.pour l. |
|---|---|---|---|
| deuāt estimé vingt cinq liures, & à present trente liures, payera pour l'ancien droict, | xxxiii.s.iiii. d. | xli.s.viii. d. | xlvii.s. xi.d. |
| Et pour la nouuelle reapretiation, | vi.s. viii.d. | vi.s.viii. d. | vi.s. viii.d. |
| Angelica, le cent pesant cy deuant estimé vingt liures, & à present vingt quatre liures, payera pour l'ancien droict, | xxvi.s.viii.d. | xxxiii.s.iiii.d. | xxxviii.s.iiiid. |
| Et pour la nouuelle reapretiation. | v.s.iiii.d. | v.s.iiiid. | v.s.iiii.d. |
| Anis verd, le cent pesant, cydeuant estimé dix liures & à present douze liures dix sols. payera pour l'ancien droict. | xiii.s.iiii.d. | xvi.s. viii.d. | xix.s.ii.d, |
| Et pour la nouuelle reaprecia-tion. | iii.s.iiii.d. | iii.s.iiii.d. | iii.s.iiii. d. |
| Anis en graine, le cent pesant cy deuant estimé cent sols, & à present sept liu. dix sols, payera pour l'ancien droict, | vi. s. viii.d. | viii. s. iiii. d. | ix.s.vii.d. |
| Et pour la nouuelle reaprecia-tion, | iii. s. iii.d. | iii.s.iiii.d. | iii.s.iiii.d. |
| Antimoyne, le cent pesant cy deuant estimé quinze liures, & à present vingt liures, payera pour l'ancien droict, | xx.s. | xxv.s. | xxviii.s. ix. d. |
| Et pour la nouuelle reaprecia-tion, | vi.s. viii. d. | vi.s. viii.d. | vi.s. viii.d. |
| Antimoyne preparee le cent pesant cy deuant estimé soixante liures, & à present soixante dix liures, payera pour l'ancien droict, | iiii.l. | v.l. | v.l.xv.s. |
| Et pour la nouuelle reaprecia-tion, | xiii.s. iiii.d. | xiii.s.iiii.d. | xiii. s. iiii. |
| Antosle, le cent pesant cy de-uant | | | |

| Drogueries & Espiceries. | Norman. Picardie, Berry & Poictou. xvi.d.pour liure. | Bourgongne. xx. d.pour li. | Champagne. xxiii.d.pour liu. |
|---|---|---|---|
| uant estimé soixante quinze liures, & à present quatre vingts cinq liures, payera pour l'ancien droict, | v.l. | vi.l.v.s. | vii.l.iii.s.ix.d. |
| Et pour la nouuelle reapreciation, | xiii.s.iiii.d. | xiii.s.iiii.d. | xiii.s.iiii.d. |
| Antré, le cent pesant cy deuant estimé cinquante liures, & à present cinquante cinq liures, payera pour l'ancien droict, | iii.l.vi.s.viii.d. | iiii.l.iii.s.iiii.d | iiii.l.xv.s.x.d. |
| Et pour la nouuelle reapreciation, | vi.s.viii.d. | vi.s.viii.d. | vi.s.viii.d. |
| Appios fin, le cent pesant cy deuant estimé trois cens liures, & à present trois cens vingt liures, payera pour l'ancien droict, | xx.l. | xxv.l. | xxviii.l.xv.s. |
| Et pour la nouuelle reapreciation, | xxvi.s.viii.d. | xxvi.s.viii.d. | xxvi.s.viii.d. |
| Arcançon le cent pesant, voyez poix blanche & noire. | | | |
| Arcanettes, le cent pesant cy deuant estimé quinze liures, & à present vingt liures, payera pour l'ancien droict, | xx.s. | xxv.s. | xxviii.s.ix.d. |
| Et pour la nouuelle reapreciation. | vi.s.viii.d. | vi.s.viii.d. | vi.s.viii.d. |
| Arcenic, le cent pesant cy deuant estimé vingt liures, & à present trente liures, payera pour l'ancien cien droict, | xxvi.s.viii.d. | xxxiii.s.iiii.d. | xxxviii.s.iiii.d. |
| Et pour la nouuelle reapreciation, | xiii.s.iiii.d. | xiii.s.iiii.d. | xiii.s.iiii.d. |
| Argent vif, le cent pesant cy deuant estimé quarante liures, & à present cinquante liures, payera pour l'ancien droict, | liii.s.iiii.d. | iii.l.vi.s.viii.d | iii.l.xvi.s.viii.d. |

| *Drogueries & Eſpiceries.* | *Normand. Picard. Berry & Poictou.* xvi.d.pour liure. | *Bourgogne.* xx.d.pour liu. | *Champagne.* xxiii.d.pour l. |
|---|---|---|---|
| Et pour la nouuelle reapreciation. | xiii. ſ. iiii. d. | xiii. ſ. iiii. d. | xiii. ſ. iiii. d. |
| Ariſtoloches, le cent peſant cy deuant eſtimé dix liures, & à preſent quinze liures, payera pour l'ancien droict. | xiii. ſ. iiii. d. | xvi. ſ. viii. d. | xix. ſ. ii. d. |
| Et pour la nouuelle reapreciation, | vi. ſ. viii. d. | vi. ſ. viii. d. | vi. ſ. viii. d. |
| Aſſafetida, le cent peſant cy deuant eſtimé ſoixante quinze liures, & à preſent quatre vingts cinq liures, payera pour l'ancien droict, | v. l. | vi. l. v. ſ. | vii. l. iii. ſ. ix. d. |
| Et pour la nouuelle reapreciation. | xiii. ſ. iiii. d. | xiii. ſ. iiii. d. | xiii. ſ. iiii. d. |
| Aſarum, le cent peſant cy deuant eſtimé vingt liures, & à preſent vingt-huict liures, payera pour l'ancien droict, | xxvi. ſ. viii. d. | xxxiii. ſ. iiii. d. | xxxviii. ſ. iiii. d |
| Et pour la nouuelle reapreciation, | x. ſ. viii. d. | x. ſ. viii. d. | x. ſ. viii. d. |
| Aiſetimum, le cent peſant cy-deuant eſtimé trête liures, & à preſent trente ſix liures, payera pour l'ancien droict, | [illegible] ſ. | l. ſ. | lvii. ſ. vi. d. |
| Et pour la nouuelle reapreciation. | viii. ſ. | viii. ſ. | viii. ſ. |
| Aſpalatum, le cent peſant cy-deuant eſtimé cinquante liures, & à preſent ſoixante liures, payera pour l'ancien droict, | iii. l. vi. ſ. viii. d. | iiii. l. iii. ſ. iiii. d. | iiii. l. xv. ſ. x. d. |
| Et pour la nouuelle reapreciation, | xiii. ſ. iiii. d. | xiii. ſ. iiii. d. | xiii. ſ. iiii. d. |
| Aſphaltum, le cent peſant cy-deuant eſtimé ſoixante & quinze liures, & à preſent quatre | | | |

| *Marchandises.* | *Norman. Picardie, Berry & Poictou.* xvi.d. pour liure. | *Bourgongne.* xx.d. pour l. | *Champagne.* xxiii.pour liu. |
|---|---|---|---|
| vingt huict liures, payera pour l'ancien droict, | v.l. | vi.l.v.ſ. | vii.l.iii.ſ.ix.d. |
| Et pour la nouuelle reapreciation, | xvi.ſ.viii.d. | xvi.ſ.viii.d. | xvi.ſ.viii.d. |
| Aſpiny ou eſpine Angeliere, le cent peſant cy-deuant eſtimé vingt liures, & à preſent vingt cinq liures, payera pour l'ancien droict, | xxvi.ſ.viii.d. | xxxiii.ſ.iiii.d. | xxxviii. ſ. iiii. d. |
| Et pour la nouuelle reapreciation, | vi.ſ.viii.d. | vi.ſ.viii. d. | vi.ſ. viii. d. |
| Auelines, le cent peſant cy-deuant eſtimé dix liures, & à preſent douze liures, payera pour l'ancien droict, | xiii.ſ.iiii.d. | xvi.ſ. viii. d. | xix. ſ.ii.d. |
| Et pour la nouuelle reapreciation, | ii.ſ. viii. d. | ii.ſ.viii.d. | ii.ſ.viii.d. |
| Azerbes, le cent peſant cy deuant eſtimé quatre vingts dix liures, & à preſent cent liures, payera pour l'ancien droict, | vi.l. | vii.l. x.ſ. | viii. l. xii.ſ. vi. d. |
| Et pour la nouuelle reapreciation, | xiii.ſ.iiii.d. | xiii. ſ.iiii.d. | xiii. ſ. iiii. d. |
| Azur fin, le cent peſant, cy deuant eſtimé deux cẽs cinquante liures, & à preſent deux cens quatre-vingts liu. payera pour l'ancien droict, | xvi.l. xiii.ſ. iiii.d. | xx. l. xvi.ſ. viii.d. | xxiii.l. xix.ſ.ii.d. |
| Et pour la nouuelle reapreciation, | xl.ſ. | xl.ſ. | xl.ſ. |
| Azur gros, commun d'eſmail aſſorty, le cent peſant cy deuant eſtimé cinquante liures, & à preſent ſoixante & dix liures, payera pour l'ancien droict, | iii. l.vi.ſ.viii.d. | iiii.l.iii.ſ.iv.d. | iiii.l.xv. ſ.x. d. |

| *Drogueries & Espiceries.* | *Norman. Picardie, Berry & Poictou.* xvi. d. pour liure. | *Bourgongne.* xx. d. pour li. | *Champagne.* xxiii. d. pour l. |
|---|---|---|---|
| Et pour la nouuelle reapreciation. | xxvi. ſ. viii. d. | xxvi. ſ. viii. d. | xxvi. ſ. viii. d. |
| Azur d'eſmail l'vn portant l'autre, le cent peſant cy deuant eſtimé quarante deux liures, & à preſent cinquante cinq liures payera pour l'ancien droict. | lvi. ſ. | iii. l. x. ſ. | iiii. l. vi. d. |
| Et pour la nouuelle reapreciation, | xvii. ſ. iiii. d. | xvii. ſ. iiii. d. | xvii. ſ. iiii. d. |

---

| *Marchandiſes.* | *Normandie, Picard. Berry & Poictou.* xvi. d. pour liu. | *Bourgongne.* xx. d. pour l. | *Champagne.* xxiij. d. pour l. |
|---|---|---|---|
| **B** | | | |
| BAleine, le cent peſant cy-deuant eſtimé ſept liures dix ſols, & à preſant douze liur. payera pour l'ancien droict. | x. ſ. | xii. ſ. vi. d. | xiiii. ſ. iiii. d. |
| Et pour la nouuelle reapreciation, | vi. ſ. | vi. ſ. | vi. ſ. |
| Balles panniers & corbeilles la douzaine, cy deuant eſtimee vingt ſols, & à preſent vingt cinq ſols, payera pour l'ancien droict, | i. ſ. iiii. d. | xx. d. | xxiii. d. |
| Et pour la nouuelle reapreciation, | iiii. d. | iiii. d. | iiii. d. |

| Marchandise. | Norman. Picardie. Berry & Poictou. xvi. d. pour liure. | Bourgongne. xx. d. pour. liu. | Champagne. xxiii. d. pour. l. |
|---|---|---|---|
| arragans, le cent pesant voyez amelots. | | | |
| arils vuides le lets cy deuant timé quarante sols, & à prent cinquante sols, paiera pour ancien droict, | ii. s. viii. d. | iiii. s. iiii. d. | iiii. s. x. d. |
| t pour la nouuelle reapreciaon, | viii. d. | viii. d. | viii. d. |
| as de soye la liure cy deuant timé six liures, & à present ouze liures, payera pour l'anen droict, | viii. s. | x. s. | xi. s. vi. d. |
| t pout la nouuelle reaprecia-on, | viii. s. | viii. s. | viii. s. |
| as à botter de toutes sortes e toilles, voyez lingerie. | | | |
| as de fil & de cotton, le cent esant cy deuant estimé soixãte uinze liures, & à present cent u. payera pour l'ancien droict | v. l. | vi. l. v. s. | vii. l. iii. s. ix. d. |
| t pour la nouuelle reapreciaon, | xxxiii. s. iiii. d. | xxxiii. s. iiii. d. | xxxiii. s. iiii. d |
| as d'estame tant longs que ours, le cent pesant cy deuant stimé soixante liures, & à present six vingts liures, payera iuant l'Arrest du Conseil du 6. Iuillet 1616. pour l'ancien roict, | iii. l. iiii. s. | iii. l. iiii. s. | iii. l. iiii. s. |
| t pour la nouuelle reapreciaon, | iii. l. xvi. s. | iii. l. xvi. s. | iiii. l. xvi. s. |
| as de laine faits au fuseau, & utres que bas d'estame, le cent esant cy- deuant estimé cinuante liures, & à prsent quare vingts liures, payera pour 'ancien droict, | iii. l. vi. s. viii. d. | iiii. l. iii. s. iiii. d, | iiii. l. xv. s. x. d |

| *Marchandiſes.* | *Norman. Picardie. Berry & Poictou.* xvi. d. pour liure. | *Bourgongne.* xx. d. pour liu. | *Champagne.* xxiii. d. pour l. |
|---|---|---|---|
| Et pour la nouuelle reapreciation. | xl. ſ. | xl. ſ. | xl. ſ. |
| Bas de chauſes de draps & ſerges l'vn portant l'autre, voyez drapperie, | | | |
| Baſteau neuf la piece, cy deuant eſtimé vingt cinq liures, & à preſent trente liu. payera pour l'ancien droict. | xxxiii. ſ. iiii. d. | xli. ſ. viii. d. | xlvii. ſ. xi. d. |
| Et pour la nouuelle reapreciation, | vi. ſ. viii. d. | vi. ſ. viii. d. | vi. ſ. viii. d. |
| Battin ou iong d'Eſpagne, le cent peſant cy-deuant eſtimé douze liures dix ſols, & à preſent vingt liures, payera pour l'ancien droict, | xvi. ſ. viii. d. | xx. ſ. x. d. | xxiii. ſ. xi. d. |
| Et pour la nouuelle reapreciation, | v. ſ. | v. ſ. | v. ſ. |
| Batterie d'airain, le cent peſant cy deuāt eſtimé quinze liures, & à preſent trente liures, payera pour l'ancien droict, | xx. ſ. | xxv. ſ. | xxviii. ſ. ix. d. |
| Et pour la nouuelle reapreciation. | xx. ſ. | xx. ſ. | xx. ſ. |
| Batterie de cuiure, le cent peſant idem. | xx. ſ. | xxv. ſ. | xxviii. ſ. ix. d. |
| Et pour la nouuelle reapreciation. | xx. ſ. | xx. ſ. | xx. ſ. |
| Baudrayers en broderie d'or & d'argent fin, l'vn portant l'autre, la piéce cy-deuant eſtimée ſept liures dix ſ. & à preſent douze liures, payera pour l'ancien droict. | x. ſ. | xii. ſ. vi. d. | xiiii. ſ. iiii. d. |
| Et pour la nouuelle reapreciation, | vi. ſ. | vi. ſ. | vi. ſ. |
| Baudrayers gallonnez d'or & | | | |

| Marchandises. | Norman. Picardie, Berry & Poictou. xvi.d. pour liure. | Bourgongne. xx.d. pour liu. | Champagne. xxiii.d. pour l. |
|---|---|---|---|
| d'argēt fin, l'vn portant l'autre, la piece cy deuant estimée quatre liures dix sols, & à present six liures, payera pour l'ancien droict, | vi. s. | vii. s. vi. d. | viii. s. viii. d. |
| Et pour la nouuelle reapreciation, | iii. s. iiii. d. | iii. s. iiii. d. | iii. s. iiii. d. |
| Bauge, le cent pesant, cy-deuant estimé vingt cinq liur. & à present trēte liures, payera pour l'ancien droict, | xxxiii. s. iiii. d. | xli s. viii. d. | xlvii. s. xi. d. |
| Et pour la nouuelle reapreciation, | vi. s. viii. d. | vi. s. viii. d. | vi. s. viii. d. |
| Bayette ou reuesche de Flandres, & autres semblables, le cent pesant, cy deuan estimé vingt & vne liures, & à present cinquante trois iures, payera pour l'ancien droict, | xxviii. s. | xxxv. s. | xl. s. iii. d. |
| Et pour la nouuelle reapreciation, | xlii. s. | xlii. s. | xlii. s. |
| Bayette du pays d'Angleterre, idem. | | | |
| Et pour la nouuelle reapreciation, idem. | | | |
| Bazannes tannées, la douzaine cy deuant estimée quarāte sols & à present quatre l. x. s. payera pour l'ancien droict, | ii. s. viii. d. | iii. s. iiii. d. | iii. s. x. d. |
| Et pour la nouuelle reapreciation, | iii. s. iiii. d. | iii. s. iiii. d. | iii. s. iiii. d. |
| Berceaux, la charettée, cy-deestimeé trois liures, payera pour l'ancien droict, | iiii. s. | v. s. | v. s. ix. d. |
| Et pour la nouuelle reapreciation, | neant. | neant. | neant. |

| Marchandises. | Norman. Picardie, Berry & Poictou. xvi. d. pour liure. | Bourgongne. xx. d. pour liu. | Champagne. xxiii. d. pour l. |
|---|---|---|---|
| Besches, la douzaine cy deuant estimee cinquante sols, & à present trois liures, payera pour l'ancien droict | iii. s. iiii. d. | iiii. s. ii. d. | iiii. s. ix. d. |
| Et pour la nouuelle reapreciation. | viii. d. | viii. d. | viii. d. |
| Beurre de toutes sortes, le cent pesant cy deuant estimé dix liures, & à present quinze liures, payera pour l'ancien droict, | xiii. s. iiii. d. | xvi. s. viii. d. | xix. s. ii. d. |
| Et pour la nouuelle reapreciation, | vi. s. viii. d. | vi. s. viii. d. | vi. s. viii. d. |
| Bierre, cidre & poiré, le tonneau cy-deuant estimé sept liurs x. s. & à present quinze liu. payera pour l'ancien droict, | x. s. | xii. s. vi. d. | xiiii. s. iiii. d. |
| Et pour la nouuelle reapreciation. | x. s. | x. s. | x. s. |
| Bled froment, & mesteil, le muid; contenant deux tonneaux mesure de Paris, cy-deuant estimé trente liures, & à present soixante & dix liures, payera pour l'ancien droict, | xl. s. | l. s. | lvii. s. vi. d. |
| Et pour la nouuelle reapreciation. | liii. s. iiii. d. | liii. s. iiii. d. | liii. s. iiii. d. |
| Pour la traicte Domonialle, pour tonneau, faisant six septiers mesure de Paris. | vi. l. | vi. l. | vi. l. |
| Et pour la nouuelle reapreciation, | l. s. | l. s. | l. s |
| Bled des Indes, voyez legumes, | | | |
| Bœufs gras, petits ou maigres, la piece, cy-deuant estimee vingt | | | |

| *Marchandises.* | *Norman. Picardie, Berry & Poictou.* xvi.d.pour liure. | *Bourgongne.* xx. d. pour li. | *Champagne.* xxiii.d.pour l. |
|---|---|---|---|
| vingt liures, & à present trente liures, payera pour l'ancien droict. | xxvi. ſ. viii. d. | xxxiii.ſ.iiii.d. | xxxviii.ſ.iiii.d. |
| Et pour la nouuelle reapreciation. | xiii. ſ. iiii. d. | xiii. ſ. iiii. d. | xiii. ſ. iiii. d. |
| Bois de breſil & tous autres bois à faire teintures, le cent peſant cy deuant eſtimé cinquante ſols, & à preſent ſept liures dix ſols, payera pour l'ancien droict. | iii. ſ. iiii. d. | iiii.ſ. ii. d. | iiii.ſ. ix. d. |
| Et pour la nouuelle reaprecaition, | vi.ſ. viii.d. | vi.ſ.viii.d. | vi.ſ.viii. d. |
| Bois d'esbeine, le cent peſant cy-deuant eſtimé cent ſols, & à preſant dix liures, payera pour l'ancien droict. | vi.ſ.viii. d. | viii. ſ. iiii. d. | ix. ſ. vii. d. |
| Et pour la nouuelle reapreciation, | vi. ſ. viii.d. | vi.ſ.viii. d. | vi.ſ.viii. d. |
| Bois de miroir fait des bois blanc, le cent peſant, cy-deuant eſtimé quatre liu. trois ſ. iiii.d. & à preſent huict liures, payera pour l'ancien droict, | v.ſ.vi. d. | vi.ſ.x.d. | vii. ſ. xi.d. |
| Et pour la nouuelle reapreciation, | v. ſ.ii.d. | v. ſ.ii. d. | v. ſ.ii. d. |
| Bois de cheſne, chacune piece de vingt cinq à trente pieds de longueur, & ſix poulces en carré & au deſſus, cy deuant eſtimé trente trois ſols iiii. den. & à preſent quatre liures, payera pour l'ancien droict, | ii.ſ.iii. d. | ii.ſ.ix.d. | iii.ſ.ix. d. |
| Et pour la nouuelle reaprec. | iii. ſ. i.d. | iii.ſ.i. d. | iii.ſ.i.d. |
| Bois à faire ſommiers de vingt à trente pieds de lõgueur, plus | | | |

| *Marchandises.* | *Normand. Picard. Berry & Poictou.* xvi.d.pour liure. | *Bourgongne.* xx.d.pour liu. | *Champagne.* xxiii.d.pour l. |
|---|---|---|---|
| ou moins la piece, cy-deuant estimée huict liures, & à present quinze liures, payera pour l'ancien droict, | x. s. viii. d. | xiii. s. iiii. d. | xv. s. iiii. d. |
| Et pour la nouuelle reapreciation, | ix. s. iiii. d. | ix. s. iiii. d. | ix. s. iiii. d. |
| Bois à bastir, la longue piece, payera à l'equipolent. idem. Et pour la nouuelle reapreciation, idem. | idem. | idem. | idem. |
| Bois à bastir, le chart cy-deuant estimé six liures cinq sols, & à present douze liures dix sols, payera pour l'ancien droict. | viii. s. iiii. d. | x. s. v. d. | xi. s. xi. d. obo. |
| Et pour la nouuelle reapreciation. | vii. s. viii. d. | vii. s. viii. d. | vii. s. viii. d. |
| Et le cent en nombre, estimé cinquante liures, & à present soixante quinze liures, payera pour l'ancien droict. | xlvi. s. viii. d. | iiii. l. iii. s. iiii. d. | iiii. l. xv. s. x. d. |
| Et pour la nouuelle reapreciation, | xxxiii. s. iiii. d. | xxxiii. s. iiii. d. | xxxiii. s. iiii. d. |
| Bois soyez, tant en barreaux que planches, le cent en nombre cydeuant estimé vingtcinq liures, & à present trente cinq liures, payera pour l'ancien droict, | xxxiii. s. iiii. d. | xli. s. viii. d. | xlvii. s. xi. d. |
| Et pour la nouuelle reapreciation. | xiii. s. iiii. d. | xiii. s. iiii. d. | xiii. s. iiii. d. |
| Bois à baril, le milier de long bois, & cinq cens d'ensonceures en nombre cy deuant estimé dix liures, & à present vingt liures, payera pour l'ancien droict, | xiii. s. iiii. d. | xvi. s. viii. d. | xix. s. ii. d. |

| Marchandises. | Norman. Picardie, Berry & Poictou. xvi.d. pour liure. | Bourgongne. xx.d. pourliu. | Champagne. xxiii.d. pour l. |
|---|---|---|---|
| Et pour la nouuelle reapreciation, | xiii. f. iiii.d. | xiii. f. iiii. d. | xiii. f. iiii. d. |
| Bois à doutain à pippe, le milier comme dessus en nombre, cy-deuant estimé vingt liures, & à present quarante liures, payera pour l'ancien droict, | xxvi. f. viii. d. | xxxiii.f.iiii.d. | xxxviii.f.iiii.d |
| Et pour la nouuelle reapreciation. | xxvi.f. viii. d. | xxvi.f. viii. d. | xxvi.f. viii. d. |
| Bois de buys, tant grands que petis, le cent pesant cy-deuant estimé vingt-cinq sols, & à present trois liures, payera pour l'ancien droict. | i.f. viii. d. | xx. d. | xxiii.d. |
| Et pour la nouuelle reapreciation, | ii. f. iiii. d. | ii. f. iiii. d. | ii.f.iiii.d. |
| Bois à faire peignes, le cent pesant, voyez coipeaux. | | | |
| Bois à brusler chargé vn chariot, cy deuant estimé trente sols, & à present quarante sols, payera pour l'ancien droict, | ii. f. | ii. f. vi. d. | ii. f. x. d. |
| Et pour la nouuelle reapreciation, | viii. d. | viii. d. | viii. d. |
| Bois à brusler chargé vne charette, cy-deuant estimé quinze sols, & à present quarante cinq sols, payera pour l'ancien droict, | i.f. | i. f. iii. d. | i. f. v. d. |
| Et pour la nouuelle reapreciation, | viii. d. | viii. d. | viii. d. |

| Marchandise. | Norman. Picardie. Berry & Poictou. xvi. d. pour liure. | Bourgongne. xx. d. pour. liu. | Champagne. xxiii. d. po. l. |
|---|---|---|---|
| Bois à faire fourreaux d'espée, le paquet contenant cinquante ou soixante fueillet, cy deuant estimé cinquante sols, & à present trois liu. paiera pour l'ancien droict, | iii. s. iiii. d. | iiii. s. ii. d. | iiii. s. ix. d. |
| Et pour la nouuelle reapreciation, | viii. d. | viii. d. | viii. d. |
| Bois à faire estuis, idem | | | |
| Et pout la nouuelle reapreciation, | idem. | idem. | idem. |
| Boittes ferrées, bougettes & malles, le cent pesant cy deuant estimé dix liures, & à present quinze liures, payera pour l'ancien droict, | xiii. s. iiii. d. | xvi. s. viii. d. | xix. s. ii. d. |
| Et pour la nouuelle reapreciation, | vi. s. viii. d. | vi. s. viii. d. | vi. s. viii. d. |
| Boittes de sapin de foucine, & autres lieux, le char cy deuant estimé seize liures quinze sols, & à present vingt deux liu. payera pour l'ancien droict, | xxii. s. iiii. d. | xxvi. s. xi. d. | xxxii. s. i. d. |
| Et pour la nouuelle reapreciation. | vii. s. | vii. s. | vii. s. |
| Boittes de sapin peincte, & cabinets d'Allemagne, Flandres, & autres lieux de peu de valleur, voyez Merceries. | | | |
| Boittes non peinctes, le cent pesant cy deuant estimé douze liu. x. s. & à present quinze liures, payera pour l'ancien droict, | xvi. s. viii. d. | xx. s. x. d. | xxiii. s. xi. d. |
| Et pour la nouuelle reapreciation, | iii. s. iiii. d. | iii. s. iiii. d. | iii s. iiii. d. |
| Bombazins de toutes sortes, | | | |

| *Marchandiſes.* | *Norman. Picardie, Berry & Poictou.* xvi.d.pour liure. | *Bourgongne.* xx.d.pour liu. | *Champagne.* xxiii. d. pour l. |
|---|---|---|---|
| voyez Mercie. | | | |
| Bonnets de toutes ſortes, le cent peſant cy deuant eſtimé cinquante liures, & à preſent ſoixante liures, payera pour l'ancien droict | lxvi. ſ. viii d. | iii.l.iii.ſ. iiii. d. | iiii.l.xv.ſ.x.d. |
| Et pour la nouuelle reapreciation. | xiii.ſ.iiii.d. | xiii.ſ. iiii. d. | xiii.ſ. iiii. d. |
| Bottes façonnées ou faites, la douzaine, cy deuant eſtimée trente ſix liures, & à preſent quarante liures, payera pour l'ancien droict, | l.ſ. | iii.l.ii. ſ.vi.d. | iii.l.xi.ſ.x.d.ob. |
| Et pour la nouuelle reapreciation, | v.ſ.iiii. d. | v. ſ. iiii. d. | v. ſ. viii.d. |
| Bouc ou chevre, la piece, cy-deuant eſtimée quarant ſols, & à preſent trois liu. payera pour l'ancien droict, | ii.ſ.viii.d. | iii.ſ.iiii. d. | iii.ſ.x. d. |
| Et pour la nouuelle reapreciation. | i.ſ. iiii.d. | i. ſ. iiii. d. | i.ſ.iiii.d. |
| Boucaſſins & fuſtaines d'Allemagne, ſeruans à doubler. voyez Merceries. | | | |
| Bougrans vieux & neuf, le cent peſant cy-deuant eſtimé vingt-cinq liures, & à preſent quarante cinq liures, payera pour l'ancien droict, | xxxiii. ſ. iiii. d. | xli. ſ. viii. d. | lvii. ſ. xi. d. |
| Et pour la nouuelle reapreciation. | xxvi.ſ.viii.d. | xxvi.ſ.viii.d. | xxvi.ſ. viii. d. |
| Pour la traicte Domonialle, pour cent peſant, | xxii.ſ.vi. d. | xxii.ſ.vi.d. | xii.ſ.vi. d. |
| Et pour la nouuelle reaprec. | xii.ſ. | xii.ſ. | xii.ſ. |
| Bougette & malles, le cent peſant, cy-deuant eſtimé dix liures & à preſent quinze liures, payera pour l'ancien droict. | xiii.ſ.iiii.d. | xvi.ſ.viii. d. | xix.ſ.ii. d. |

| *Marchandises.* | *Norman. Picardie. Berry & Poictou.* xvi. d. pour liure. | *Bourgongne.* xx. d. pour liu. | *Champagne.* xxiii. d. pour l. |
|---|---|---|---|
| Et pour la nouuelle reapreciation, | vi. s. viii. d. | vi. s. viii. d. | vi. s. viii. d. |
| Boüillon de poix ou piege, de toutes sortes, le cent pesant, cy deuant estimé quatre liures dix sols, & à present huict liu. payera pour l'ancien droict, | vi. s. viii. d. | viii. s. iiii. d. | ix. s. vii. d. |
| Et pour la nouuelle reapreciation, | iiii. s. viii. d. | iiii. s. viii. d. | iiii. s. viii. d. |
| Boulles de pallemail, le cent pesant, cy deuant estimé dix-huict liures quinze sols, & à present vingt-cinq liur. payera pour l'ancien droict, | xxv. s. | xxxi. s. iii. d. | xxxvi. s. xi. d. |
| Et pour la nouuelle reapreciat. | viii. s. iiii. d. | viii. s. iiii. d. | viii. s. iiii. d. |
| Bource, en broderie d'or & d'argent fin, la liure, cy-deuant estimeé dix-huict liures, & à present vingt liures, payera pour l'ancien droict, | xxiii. s. | xxx. s. | xxxiiii. s. vi. d. |
| Et pour la nouuelle reapreciat. | ii. s. viii. d. | ii. s. viii. d. | ii. s. viii. d. |
| Bources en broderies d'or & de soyes, garnies de soye auec cordons meslez d'or ou d'argent, la liure, cy deuant estimée six liures, & à present dix liu. payera pour l'acien droict. | viii. s. | x. s. | xi. s. vi. d. |
| Et pour la nouuelle reapreciat, | v. s. iiii. d. | v. s. iiii. d. | v. s. iiii. d. |
| Bources de toutes autres sortes sans soye, voyez Mercerie. | | | |
| Bourre & capiton de soye, le cent pesant cy-deuant estimé trente-six liures, & à present quarante-cinq liures, payera pour l'ancien droict, | xlviii. s. | iii. l. | iii. l. ix. s. |
| Et pour la nouuelle reapreciation, | xii. s. | xii. s. | xii. s. |

| *Marchandises.* | *Normand. Picardie Berry & Poictou.* xvi.d. pour liure. | *Bourgongne.* xx.d. pour l. | *Champagne.* xxiii.pour liu. |
|---|---|---|---|
| Bourre rouge, le cent pesant cy deuant estimé vingt-cinq liures, & à present trente liur. payera pour l'ancien droict, | xxxiii. s. iiii.d. | xli.s.viii.d. | xlvii.s.xi.d. |
| Et pour la nouuelle reapreciation. | vi.s.viii. d. | vi. s. viii. d. | vi.s. viii. d. |
| Bourre & chiquette de toutes sortes, le cent pesant, cy-deuant estimé cinq liures, & à present dix liures, payera pour l'ancien droict. | vi.s. viii. d. | viii.s.iiii.d. | ix. s. vii. d. |
| Et pour la nouuelle reapreciation. | vi.s.viii. d. | vi.s.viii. d. | vi.s.viii.d. |
| Bourre à faire licts, le cent pesant cy deuant estimé douze liures, & à present vingt liures payera pour l'ancien droict, | xvi.s. viii.d. | xx. s.x. d. | xxiii. s. xi. d. |
| Et pour la nouuelle reapreciation, | x. s. | x. s. | x. s. |
| Bouteilles de verre, la douzaine cy-deuant estimée vingt s. payera pour l'ancien droict, | i.s.iiii.d. | xx. d. | xxiii. d. |
| Et pour la nouuelle reapreciation, | neant. | neant. | neant. |
| Bouteilles de terre la douzaine cy deuant estimée sept sols six deniers, & à present dix s. payera pour l'ancien droict, | vi. d. | vii. d. | viii. d. |
| Et pour la nouuelle reapreciat, | ii. d. | ii. d. | ii. d. |
| Boutons de crin de cheual, voyez Mercerie. | | | |
| Boutons d'or & d'argent fin, voyez passements d'or & d'argent. | | | |
| Boutons d'or & d'argent faux voyez passemens d'or & d'argent faux. | | | |

| *Marchandises.* | *Norman. Picardie. Berry & Poictou.* xvi. d pour liure. | *Bourgongne.* xx. d. pour li. | *Champagne.* xxiiii. d. pour liur. |
|---|---|---|---|
| Boutons de soye, voyez passemens de soye. | | | |
| Et pour la nouuelle reapreciation, idem. | | | |
| Bray, le cent pesant, cy-deuant estimé trente trois sols iiii. d. payera pour l'ancien droict, | ii. s. iiii. d. | ii. s. ix. d. | iii. s. i. d. |
| Et pour la nouuelle reapreciation, voyez aux Espiceries. | | | |
| Brebis, la piece cy deuant estimée quarante sols, & à present cinquante sols, payera pour l'ancien droict, | ii. s. viii. d. | iii. s. iiii. d. | iii. s. x. d. |
| Et pour la nouuelle reapreciation, | viii. d. | viii. d. | viii. d. |
| Brochets, le cent en nombre cy-deuant estimé quinze liur. & à present vingt liures, payera pour l'ancien droict, | xx. s. | xxv. s. | xxviii. s. ix. d. |
| Et pour la nouuelle reapreciation. | vi. s. viii. d. | vi. s. viii. d. | vi. s. viii. d. |
| Brosses ou vergettes, à nettoyer, voyez Mercerie. | | | |
| Bruyeres, à faire vergettes, le cent pesant cy deuant estimé vingt liures, & à present vingtcinq liures, payera pour l'ancien cien droict, | xxvi. s. viii. d. | xxxiii. s. iiii. d. | xxxviii. s. iiii. d. |
| Et pour la nouuelle reapreciat. | vi. s. viii. d. | vi. s. viii. d. | vi. s. viii. d. |
| Buffes apresté la piece l'vn portant l'autre, cy deuant estimée neuf liures, & à present vingt liures, payera pour l'ancien droict, | xii. s. | xv. s. | xvii. s. iii. d. |
| Et pour la nouuelle reapreciation. | xiiii. s. viii. d. | xiiii. s. viii. d. | xiiii. s. viii. d. |
| Buffetin, la piece, cy-deuant | | | |

estimée

| *Marchandises.* | *Norman. Picardie. Berry & Poictou.* xvi. d. pour liure. | *Bourgongne.* xx. d. pour li. | *Champagne.* xxiii. d. pour liu. |
|---|---|---|---|
| estimée cinq liures, & à present dix liures, payera pour l'ancien droict, | vi. s. | vii. s. vi. d. | viii. s. vii. d. ob. |
| Et pour la nouuelle reapreciation, | vi. s. viii. d. | vi. s. viii. d. | vi. s. viii. d. |
| Burail, lis, ou croisé, ou moncayards de toutes sortes, voyez camelots, | | | |
| Burail d'estoupes, voyez merceries. | | | |
| Burre, ou Bugle grise, ou blanche le cent pesant, cy deuant estimé cinquante cinq liures, & à present soixante & quinze liures, payera pour l'ancien droict. | iii. l. xiii. s. iiii. d. | iiii. l. xi. s. viii. d | v. l. v. s. v. d. |
| Et pour la nouuelle reapreciation, | xxvi. s. viii. d. | xxvi. s. viii. d. | xxvi. s. viii. d. |
| Burettes, le cent pesant, idem. Et pour la nouuelle reapreciation idem. | | | |

| *Drogueries & Espiceries.* | *Normand. Picardie. Berry & Poictou:* xvi. d. pour liure. | *Bourgongne.* xx. d. pour l. | *Champagne.* xxiii. d. pour liu. |
|---|---|---|---|
| **B** | | | |
| BAlostre en fleur, le cent pesant, cy-deuant estimé cent sols, & à present sept liures dix sols payera pour l'ancien droict, | vi. s. viii. d. | viii. s. iiii. d. | ix. s. vii. d. |

| *Drogueries & Episceries.* | *Normand. Picard. Berry & Poictou.* xvi.d.pour liure. | *Bourgongne.* xx.d.pour liu. | *Champagne.* xxiii.d.pour l. |
|---|---|---|---|
| Et pour la nouuelle reapreciation, | iii.ſ. iiii. d. | iii.ſ.iiii. d. | iii.ſ.iiii. d. |
| Barbotine le cent peſant cydeuant eſtimé trois cens liures, & à preſent trois cens trente liures, payera pour l'ancien droict, | xx. l. | xxv.l. | xxviii.l. |
| Et pour la nouuelle reapreciation. | xl. ſ. | xl.ſ. | xl.ſ. |
| Bayes de laurier, le cent peſant cy deuant eſtimé cent ſols, & à preſent ſept liu. dix ſols, payera pour l'ancien droict, | vi.ſ. viii. d. | viii.ſ.iiii.d. | ix. ſ. vii. d. |
| Et pour la nouuelle reapreciation, | iii.ſ.iiii.d. | iii.ſ.iiii.d. | iii. ſ. iiii. d. |
| Bedelium le cent peſant cydeuant eſtimé ſix vingts cinq liures, & à preſent cent cinquante liures, payera pour l'ancien droict, | viii.l.vi.ſ.viii.d. | x.l.viii.ſ.iiii.d. | xi. l.xix.ſ.vii.d |
| Et pour la nouuelle reapreciation. | xxxiii.ſ. iiii.d. | xxxiii.ſ. iiii.d. | xxxiii. ſ.iiii. d. |
| Belleries & indez, la piece cy deuant eſtimee cinq ſols & à preſent ſept ſols ſix deniers, payera pour l'ancien droict, | iiii. d. | v.d. | v.d.obol. |
| Et pour la nouuelle reapreciation. | ii. d. | ii d. | ii. d. |
| Ben blanc ou rouge, le cent ſant cy-deuant eſtimé quinze liures, & à preſent vingt liu. payera pour l'ancien droict, | xx. ſ. | xxv. ſ. | xxviii. ſ. ix. d. |
| Et pour la nouuelle reapreciation. | vi. ſ. viii.d. | vi. ſ.viii. d. | vi. ſ. viii. d. |
| Benioin fin, le cent peſant, cy deuant eſtimé ſix vingts cinq liu. & à preſent cent quaran- | | | |

| Droguèries & Espiceries. | Normand. Picardie Berry & Poictou xvi.d. pour liure. | Bourgongne. xx.d. pour l. | Champagne. xxiii.pour liu. |
|---|---|---|---|
| te liures payera pour l'ancien droict. | viii.l.vi ſ. viii. d. | x.l.viii.ſ.iiii.d | xi. l. xix.ſ. vii.d. |
| Et pour la nouuelle reaprecia-tion. | xx. ſ. | xx. ſ. | xx.ſ. |
| Benioin gros, le cent peſant cy deuant eſtimé dix liures, & à preſent quinze liures, payera pour l'ancien droict, | xiii.ſ. iiii. d. | xvi. ſ. viii. d. | xix. ſ. ii. d. |
| Et pour la nouuelle reaprecia-tion. | vi.ſ.viii. d. | vi.ſ.viii. d. | vi. ſ. viii. d. |
| Bezouard la liure, cy-deuant eſtimée trois cens liures, & à preſent trois cens cinquante li. payera pour l'ancien droict. | xx. l. | xxv. l. | xxviii. l. xv. ſ. |
| Et pour la nouuelle reaprecia-tion, | iii.l.vi.ſ.viii. d. | iii.l.vi.ſ.viii.d | iii.l.vi.ſ.viii. d. |
| Bigerin de Veniſe, le cent pe-ſant, voyez terbentine. | | | |
| Blanc de plomb le cent peſant cy deuant eſtimé dix liures, & à preſent quinze liures, payera pour l'ancien droict, | xiii. ſ. iiii. d. | xvi. ſ. viii. d. | xix.ſ.ii.d. |
| Et pour la nouuelle reaprecia-tion, | vi. ſ. viii. d. | vi.ſ.viii. d. | vi. ſ.viii.d, |
| Bois de gayac le cent peſant, cy deuant eſtimé cent ſols, & à preſent dix liures, payera pour l'anncien droict, | vi. ſ.viii. d. | viii.ſ.iiii.d. | ix. ſ. vii. d. |
| Et pour la nouuelle reaprecia-tion, | vi. ſ. viii. d. | vi.ſ.viii. d. | vi.ſ.viii. d. |
| Bois d'Inde le cẽt peſãt, voyez cy deuant aux marchandiſes. | | | |
| Bois d'aloës le cent peſant, cy deuant eſtimé ſoixante & quin-ze liures, & à preſent quatre vingts dix liures, payera pour l'ancien droict. | c. ſ. | vi. l. v. ſ. | vii.l.iiii.ſ.ix. d, |

| Marchandises. | Norman. Picardie, Berry & Poictou. xvi. d. pour liure. | Bourgongne. xx. d. pour li. | Champagne. xxiii. d. pour l. |
|---|---|---|---|
| Et pour la nouuelle reaprectat. | xx. ſ. | xx. ſ. | xx. ſ. |
| Bois de burſin, le cent peſant, cy deuant eſtimé xii. l. x. ſ. & à preſent xviii. l. payera pour l'ancien droict, | xvi. ſ. viii. d. | xx. ſ. x. d. | xxiii. ſ. xi. d. |
| Et pour la nouuelle reapreciation. | vii. ſ. iiii. d. | vii. ſ. iiii. d. | vii. ſ. iiii. d. |
| Bois d'eſquine fin, le cent peſant, cy-deuant eſtimé ſept vingts dix li. & à preſent deux cẽs l. payera pour l'anc. droict. | x. l. | xii. l. x. ſ. | xiiii. l. vii. ſ. vi. d. |
| Et pour la nouuelle reapreciation. | iii. l. vi. ſ. viii. d. | iii. l. vi. ſ. viii. d | iii. l. vi. ſ. viii. d. |
| Bois d'esbeine, le cent peſant voyez aux Marchandiſes, | | | |
| Bois rouge & rozat idem. | | | |
| Bouillarminy, le cẽt peſant, cy deuant eſtimé quatre liures trois ſols quatre deniers, & à preſent huict liures, payera pour l'ancien droict, | v. ſ. vi. d. | vi. ſ. xi. d. | vii. ſ. ix. d. |
| Et pour la nouuelle reapreciation, | v. ſ. ii. d. | v. ſ. ii. d. | v. ſ. ii. d. |
| Bouiras, le cent peſant, cy-deuant eſtimé deux cens liures, & à preſent deux cẽs trente liu. payera pour l'ancien droict. | xiii. l. vi. ſ. viii. d | xvi. l. xiii. ſ. iiii. d. | xix. l. iii ſ. iiii. d. |
| Et pour la nouuelle reapreciation. | xl. ſ. | xl. ſ. | xl. ſ. |
| Bol fin, de Leuant, le cent peſant cy deuant eſtimé cinquãte liu. & à preſent ſoixante liures, payera pour l'ancien droict. | iii. l. vi. ſ. viii. d. | iiii. l. iii. ſ. iiii. d | iiii. l. xv. ſ. x. d. |
| Et pour la nouuelle reapreciation, | xiii. ſ. iii. d. | xiii. ſ. iii. d. | xiii. ſ. iii. d. |
| Borax, l'vn portant l'autre, le cent peſant cy-deuant eſtimé | | | |

| *Drogueries & Espiceries.* | *Norman. Picardie, Berry & Poictou.* xvi.d.pourliure. | *Bourgongne.* xx.d.pour liu. | *Champagne.* xxiii. d. pourl. |
|---|---|---|---|
| ent liur. & à present six vingts iures, payera pour l'ancien roict. | vi.l.xiii.ſ.iiii.d. | viii.l.vi. ſ. viii. d. | ix. l.xi-ſ. viii.d. |
| t pour la nouuelle reapre-iation, | xxvi. ſ. viii. d. | xxvi. ſ. viii. d. | xxvi. ſ. viii. d. |
| ray, , le cent peſant, cy-deant eſtimé trente trois ſols, uatre deniers & à preſent uatre liur. quatre ſols, payera our l'ancien droict, | ii. ſ. iii. d. | i. ſ. ix. d. | iii.ſ.i.d. |
| t pour la nouuelle reapre-iation, | ii.ſ.iiii. d. | ii.ſ. iiii.d. | ii. ſ. iiii. d. |
| reſil, & toutes autres ſortes e bois ſeruans à faire teintu-es, le cent peſant, cy-deuant ſtimé, voyez cy-deuant aux Marchandiſes. | | | |

| *Marchandiſes.* | *Norman. Picardie. Berry, & Poictou.* xvi.d. pour liure. | *Bourgongne.* xx.d.pour liu | *Champagne.* xxiii.d.pour l. |
|---|---|---|---|
| C | | | |
| CAbinets d'esbeine, enrichis d'or, & d argent, cuiure doré, peintures & broderies, tant grands que petits, la piece, cy-deuant eſtimée cent cinquante liures, à preſent, deux cens liures, payera pour l'ancien droict, | x. l. | x. l. | x. l. |
| Et pour la nouuelle reapreciation. | iii.l.vi.ſ.viii. d. | iii.l.vi.ſ.viii.d | iii.l.vi.ſ.viii.d. |

| *Marchandises.* | *Norman. Picardie, Berry & Poictou.* xvi. d. pour liure. | *Bourgongne.* xx. d. pourliu. | *Champagne.* xxiii. d. pourl. |
|---|---|---|---|
| Cabinets d'autres bois peints venans d'Allemagne & autres lieux, voyez Merceries. | | | |
| Caboches vieux clouds, le cẽt sant, cy-deuant estimé vingt cinq sols, payera pour l'ancien droict, | xx. d. | ii. s. i. d. | ii. s. iiii. d. ob. |
| Et pour la nouuelle reapreciation, voyez fer. | | | |
| Camelots à eauë & sans eauë, samis & familis ostades. Camelots ondez, & sans ondé de Cipres, d'Amiẽs, burail, lis, & croisez, moncayards, baragans, & autres semblables draps de mesme qualité, le cent pesant, cy-deuant éstimé sept vingts dix liures payera pour l'ancien droict. | xl. | xii. l. x. s | xiiii. l. vii. s. vi. d |
| Et pour la nouuelle reapreciation, | neant. | neant. | neant. |
| Campanes, le cent pesant, voyez Merceries. | | | |
| Canetilles d'or & d'argent la liure, cy-deuant estimée vingt six liures, & à present trente six liures, payera pour l'ancien droict. | xxxiiii. s. viii. d. | xliii. s. iiii. d. | xlix. s. x. d. |
| Et pour la nouuelle reapreciation. | xi s. iiii. d. | xiii. s. iiii. d. | xiii. s. iiii. d. |
| Canetilles assises sur draps de soye & enrichis de bagues, perles, & autrement, la liure, cy-deuant estimée vingt-six liur. & à present trente deux liures, payera pour l'ancien droict. | xxxiiii. s. viii. d. | xliii. s. iiii. d. | xlix. s. x. d. |
| Et pour la nouuelle reapreciation, | viii. s. | viii. s. | viii. s. |

| *Marchandiſes.* | *Norman. Picardie. Berry & Poictou.* xvi. d. pour liure. | *Bourgongne.* xx. d. pour liu. | *Champagne.* xxiii. d. pour l. |
|---|---|---|---|
| Canetilles aſſiſes & non enrichies, la liure cy-deuant eſtimée vingt li. & à preſent vingt cinq liures, payera pour l'ancien droict. | xxvi. ſ. viii. d. | xxxiii. ſ. iiii. d. | xxxviii. ſ. iiii. d |
| Et pour la nouuelle reapreciation, | vi. ſ. viii. d. | vi. ſ. viii. d. | vi. ſ. viii. d. |
| Caneuas, voyez toille de chãure, | | | |
| Domaniale, idem. | | | |
| Capiton à faire laſſy, de bourre & de ſoye, le cent peſant, cy deuant eſtimé trente ſix liu. & à preſent ſoixante liures, payera pour l'ancien droict, | xlviii. ſ. | iii. l | iii. l. ix. ſ. |
| Et pour la nouuelle reapreciation, | xxxii. ſ. | xxxii. ſ. | xxxii. ſ. |
| Cardaſſes à faire capiton, voy. Eſtraces. | | | |
| Cardes neufues & vieilles, le cent peſant, cy deuant eſtimé ſept liu. x. ſ. & à preſent quatorze liur. x. ſ. payera pour l'ancien droict, | x. ſ. | xii. ſ. vi. d. | xiii. ſ. iiii. d. |
| Et pour la nouuelle reapreciat. | x. ſ. viii. d. | x. ſ. viii. d. | x. ſ. viii. d. |
| Carreaux de meulage de Brie, le cent en nombre, cy-deuant eſtimé dix liures, & à preſent vingt liures, payera pour l'ancien droict, | xiii. ſ. iiii. d. | xvi. ſ. viii. d. | xix. ſ. ii. d. |
| Et pour la nouuelle reapreciat. | xiii. ſ. iiii. d. | xiii. ſ. iiii. d. | xiii. ſ. iiii. d. |
| Carreaux de meulage de Frãce, le cent en nombre, cy deuant eſtimé ſix liures, & à preſent quinze liu. payera pour l'ãcien droict. | viii. ſ. | x. ſ. | xi. ſ. vi. d. |
| Et pour la nouuelle reapreciation, | xii. ſ. | xii. ſ. | xii. ſ. |

| *Marchandises.* | *Norman. Picardie Berry & Poictou.* xvi. d. pour liure. | *Bourgongne.* xx. d. pour. liu. | *Champagne.* xxiii. d. po. l. |
|---|---|---|---|
| Carreaux de thuylle à pauer, le millier en nombre, cy deuant estimé cinquante sols, & à present cinq liu. paiera pour l'ancien droict, | iii. s. iiii. d. | iiii. s. ii d. | iiii. s. ix. d. |
| Et pour la nouuelle reapreciation, | iii. s. iiii. d. | iii. s. iiii. d. | iii. s. iiii. d. |
| Carrelets caffarts de village. ou gros grain, méheleines, cardousilles, picottes, plumettes, & autres semblables estoffes, voyez Merceries. | | | |
| Carisez ou crezeaux blancs ou teints, gros ou fins, de toutes sortes & façons, le cent pesant cy deuant estimé cinquante cinq liures, & à present cent liures, payera pour l'ancien droict, | iii. l. xiii. s. iiii. d. | iiii. l. xi. s. viii. d. | v. l. v. s. v. d. |
| Et pour la nouuelle reapreciation, | iii. l. | iii. l. | iii. l. |
| Carpes le cent en nombre cy deuant estimé sept liures dix sols, & à present quinze liu. payera pour l'ancien droict, | x. s. | xii. s. vi. d. | xiiii. s. iiii. d. |
| Et pour la nouuelle reapreciation. | x. s. | x. s. | x. s. |
| Carpeaux dits Aluins, le cent en nombre, cy deuant estimé trois, liu. & à present six liures, payera pour l'ancien droict, | iiii. s. | v. s. | v. s. ix. d. |
| Et pour la nouuelle reapreciation, | ii. s. viii. d. | ii. s. viii. d. | ii. s. viii. d. |
| Carpettes, autrement tapis à amballer, le cent pesant cy deuant estimé quinze liures, & | | | |

| *Marchandiſes.* | Norman. Picardie. Berry & Poictou. xvi. d. pour liure. | Bourgongne. xx. d. pour li. | Champagne. xxiii. d. pour liu. |
|---|---|---|---|
| & à preſent vingt-cinq liures, payera pour l'ancien droict, | xx. ſ. | xxv. ſ. | xxviii. ſ. ix. d. |
| Et pour la nouuelle reapreciation, | xiii. ſ. iiii. d. | xiii. ſ. iiii. d. | xiii. ſ. iiii. d. |
| Cartes à ioüer, le cent peſant, cy-deuant eſtimé dix liures, & à preſent vingt liures, payera pour l'ancien droict, | xiii. ſ. iiii. d. | xvi. ſ. viii. d. | xix ſ. ii. d. |
| Et pour la nouuelle reapreciation. | xiii. ſ. iiii. d. | xiii. ſ. iiii. d. | xiii. ſ. iiii. d. |
| Caſtalongnes & mantes, cy-deuant eſtimée vingt-cinq li. payera pour l'ancien droict. | xxxiii. ſ. iiii. d. | xli. ſ. viii. d. | xlvii. ſ. xi. d. |
| Et pour la nouuelle reapreciation, voyez Merceries. | | | |
| Et auec Mercerie, payera comme Mercerie. | | | |
| Ceintures en broderies d'or & d'argent fin, la piece, cy deuant eſtimée quatre liures & à preſent ſix liur. payera pour l'ancien droict, | v. ſ. iiii. d. | vi. ſ. viii. d. | vii. ſ. viii. d. |
| Et pour la nouuelle reapreciation, | ii. ſ. viii. d. | ii. ſ. viii. d. | ii. ſ. viii. d. |
| Ceintures en broderies de ſoie la douzaine, cy-deuant eſtimée dix liures, & à preſent douze liures, payera pour l'ancien droict. | xiii. ſ. iiii. d. | xvi. ſ. viii. d. | xix. ſ. ii. d. |
| Et pour la nouuelle reapreciation, | ii. ſ. viii. d. | ii. ſ. viii. d. | ii. ſ. viii. d. |
| Ceintures & rubans de filozelles & de capiton, le cent peſant, cy-deuant eſtimé trente ſix liures, & à preſent cent cinquante liures, payera pour l'ancien droict. | xlviii. ſ. | iii. l. | iii. l. ix. ſ. |

| *Marchandises.* | *Normand.Picardie Berry & Poictou:* xvi. d. pour liure. | *Bourgongne.* xx. d. pour l. | *Champagne.* xxiii. d. pour li. |
|---|---|---|---|
| Et pour la nouuelle reapreciation, | vii. l. xii. ſ. | vii. l. xii. ſ. | vii. l. xii. ſ. |
| Ceintures de laines, le cent peſant, voyez Merceries. | | | |
| Cendres, chacun leths qui eſt de douze barils, cy-deuant eſtimé dix liures, & à preſent vingt liures, payera pour l'ancien droict, | xiii. ſ. iiii. d. | xvi. ſ. viii. d. | xix. ſ. ii. d. |
| Et pour la nouuelle reapreciation. | xiii. ſ. iiii. d. | xiii. ſ. iiii. d. | xiii. ſ. iiii. d. |
| Cendres grauelées, voyez grauelées. | | | |
| Cendres de plomb, le cent peſant, cy-deuant eſtimé cinquante ſols, & à preſent quatre liures, payera pour l'ancien droict. | iii. ſ. iiii. d. | iiii. ſ. ii. d. | iiii. ſ. ix. d. |
| Et pour la nouuelle reapreciation. | ii. ſ. | ii. ſ. | ii. ſ. |
| Cercles ou ſacque à tamis, la chartée, cy-deuant eſtimée neuf liures, à preſent douze liur. payera pour l'ācien droict. | xii. ſ. | xv. ſ. | xvii. ſ. iii. d. |
| Et pour la nouuelle reapreciation. | iiii. ſ. | iiii ſ. | iiii. ſ. |
| Cercles le millier en nombre cy-deuant eſtimé cent ſols, & à preſent dix liures, payera pour l'ancien droict. | vi. ſ. viii. d. | viii. ſ. iiii. d. | ix. ſ. vii. d. |
| Et pour la nouuelle reapreciation. | vi. ſ. viii. d. | vi. ſ. viii. d. | vi. ſ. viii. d. |
| Chair de mouton tuée & habillée, la piece cy-deuant eſtimée trente ſols, & à preſent xl. ſ. payera pour l'ancien droict. | ii. ſ. | ii. ſ. vi. d. | ii. ſ. ix. d. |
| Et pour la nouuelle reapreciat. | viii. d. | viii. d. | viii. d. |
| Chair de bœuf & vache tuée & | | | |

| *Marchandiſes.* | *Normand. Picard. Berry & Poictou.* xvi. d. pour liure. | *Bourgongne.* xx. d. pour liu. | *Champagne.* xxiii. d. pour l. |
|---|---|---|---|
| habillée la piece, cy deuant eſtimée dix liures, & à preſent vingt liures, payera pour l'ancien droict. | xiii. ſ. iiii. d. | xvi. ſ. viii. d. | xix. ſ. ii. d. |
| Et pour la nouuelle reapreciation, | xiii. ſ. iiii. d. | xiii. ſ. iiii. d. | xiii. ſ. iiii. d. |
| Chamois habillez en blanc ou iaulne, la douzaine, cy-deuant eſtimée dix-huict liures, & à preſent vingt-cinq liures dix ſols, payera pour l'ancien droict, | xxv. ſ. | xxxi. ſ. iiii. d. | xxxv. ſ. x. d. o. |
| Et pour la nouuelle reapreciation. | x. ſ. | x. ſ. | x. ſ. |
| Chandelles, le cent peſant cy deuant eſtimé ſept liures dix ſols, & à preſent quinze liures. payera pour l'ancien droict, | x. ſ. | xii. ſ. | xiii. ſ. ix. d. |
| Et pour la nouuelle reapreciation, | x. ſ. | x. ſ. | x. ſ. |
| Chandeliers & landiers de cuiure ou d'airain, le cent peſant cy-deuant eſtimé quinze liures, & à preſent trente liures, payera pour l'ancien droict, | xx. ſ. | xxv. ſ. | xxviii. ſ. ix. d. |
| Et pour la nouuelle reapreciation. | xx. ſ. | xx. ſ. | xx. ſ. |
| Chantepleures & patenoſtres de bois, le cent peſant cy-deuant eſtimé quinze liures, & à preſent vingt-cinq liures, payera pour l'ancien droict, idem. | | | |
| Et pour la nouuelle reapreciation. | xiii. ſ. iiii. d. | xiii. ſ. iiii. d. | xiii. ſ. iiii. d. |
| Et auec la Mercerie, payera comme Mercerie. | | | |

| *Marchandises.* | *Norman. Picardie, Berry & Poictou.* xvi.d. pour liure. | *Bourgongne.* xx. d. pour li. | *Champagne.* xxiii.d. pour l. |
|---|---|---|---|
| Chanvre prest à filler, le cent pesant, cy deuant estimé quinze liures, & à present vingt liures payera pour l'ancien droict, | xx. s. | xxv. s. | xxviii. s. ix. d. |
| Et pour la nouuelle reappreciation. | vi. s. viii. d. | vi. s. viii. d. | vi. s. viii. d. |
| Chanvre creud en masse, le cent pesant, cy-deuant estimé cent sols, & à present dix liures, payera pour l'ancien droict. | vi. s. viii. d. | viii. s. iiii. d. | ix. s. vii. d. |
| Et pour la nouuelle reapreciation. | vi. s. viii. d. | vi. s. viii. d. | vi. s. viii. d. |
| Chappeaux de Castor la douzaine, cy-deuant estimée six vingts liures, & à present trois cens cinquante liures, payera pour l'ancien droict, | viii. l. | x. l. | xi. l. x. s |
| Et pour la nouuelle reapreciation, | xv. l. vi. s. viii. d. | xv. l. vi. s. viii. d. | xv. l. vi. s. viii. d. |
| Chappeaux & feustres garnis, la douzaine, cy-deuant estimée vingt liures, & à present trente liu. payera pour l'ancien droict. | xxvi. s. viii. d. | xxxiii. s. iiii. d | xxxviii. s. iiii. d. |
| Et pour la nouuelle reapreciation. | xiii. s. iiii. d. | xiii. s. iiii. d. | xiii. s. iiii. d. |
| Chappeaux & feustres non garnis le cent pesant, voyez Merceries, | | | |
| Chappeaux de paille, la douzaine, cy deuant estimée trente cinq sols, & à present xl. s. payera pour l'ancien droict. | ii. s. iiii. d. | ii. s. viii. d. | iii. s. iiii. d. |
| Et pour la nouuelle reapreciation, | iiii. d. | iiii. d. | iiii. d. |

| Marchandises. | Norman. Picardie, Berry & Poictou. xvi. d. pour liure. | Bourgongne. xx. d. pour liu. | Champagne. xxiii. d. pour l. |
|---|---|---|---|
| Charbon de pierre, la benne, cy deuant estimée dix sols, & à present quarante sols, payera pour l'ancien droict. | viii. d. | x. d. | xi. d. |
| Et pour la nouuelle reapreciation, | ii. s. | ii. s. | ii. s. |
| Charbon de terre, le cent de barils cy-deuant estimé cinquante liures, & à present quatre-vingts quinze liures, payera pour l'ancien droict, | iii. l. vi. s. viii. d. | iiii. l. iii. s. iiii. d | iiii. l. xv. s. x. d. |
| Et pour la nouuelle reapreciation, | iii. l. | iii. l. | iii. l. |
| Charbon de terre, ou houille, la charette chargée de cinq poinçons deux tiers, cy-deuant estimée dix liures dix sols, & à present, douze liures, payera pour l'ancien droict, | xiiii. s. | xviii. s. ii. d. | xxi. s. iii. d. |
| Et pour la nouuelle reapreciation. | ii. s. viii. d. | ii. s. viii. d. | ii. s. viii. d. |
| Charbon de bois la benne cy-deuant estimée douze liures dix sols, & à present quinze liures, payera pour l'ancien droict | xvi. s. viii. d. | xx. s. x. d. | xxiii. s. xi. d. |
| Et pour la nouuelle reapreciation, | iiii. s. | iiii. s. | iiii. s. |
| Charbon dans sacq ou benne, chargé vn char cy-deuant estimé douze liures dix sols, & à present quinze liures, payera pour l'ancien droict. | xvi. s. viii. d. | xx. s. x. d. | xxiii. xi. d. |
| Et pour la nouuelle reapreciation, | ii. s. iiii. d. | ii. s. iiii. d. | ii. s. iiii. d. |

| Marchandiſes. | Norman. Picardie. Berry & Poictou. xvi. d. pour liure. | Bourgongne. xx. d. pour liu. | Champagne. xxiii. d. pour l. |
|---|---|---|---|
| Charbon, la charette chargée, cy-deuant eſtimé ſix liur. cinq ſols, & à preſent dix liures, payera pour l'ancien droict, | viii. ſ. iiii. d. | x. ſ. v. d. | xi. ſ. xi. d. obo. |
| Et pour la nouuelle reapreciation. | v. ſ. | v. ſ | v. ſ. |
| Chardons à Drappier & Bonnetier, le millier en nombre, cy deuant eſtimé dix ſols, & à preſent trente ſols, payera pour l'ancien droict. | viii. d. | x. d. | xi. d. |
| Et pour la nouuelle reapreciation, | i. ſ. iiii. d. | i. ſ. iiii. d. | i. ſ. iiii. d. |
| Charlottes de bois chacun cent de pieds, cy deuant eſtimé quinze liures dix ſols, & à preſent vingt liures, payera pour l'ancien droict, | xx. ſ. viii. d. | xxv. ſ. x. d. | xxix. ſ. viii. d. |
| Et pour la nouuelle reapreciation, | vi. ſ. | vi. ſ. | vi. ſ. |
| Chaſtaignes, le cent peſant, cy-deuant eſtimé quarãte ſols, & à preſent trois liures, payera pour l'ancien droict. | ii. ſ. viii. d. | iii. ſ. iiii. d. | iii. ſ. x. d. |
| Et pour la nouuelle reapreciation, | i. ſ. iiii. d. | i. ſ. iiii. d. | i. ſ. iiii. d. |
| Chaſtrons la piece, cy deuant eſtimée dix liures, & à preſent quinze liures, payera pour l'ancien droict, | xiii. ſ. iiii. d. | xvi. ſ. viii. d. | xix. ſ. ii. d. |
| Et pour la nouuelle reapreciation. | vi. ſ. viii. d. | vi. ſ. viii. d. | vi. ſ. viii. d. |
| Chaudrons de cuiure ou d'airain, le cent peſant cy-deuant eſtimé quinze liures, & à pre- | | | |

| *Marchandiſes.* | *Norman. Picardie, Berry & Poictou.* xvi.d. pour liure. | *Bourgongne.* xx.d.pourliu. | *Champagne.* xxiii.d.pourl. |
|---|---|---|---|
| cent trête-deux liures dix ſols, payera pour l'ancien droict. | xx.ſ. | xxv. ſ. | xxviii. ſ. ix.d |
| Et pour la nouuelle reapreciation, | xxiii. ſ. iiii. d. | xxxiii.ſ.iiii.d. | xxiii. ſ. iiii.d. |
| Chaudieres & pots de fer, le cent peſant, cy-deuant eſtimé cinquante ſols, & à preſent ſept liures dix ſols, payera pour l'ancien droict, | iii. ſ. iiii.d. | iiii. ſ. ii. d. | iiii.ſ.ix. d. ob, |
| Et pour la nouuelle reapreciation, | vi. ſ. viii.d. | vi. ſ. viii. d. | vi.ſ.viii. d. |
| Chauſſes ou bas d'eſtame, voyez bas d'eſtames. | iii. l. iiii. ſ. | iii. l. iiii. ſ. | iii.l.iiii.ſ. |
| Chauſſes de draps & ſerges, voyez drapperies. | iii.l.xiii.ſ. iiii. d. | iiii. l.xi.ſ.viii. d. | v.l. v. ſ. v. d. |
| Chauſſons de laine, le cent peſant, cy-deuant eſtimé vingt cinq liures, & à preſent quarante cinq liures, payera pour l'ancien droict. | xxxiii. ſ. iiii. d. | xli.ſ.viii.d. | xlvii.ſ.xi. d. |
| Et pour la nouuelle reapreciation, | xxvi. ſ. viii. d. | xxvi.ſ.viii. d. | xxvi.ſ. viii. d. |
| Chaux, le tonneau, cy-deuant eſtimé cinquante ſols, & à preſent cent ſols payera pour l'ancien droict. | iii. ſ. iiii. d. | iiii. ſ. ii. d. | iiii.ſ. ix. d. |
| Et pour la nouuelle reapreciation. | iii. ſ. iiii. d. | iii. ſ. iiii. d. | iii.ſ. iiii. d. |
| Chemiſes neufues de toilles de lin & chanvre fines, groſſes & moyennes. Voyez lingerie. | | | |
| Cheuaux, mullets & mulles, tant à ſelle qu'à porter charge, la piece cy-deuant eſtimée ſoixante liures & à preſent ſoixante dix liures, payera pour l'ancien droict, | iiii. l. | v. l. | v. l. xv. ſ. |

| *Marchandises.* | *Norman. Picardie. Berry & Poictou.* xvi. d. pour liure. | *Bourgongne.* xx. d. pour. liu. | *Champagne.* xxiii. d. po. l. |
|---|---|---|---|
| Et pour la nouuelle reapreciation, | xiii. ſ. iiii. d. | xiii. ſ. iiii. d. | xiii. ſ. iiii. d. |
| Cheuaux, petites iumens, mullets & mulles, pour seruir à labourer, la piece cy deuant estimée quinze liures, & à present trente liures, payera pour l'ancien droict, | xx ſ. | xxv. ſ. | xxviii. ſ. ix. d. |
| Et pour la nouuelle reapreciation, | xx. ſ. | xx. ſ. | xx. ſ. |
| Chevreaux d'vn an, la piece cy deuant estimée vingt sols, & à present vingt cinq sols, payera pour l'ancien droict, | i. ſ. iiii. d. | xx. d. | xxiii. d. |
| Et pour la nouuelle reapreciation, | iiii. d. | iiii. d. | iiii. d. |
| Creureaux ou moutons accoustrez en façons de chamois la douzaine, cy deuant estimée neuf liures, & à present douze liures, payera pour l'ancien droict, | xii. ſ. | xv. ſ. | xvii. ſ. iii. d. |
| Et pour la nouuelle reapreciation. | iiii. ſ. | iiii. ſ. | iiii. ſ. |
| Chevres grasses, petites ou maigres, la piece, cy deuant estimée trente sols, & à present cinquante sols, payera pour l'ancien droict, | ii. ſ. | ii. ſ. vi. d. | ii. ſ. x. d. |
| Et pour la nouuelle reapreciation, | i. ſ. iiii. d. | i. ſ. iiii. d. | i. ſ. iiii. d. |
| Chiquette & bourre, voyez Bourre. | | | |
| Cidre ou poiré, le tonneau, voyez bierre. | | | |
| Cizeaux & caniuets, voyez Merceries. | | | |

Cloches

| *Marchandises.* | *Normand. Picardie Berry & Poictou.* xvi.d. pour liure. | *Bourgongne.* xx.d. pour l. | *Champagne.* xxiii. d.pour li. |
|---|---|---|---|
| Cloches, le cent pesant cy-deuant estimé quinze liures, & à present trente liures, payera pour l'ancien droict, | xx. s. | xxv. s. | xxviii. s. ix. d. |
| Et pour la nouuelle reapreciation. | xx. s. | xx. s. | xx. s. |
| Clouds à cordonnier le cent pesant, cydeuant estimé quinze liures, & àpresent quarante cinq liures, payera pour l'ancien droict. | xx. s. | xxv. s. | xxviii. s. ix. d. |
| Et pour la nouuelle reapreciation, | xl. s. | xl. s. | xl. s. |
| Clouds à sellier, voyez Mercerie. | | | |
| Clouds de fer, le cent pesant cy-deuant estimé cinquante sols, & à present cinq liures, payera pour l'ancien droict, | iii. s. iiii. d. | iiii. s. ii. d. | iiii. s. ix. d. |
| Et pour la nouuelle reapreciation, | iii. s. iiii. d. | iii. s. iiii. d. | iii. s. iiii. d. |
| Cloufteries, bandages & autres manufactures de fer idem, | | | |
| Et pour la nouuelle reapreciation, idem, | | | |
| Coffres & bahuts vuides, le cent pesant, cy deuant estimé cent sols, & à present quinze li. payera pour l'ancien droict | vi. s. viii. d. | viii. s. iiii. d. | ix. s. vii. d. |
| Et pour la nouuelle reapreciation. | xiii. s. iiii. d. | xiii. s. iiii. d. | xiii. s. iiii. d. |
| Et auec Mercerie, payera pour Mercerie. | | | |
| Coffres de Cypre, le cent pesant, cy deuant estimé quinze liures, & à present vingt liu. payera pour l'ancien droict. | xx. s. | xxv. s. | xxviii. s. x. d. |

| Marchandises. | Norman. Picardie, Berry & Poictou. xvi.d. pour liure. | Bourgongne. xx.d. pourliu. | Champagne. xxiii.d. pour l. |
|---|---|---|---|
| Et pour la nouuelle reapreciation. | vi. ſ. viii. d. | vi.ſ. viii. d. | vi. ſ. viii. d. |
| Et auec Mercerie, payera comme Mercerie | | | |
| Coiffes meſlées d'or ou d'argent la liure cy-deuant eſtimée dix huict liures, payera pour l'ancien droict. | xxiiii. ſ. , | xxx. ſ. | xxxiiii. ſ. vi. d. |
| Et pour la nouuelle reapreciation. | neant. | neant. | neant. |
| Coippeaux de buis à faire peignes, le cent peſant, cy-deuant eſtimé dix liures & à preſent quinze liures, payera pour l'ancien droict. | xiii. ſ. iiii. d. | xvi. ſ. viii. d. | xix. ſ. ii. d. |
| Et pour la nouuelle reapreciation, | vi. ſ. viii. d. | vi. ſ. viii. d. | vi. ſ. viii. d. |
| Collets de toille auec paſſements, voyez ouurages ſur toilles | | | |
| Collets de toille fine & moyẽne ſans paſſement, voyez lingerie, | | | |
| Collets de buffe, la piece, cy cy-deuant eſtimée ſix liures, & à preſent dix liures, payera pour l'ancien droict. | viii. ſ. | x. ſ. | xi. ſ. vi. d. |
| Et pour la nouuelle reapreciation, | v. ſ. iiii. d. | v. ſ. iiii. d. | v. ſ. iiii. d. |
| Connils creud & ouurez voyez pelleteries. | | | |
| Copre de liege, le cent peſant, cy-deuant eſtimé cent ſols, & à preſent ſept liures dix ſols, payera pour l'ancien droict. | vi. ſ. viii. d. | viii. ſ. iiii. d. | ix. ſ. vii. d. |

| *Marchandises.* | *Norman. Picardie. Berry & Poictou,* xvi. d. pour liure. | *Bourgongne.* xx. d. pour li. | *Champagne.* xxiii. d. pour l. |
|---|---|---|---|
| Et pour la nouuelle reapreciation. | iii. s. iiii. d. | iii. s. iiii. d. | iii. s. iiii. d. |
| Cocquilles de nacre, le cent pesant cy-deuant estimé cent liures, payera pour l'ancien droict, | vi. l. xiii. s. iiii. d. | viii. l. vi. s. viii. d. | ix. l. xi. s. viii. d. |
| Et pour la nouuelle reapreciation. | neant. | neant. | neant. |
| Corbeilles, la douzaine, cy deuant estimée vingt sols, & à present trente sols, payera pour l'ancien droict. | i. s. iiii. d. | xx. d. | xxiii. d. |
| Et pour la nouuelle reapreciation, | viii. d. | viii. d. | viii. d. |
| Cordages, venans des pays estrangers, & autres de toutes sortes, le cent pesant, cy deuant estimé cinq liures, & à present quinze liures, payera pour l'ancien droict, | vi. s. viii. d. | viii. s. iiii. d. | ix. s. vii. d. |
| Et pour la nouuelle reapreciation, | xiii. s. iiii. d. | xiii. s. iiii. d. | xiii. s. iiii. d. |
| Cordes de boyaux, voyez Mercerie. | | | |
| Cordillats d'Espagne, Lãguedoc & autres, de toutes couleurs, le cent pesant, cy-deuant estimé cinquante cinq liu. & à present quatre vingts liur. payera pour l'ancien droict. | iii. l. xiii s. iiii. d. | iiii. l. xi. s. viii. d | v. l. v. s. v. d. |
| Et pour la nouuelle reapreciation, | xxxiii. s. iiii. d. | xxxiii. s. iiii. d. | xxxiii. s. iiii. d. |
| Cordons ou queüe de martre sublime de la moyenne grandeur ordinaire, cy deuant estimé cent sols, & à present sept liures dix sols, payera pour l'ancien droict, | vi. s. viii. d. | viii. s. iiii. d. | ix. s. vii. d. |

| Marchandises. | Norman. Picardie, Berry & Poictou. | Bourgongne. | Champagne. |
|---|---|---|---|
|  | xvi. d. pour liure. | xx. d. pour li. | xxiii. d. pour l. |
| Et pour la nouuelle reapreciation. | iii. ſ. iiii. d. | iii. ſ. iiii. d. | iii. ſ. iiii. d. |
| Et l'autre payera à l'equipolent. |  |  |  |
| Cordons d'or ou d'argent, ou meslez auec soye, la liure, cy deuant estimée vingt-six liures, & à present trente liures payera pour l'ancien droict, | xxxiiii. ſ. viii. d. | xliii. ſ. iiii. d. | xlix. ſ. x. d. |
| Et pour la nouuelle reapreciation. | vi. ſ. iiii. d. | vi. ſ. iiii. d. | vi. ſ. iiii. d. |
| Cordons d'or ou d'argent faux, la liure, cy-deuant estimée huict liures, & à present douze liures, payera pour l'ancien droict. | x. ſ. viii. d. | xiii. ſ. iiii. d. | xv. ſ. iiii. d. |
| Et pour la nouuelle reapreciation, | v. ſ. iiii. d. | v. ſ. iiii. d. | v. ſ. iiii. d. |
| Cordõs de soye, la liure idem. |  |  |  |
| Et pour la nouuelle reapreciation. idem. |  |  |  |
| Cordons de toutes sortes hors or & soye, voyez Mercerie. |  |  |  |
| Cordoüans & Marroquins voyez Marroquins. |  |  |  |
| Cornes de cerf, le cent pesant cy-deuant estimé cinquante sols & à present cent sols, payera pour l'ancien droict, | iii. ſ. iiii. d. | iiii. ſ. ii. d. | iiii. ſ. x. d. |
| Et pour la nouuelle reapreciation, | iii. ſ. iiii. d. | iii. ſ. iiii. d. | iii. ſ. iiii. d. |
| Cornes de Mouton, le cent pesant cy-deuant estimé vingt cinq sols, & à present trente sols, payera pour l'ancien droict. | i. ſ. viii. d. | ii. ſ. i. d. | ii. ſ. iii. d. ob. |

| Marchandises. | Norman. Picardie, Berry & Poictou. xvi. d. pour liure. | Bourgongne. xx. d. pour liu. | Champagne. xxiii. d. pour l. |
|---|---|---|---|
| Et pour la nouuelle reapreciation, | iiii. d. | iiii. d. | iiii. d. |
| Cornes de bœuf ou de vaches, le millier en nombre, cy deuant estimé six liures cinq sols, & à present, huict liures, payera pour l'ancien droict. | viii. s. iiii. d. | x. s. v. d. | xi. s. i. d. obol. |
| Et pour la nouuelle reapreciation, | ii. s. iiii. d. | ii. s. iiii. d. | ii. s. iiii. d. |
| Cornes de lanternes, voyez Mercerie. | | | |
| Costes de baleine, le cent pesant, cy-deuant estimé quinze liures, & à present vingt-cinq liures, payera pour l'ancien droict, | xx. s. | xxv. s. | xxviii. s. ix. d. |
| Et pour la nouuelle reapreciation, | xiii. s. iiii. d. | xiii. s. iiii. d. | xiii. s. iiii. d. |
| Cotton en graine, le cent pesant, cy-deuant estimé vingt-cinq liures, & à present, trente cinq liures, payera pour l'ancien droict, | xxiii. s. iiii. d. | xli. s. viii. d. | xlvii. s. xi. d. |
| Et pour la nouuelle reapreciation. | xiii. s. iiii. d, | xiii. s. iiii. d. | xiii. s. iiii. d. |
| Cotton en laine, le cent pesant, cy-deuant estimé quarante liures, & à present quarante cinq liures, payera pour l'ancien droict, | liii. s. iiii. d. | iii. l. vi. s. viii. d | iii. l. xvi. s. viii. d. |
| Et pour la nouuelle reapreciation, | vi. s. viii. d. | vi. s. viii. d. | vi. s. viii. d. |
| Cotton fillé, le cent pesant, cy-deuant estimé soixante liures & à present soixante & dix liures, payera pour l'ancien droict. | iiii. l. | v. l. | v. l. xv. s. |

| *Marchandiſes.* | *Norman. Picardie Berry & Poictou.* xvi. d. pour liure. | *Bourgongne.* xx. d. pour li. | *Champagne.* xxiii. d. pour liu. |
|---|---|---|---|
| Et pour la nouuelle reapreciation, | xiii. ſ. iiii. d. | xiii. ſ. iiii. d. | xiii. ſ. iiii. d. |
| Couuertures à poil, le cent peſant cy deuant eſtimé quinze liures, & à preſent dix-huict liures, payera pour l'ancien droict, | xx. ſ. | xxv. ſ. | xxviii. ſ. ix. d. |
| Et pour la nouuelle reapreciation, | iiii. ſ. | iiii. ſ. | iiii. ſ. |
| Couuertures de ploc, le cent peſant, cy-deuant eſtimé dix liures, & à preſent dix-huict liures, payera pour l'ancien droict, | xiii. ſ. iiii. d. | xvi ſ. viii. d. | xix. ſ. ii. d. |
| Et pour la nouuelle reapreciation. | x. ſ. viii. d. | x. ſ. viii. d. | x. ſ. viii. d. |
| Couuertures & Tapis de Roüen, le cent peſant, voyez Mercerie. | | | |
| Et pour la nouuelle reapreciation, idem. | | | |
| Coutepointes & loudiers, le cent peſant, idem. | | | |
| Et pour la nouuelle reapreciation, idem. | | | |
| Couſteaux, Pargois, Rocaille. Boutons de verre & de corne, voyez Mercerie. | | | |
| Couſtils & autres ſemblables eſtoffes, voyez Merceries. | | | |
| Crein de cheual, le cent pe- cy-deuant eſtimé cent ſols, & à preſent douze liures dix ſols, payera pour l'ancien droict. | vi. ſ. viii. d. | viii. ſ. iiii. d. | ix. ſ. vii. d. |
| Et pour la nouuelle reapreciation, | x. ſ. | x. ſ. | x. ſ. |

| Marchandises. | Normand. Picardie Berry & Poictou: xvi. d. pour liure. | Bourgongne. xx. d. pour l. | Champagne. xxiii. d. pour li. |
|---|---|---|---|
| Crespes de Rheims, la piece, cy-deuant estimée trois li. xv. s. & à present six liures, payera pour l'ancien droict, | v. s. | vi. s. iii. d. | vii. s. ii. d. |
| Et pour la nouuelle reapreciation, | iii. s. | iii. s. | iii. s. |
| Crespes, & autres ouurages, ou entre or ou argent, la liure, cy-deuant estimée dix-huict liures, & à present vingt-cinq liures, payera pour l'ancien droict. | xxiiii. s. | xxx. s. | xxxiiii. s. vi. d |
| Et pour la nouuelle reapreciation. | ix. s. iiii. d. | ix. s. iiii. d. | ix. s. iiii. d. |
| Cristail le cent pesant, voyez Merceries. | | | |
| Cuiure tiré en or, voyez or & argent, traict faux-fillé. | | | |
| Et pour la nouuelle reapreciation. idem. | | | |
| Cuiure de Quinquaillerie, ou Rozettè en masse ou en œuure, ou repris, le cent pesant, cy-deuant estimé quinze liu. & à present trente liures, payera pour l'ācien droict. | xx. s. | xxv. s. | xxviii. s. ix. d. |
| Et pour la nouuelle reapreciation. | xx. s. | xx. s. | xx. s. |
| Cuirs seqcs à poil des Indes, ou Perou, venus d'Espagne & Portugal, la piece, cy-deuant estimée quatre liures dix sols, & à present neuf liures, payera pour l'ancien droict. | vi. s. | viii. s. | xi. s. |

| *Marchandises.* | *Norman. Picard. Berry & Poictou.* xvi. d. pour liu. | *Bourgongne.* xx. d. pour. liu. | *Champagne.* xxiii. d. po. l. |
|---|---|---|---|
| Et pour la nouuelle reapreciation, | vi. ſ. | vi. ſ. | vi. ſ. |
| Cuirs à poil de Barbarie, la piece, cy deuant eſtimée quatre liures dix ſols, & à preſent huict liures, payera pour l'ancien droict, | vi. ſ. | vii. ſ. vi. d. | viii. ſ. vii. d. |
| Et pour la nouuelle reapreciation, | iiii. ſ. viii. d. | iiii. ſ. viii. d. | iiii. ſ. viii. d. |
| Cuirs ſecs du cap verd, Moſcoüie, Irlande, & autres pays eſtrangers, la piece, cy deuant eſtimée quatre liures dix ſols, & à preſent ſept. li. x. ſols, payera pour l'ancien droict, | vi. ſ. | vii. ſ. vi. d. | viii. ſ. vii. d. |
| Et pour la nouuelle reapreciation, | iiii. ſ. | iiii. ſ. | iiii. ſ. |
| Cuirs ſallez & tannez, de quelques pays que ce ſoit, la piece cy deuant eſtimée cent ſols, & à preſent, ſept liures dix ſols, payera pour l'ancien droict, | vi. ſ. viii. d. | viii. ſ. iiii. d. | ix. ſ. vii. d. |
| Et pour la nouuelle reapreciation. | iii. ſ. iiii. d. | iii. ſ. iiii. d. | iii. ſ. iiii. d. |
| Cuirs de vaches de Rouſſi, la piece, cy deuant eſtimée cent ſols, & à preſent ſept liures dix ſols, payera pour l'ancien droict, | vi. ſ. viii. d. | viii. ſ. iiii. d. | ix. ſ. vii. d. |
| Et pour la nouuelle reapreciation, | iii. ſ. iiii. d. | iii. ſ. iiii. d. | iii. ſ. iiii. d. |
| Cuirs de bœuf, de toutes ſortes tannez, la douzaine, cy deuant eſtimée quarante cinq liures, & à preſent quatre vingts dix liures, payera pour l'ancien droict. | lx. ſ. | lxxv. ſ. | iiii. l. vi. ſ. iii. d. |

Et

| *Marchandises.* | *Normand Picard. Berry, & Poictou.* xvi.d.pour liure. | *Bourgongne.* xx.d.pour liu. | *Cham pagne.* xxiii.d.pourl. |
|---|---|---|---|
| Et pour la nouuelle reaprecia-tion. | iii.l. | iii.l. | iii.l. |
| Cuirs de vache tannez, la dou-zaine cy deuant estimée vingt liures, & à present cinquante liures, payera pour l'ancien droict. | xxvi.s. viii.d. | xxxiii.s.iiii.d. | xxxviii.s.iiii.d. |
| Et pour la nouuelle reapre-ciation, | xl. s. | xl. s. | xl.s. |
| Cuirs de cheual tannez, la douzaine cy-deuant estimée trente liures, & à present qua-rante huict liures, payera pour l'ancien droict, | xl. s. | l. s. | lvii. s. vi.d. |
| Et pour la nouuelle reapprecia-tion. | xxiiii. s. | xxiiii.s. | xxiiii. s. |
| Cuirs de vaches à grain, pour faire empeignes, la piece, cy-deuãt estimée cinquãte sols, & à present quatre liures, paye-ra pour l'ancien droict, | iii. s. iiii. d. | iiii. s. ii. d. | iiii.s.ix. d. ob. |
| Et pour la nouuelle reaprecia-tion, | ii.s. | ii. s. | ii. s. |
| Cuirs de bœufs, vaches & au-tres, en couleur pour faire cein-tures, la piece cy deuant estimée cent sols, & à present six liures, payera pour l'ancien droict, | vi. s. viii. d. | viii.s. iiii. d. | ix. s. vii. d. |
| Et pour la nouuelle reaprecia-tion. | i. s.iiii.d. | i. s. iiii. d. | i. s.iiii. d. |
| Cuirs de bœuf, ou vaches auec le poil, de toutes sortes, la dou-zaine, cy-deuant estimée dix-huict liures, & à present tren-te six liures, payera pour l'an-cien droict, | xxiiii. s. | xxx. s. | xxxiiii.s. vi.d. |

| Marchandises. | Normand. Picardie. Berry & Poictou. xvi.d. pour liure. | Bourgongne. xx. d. pour liu. | Champagne. xxiii.pour liur. |
|---|---|---|---|
| Et pour la nouuelle reaprecia-tion. | xxiiii. s. | xxiiii. s. | xxiiii.s. |
| Cuirs de cheual auec le poil, la douzaine, cy deuant estimée quinze liures, & à present vingt cinq liures, payera pour l'ancien droict, | xx. s. | xxvi. s. viii. d. | xxviii. s. ix. d. |
| Et pour la nouuelle reapreciation. | xiii. s. iiii. d. | xiii. s. iiii. d. | xiii. s. iiii. d. |
| Cuirs dorez d'Espagne & autres lieux pour tapisser, le cent pesant, cy deuant estimé cinquante liures, & àpresent cent liures, payera pour l'ancien droict. | lxvi.s.viii.d. | iiii.l.iii. s. iiii.d. | iiii. l.xv. s. x.d. |
| Et pour la nouuelle reaprecia-tion, | iii.l.vi viii.d. | iii.l.vi.s.viii. d. | iii.l.vi.s. viii. d. |

| Drogueries & Espiceries. | Normand. Picard. Berri & Poictou, xvi.d.pour liure | Bourgongne. xx.d.pour liu. | Champagne. xxiii.pour liu. |
|---|---|---|---|
| C | | | |
| Calamite, le cent pesant cy-deuant estimé cinquãte li. & à present soixante liu. payera pour l'ancien droict, | iii.l.vi. s.viii.d. | iiii. l.iii.s. iiii.d | iiii. l.xv. s.x.d. |
| Et pour la nouuelle reapreciation, | xiii.s.iiii. d. | xiii.s.iiii. d. | xiii. s. iiii. d. |
| Galamus aromaticus, le cent pesant, cy deuant estimé dix li- | | | |

| *Drogueries & Espiceries.* | *Norman. Picardie. Berry & Poictou.* xvi. d. pour liure. | *Bourgongne.* xx. d. pour li. | *Champagne.* xxiii. d. pour liu. |
|---|---|---|---|
| ures, & à present quinze liures, payera pour l'ancien droict. | xiii. ſ. iiii. d. | xvi. ſ. viii. d. | xix. ſ. ii. d. |
| Et pour la nouuelle reapreciation, | vi. ſ. viii. d. | vi. ſ. viii. d. | vi. ſ. viii. d. |
| Calamus commun, le cent pesant cy deuant estimé huict liures, & à present douze liures payera pour l'ancien droict, | x. ſ. viii. d. | xiii. ſ. iiii. d. | xv. ſ. iiii. d. |
| Et pour la nouuelle reapreciation, | v. ſ. iiii. d. | v. ſ. iiii. d. | v. ſ. iiii. d. |
| Camphre, le cent pesant, cy-deuant estimé quatre cens liures, & à present quatre cens cinquante liures, payera pour l'ancien droict, | xxvi. l. xiii. ſ. iiii. d. | xxxiii. l. vi. ſ. viii. d. | xxxviii. l. vi. ſ. viii. d. |
| Et pour la nouuelle reapreciation. | iii. l. vi. ſ. viii. d. | iii. l. vi. ſ. viii. d. | iii. l. vi. ſ. viii. d, |
| Canelle ou cynamome, le cent pesant cy-deuant estimé cent cinquante liures, & à present cent soixante liures, payera pour l'ancien droict, | x. l. | xii. l. x. ſ. | xiiii. l. vii. ſ. vi. d. |
| Et pour la nouuelle reapreciation, | xiii. ſ. iiii. d. | xiii ſ. iiii. d. | xiii. ſ. iiii. d. |
| Cantarides, le cent pesant cy-deuant estimé vingt-cinq liures, & à present trente liures, payera pour l'ancien droict. | xxxiii. ſ. iiii. d. | xli. ſ. viii. d. | xlvii. ſ. xj. d. |
| Et pour la nouuelle reapreciation, | vi. ſ. viii. d. | vi. ſ. viii. d. | vi. ſ. viii. d. |
| Capres menues, le cent pesant cy deuant estimé quinze liures, & à present vingt liures, payera pour l'ancien droict. | xx. ſ. | xxv. ſ. | xxviii. ſ. ix. d. |
| Et pour la nouuelle reapreciation, | vi. ſ. viii. d. | vi. ſ. viii. d. | vi. ſ. viii. d. |

| Drogueries & Espiceries. | Norman. Picardie, Berry & Poictou xvi.d. pour liure | Bourgongne. xx.d. pourli. | Champagne. xxiiii.d. pour l. |
|---|---|---|---|
| Capres grosses, le cent pesant cy deuant estimé sept liures dix sols, & à present douze li. payera pour l'ancie droict, | x. s. | xii. s. vi. d. | x iiii. s. iiii. d. |
| Et pour la nouuelle reapreciation. | vi s. | vi. s. | vi. s. |
| Carabe ou pouldre d'ambre, le cent pesant, cy-deuant estimé vingt cinq liures, & à present trente six liures, payera pour pour l'ancien droict. | xxxiii. s. iiii. d. | xli. s. viii. d. | xlvii xi. d. |
| Et pour la nouuelle reapreciation, | xiiii. s. viii. d. | xiiii. s. viii. d. | xiiii. s. viii. d. |
| Cardomomy, le cent pesant, cy deuant estimé six vingts liures & à present cent cinquante liures, payera pour l'ancien droict, | viii. l. vi. s. viii. d | x. l. viii. s. iiii. d | xi. l. xix. s. vii. d. |
| Et pour la nouuelle reaprecia-tion. | xxxiii. s. iiii. d. | xxxiii. s. iiii. d. | xxxiii. s. iiii. d. |
| Cardomomy mondé, le cent pesant, cy-deuant estimé sept vingts dix liures, & à present cent soixante & dix liures, payera pour l'ancien droict, | x. l. | xii. l. x. s. | xiii. l. vii. s. vi. d. |
| Et pour la nouuelle reapreciation, | xxvi. s. viii. d. | xxvi. s. viii. d. | xxvi. s. viii. d. |
| Carpy balsamy, le cent pesant cy-deuant estimé trente liur. & à present quarante liures, payera pour l'ancien droict. | xl. s. | l. s. | lvii. s. vi. d. |
| Et pour la nouuelle reapreciation. | xiii. s. iiii. d. | xiii. s. iiii. d. | xiii. s. iiii. d. |
| Cartamy, le cent pesant cy deuant estimé quinze liures, & à present vingt liures, payera pour l'ancien droict. | xx. s. | xxv. s. | xxviii. s. ix. d. |

| Droguèries & Espiceries. | Norman. Picardie, Berry & Poictou. xvi.d.pour liure. | Bourgongne. xx. d.pour.liu. | Champagne. xxiii. d. po.l. |
|---|---|---|---|
| Et pour la nouuelle reapreciation, | vi. ſ. | vi. ſ. | vi. ſ. |
| Caruy le cent peſant, cy deuant eſtimé ſept liures dix ſols, & à preſent douze liures, payera pour l'ancien droict. | x. ſ. | xii. ſ. vi. d. | xiiii. ſ. iiii. d. |
| Et pour la nouuelle reapreciation, | vi.ſ.viii.d. | vi. ſ. viii. d. | vi. ſ. viii. d. |
| Caſſe, le cent peſant, cy-deuant eſtimé vingt liures, & à preſent trente ſix liures, payera pour l'ancien droict, | xxvi. ſ. viii. d. | xxxiii ſ. iiii. d. | xxxviii. ſ. iiii. d |
| Et pour la nouuelle reapreciation, | xxi. ſ. iiii. d. | xxi. ſ. iiii. d. | xxi. ſ. iiii. d. |
| Caſſonnade, autrement ſucre rompu & en morceaux, voyez ſucre de toutes ſortes. | | | |
| Caſtor, le cent peſant, cy deuant eſtmé cinquante liures, & à preſent, ſoixante liures, payera pour l'ancien droict, | iii. l. vi ſ. viii. d. | iiii. l. iii. ſ. iiii. d. | iiii. l. xv. ſ. x. d. |
| Et pour la nouuelle reapreciation. | xiii. ſ. iiii. d. | xiii. ſ. iiii. d. | xiii. ſ. iiii. d. |
| Cedre blanc, le cent peſant, cy-deuant eſtimé quarante li. & à preſent cinquante liures, payera pour l'ancien droict, | liii. ſ. iiii. d. | iii. l. vi. ſ. viii. d. | iii. l. xvi. ſ. viii. d |
| Et pour la nouuelle reapreciation, | xiii. ſ. iiii. d, | xiii. ſ. iiii. d. | xiii. ſ. iiii. d. |
| Cedre rouge, le cent peſant, cy deuant eſtimé trente liures, & à preſent quarante liures, payera pour l'ancien droict. | xl. ſ. | l. ſ. | lvii. ſ. vi. d. |
| Et pour la nouuelle reapreciation. | xiii. ſ. iiii. d, | xiii. ſ. iiii. d. | xiii. ſ. iiii. d, |
| Cemence de ſaulge, le cent peſant, cy deuāt eſtimé quinze | | | |

| *Drogueries & Espiceries.* | *Normand. Picardie Berry & Poictou:* xvi. d. pour liure. | *Bourgongne.* xx. d. pour l. | *Champagne.* xxiii. d. pour l. |
|---|---|---|---|
| liures, & à present vingt liures, payera pour l'ancien droict, | xx. s. | xxv. s. | xxviii. s. ix. d. |
| Et pour la nouuelle reapreciation, | vi. s. viii. d. | vi. s. viii. d. | vi. s. viii. d. |
| Cereacola, le cent pesant cy-deuant estimé soixante liures, & à present soixante & dix liures, payera pour l'ancien droict, | iiii. l. | v. l. | v. l. xv. s. |
| Et pour la nouuelle reapreciation. | xiii. s. iiii. d. | xiii. s. iiii. d. | xiii. s. iiii. d. |
| Ceruze fine ou blanc de plõb, le cent pesant cy-deuant estimé quinze liures, & à present vingt liures, payera pour l'ancien droict, | xx. s. | xxv. s. | xxviii. s. ix. d. |
| Et pour la nouuelle reapreciation, | vi. s. viii. d. | vi. s. viii. d. | vi. s. viii. d. |
| Chappelets ou feust de girofle le cent pesant cy deuant estimé cent liures, & à present cent cinquante liures, payera pour l'ancien droict, | vi. l. xiii. s. iiii. d. | viii. l. vi. s. viii. d. | ix. l. xi. s. viii. d |
| Et pour la nouuelle reapreciation. | iii. l. vi. s. viii. d. | iii. l. vi. s. viii. d | iii. l. vi. s. viii. d |
| Chicotin ou Aloës, le cent pesant cy deuant estimé soixante quinze liures, & à present quatre-vingts dix liures, payera pour l'ancien droict, | v. l. | vi. l. v. s. | vii. l. iii. s. ix. d. |
| Et pour la nouuelle reapreciation. | xx. s. | xx. s. | xx. s. |
| Cire d'Espagne, le cent pesant ci-deuant estimé soixante & quinze liures, & à present quatre-vingts dix liures, | | | |

| *Drogueries & Espiceries.* | *Norman. Picardie, Berry & Poictou.* xvi.d. pour liure. | *Bourgongne.* xx.d. pourliu. | *Champagne.* xxiii.d. pour l. |
|---|---|---|---|
| payera pour l'ancien droict, idem. | | | |
| Et pour la nouuelle reapreciation, idem, | | | |
| Cire blanche, le cent pesant cy deuant estimé cinquante liures & à present soixante sept liures dix sols, payera pour l'ancien droict, | iii.l. vi.s. viii. d. | iiii.l. iii.s. iiii.d | iiii.l. xv.s. x.d. |
| Et pour la nouuelle reapreciation. | xxiii.s. iiii.d. | xxiii.s. iiii.d. | xxiii. s. iiii. d. |
| Cire iaulne, le cent pesant cy deuant estimé quarante liures, & à present soixante liures, payera pour l'ancien droict, | liii. s. iiii. d. | iii.l. vi.s. viii.d | iii.l. xvi.s. viii. d. |
| Et pour la nouuelle reapreciation, | xxvi.s. viii.d. | xxvi. s. viii. d. | xxvi. s. viii. d. |
| Cire vierge & neufue, idem. | | | |
| Et pour la nouuelle reapreciation, idem. | | | |
| Cire à cacheter, voyez lacre. | | | |
| Citorat, le cent pesant cy-deuant estimé cent liures, & à present six vingts liures, paiera pour l'ancien droict, | vi.l. xiii. s. iiii. d. | viii.l. vi. s. viii. d. | ix.l. xi.s. viii.d. |
| Et pour la nouuelle reapreciation, | xxvi.s. viii.d. | xxvi.s. viii. d. | xxvi. s. viii. d. |
| Citouard ou Zedoüard, le cent pesant cy deuant estimé cent liures, & à present six vingts liures, payera pour l'ancien droict, idem, | | | |
| Et pour la nouuelle reapreciation, idem. | | | |

| Drogueries & Espiceries. | Normand. Picard. Berry & Poictou. | Bourgongne. | Champagne. |
|---|---|---|---|
| | xvi. d. pour liu. | xx. d. pour l. | xxiii. d. pour li. |
| Citrons, le cent en nombre, cy deuant eſtimé dix liures, & à preſent douze liures, payera pour l'ancien droict, | xiii. ſ. iiii. d. | xvi. ſ. viii. d. | xix. ſ. ii. d. |
| Et pour la nouuelle reapreciation, | ii. ſ. viii. d. | ii. ſ. viii. d. | ii. ſ. viii. d. |
| Citrouilles, le cent en nombre cy deuant eſtimé ſept liures dix ſols, & à preſent dix liures, payera pour l'ancien droict, | x. ſ. | xii. ſ. vi. d. | xiiii. ſ. iiii. d. |
| Et pour la nouuelle reapreciation, | iii. ſ. iiii. d. | iii. ſ. iiii. d. | iii. ſ. iiii. d. |
| Ciuette, la liure, cy deuant eſtimée cent cinquante liures, & à preſent, deux cens cinquante li. payera pour l'ancien droict, | x. l. | xii. l. x. ſ. | xiiii. l. vii. ſ. vi. d. |
| Et pour la nouuelle reapreciation. | vi. l. xiii. ſ. iiii. d. | vi. l. xiii. ſ. iiii. d. | vi. l. xiii. ſ. iiii. d. |
| Clouds de giroffles, le cent peſant, cy deuant eſtimé deux cens cinquante liures, & à preſent trois cens liures, payera pour l'ancien droict, | xvi. l. xiii. ſ. iiii. d. | xx. l. xvi. ſ. viii. d. | xxiii. l. xix. ſ. ii. d. |
| Et pour la nouuelle reapreciation, | iii. l. vi. ſ. viii. d. | iii. l. vi. ſ. viii. d. | iii. l. vi. ſ. viii. d. |
| Cochenille, le cent peſant, cy deuant eſtimé cinq cens liures, & à preſent ſix cens liures, payera pour l'ancien droict. | xxxiii. l. vi. ſ. viii. d. | xli. l. iii. ſ. iiii. d. | xlvii. l. xviii. ſ. iiii. d. |
| Et pour la nouuelle reapreciation, | vi. l. xiii. ſ. iiii. d. | vi. l. xiii. ſ. iiii. d. | vi. l. xiii. ſ. iiii. d. |
| Cocque de Leuant, le cent peſant, cy deuant eſtimé trente ſept liures dix ſols, & à preſent quarante cinq liures, payera pour l'ancien droict, | l. ſ. | iii. l. ii. ſ. vi. d. | iii. l. xi. ix. d. ob. |
| Et pour la nouuelle reapreciat. | x. ſ. | x. ſ. | x. ſ. |

Colle

| *Drogueries & Espiceries.* | *Norman. Picardie. Berry & Poictou,* | *Bourgorgne.* | *Champagne.* |
|---|---|---|---|
| Colle de toutes sortes le cent pesant, cy deuant estimé dix liures, & à present quinze li. | xvi. d. pour liure. | xx. d. pour li. | xxiii. d. pour l. |
| payera pour l'ancien droict, | xiii. s. iiii. d. | xvi. s. viii. d. | xix. s. ii. d. |
| Et pour la nouuelle reapreciation. | vi. s. viii. d. | vi. s. viii. d. | vi. s. viii. d. |
| Colombin gros, le cent pesant cy deuant estimé vingt-cinq liures, & à present trente liures, payera pour l'ancien droict, | xxxiii. s. iiii. d. | xli. s. viii. d. | xlvii. s. xi. d. |
| Et pour la nouuelle reapreciation, | vi. s. viii. d. | vi. s. viii. d. | vi. s. viii. d. |
| Colombin menu, le cent pesant, cy-deuant estimé douze liures dix sols, & à present dix huict liures, payera pour l'ancien droict. | xvi. s. viii. d. | xx. s. x. d. | xxiii. s. xi. d. |
| Et pour la nouuelle reapreciation, | vii. s. | vii. s. | vii. s. |
| Colloquinte, le cent pesant, cy deuant estimé trente liures, & à present trente six liures, payera pour l'ancien droict, | xl. s. | l. s. | lvii. s. vi. d. |
| Et pour la nouuelle reapreciation. | viii. s. | viii. s. | viii. s. |
| Comin, le cent pesant cy deuant estimé sept liures dix sols, & à present douze liures, payera pour l'ancien droict, | x. s. | xii. s. vi. d. | xiiii. s. iiii. d. |
| Et pour la nouuelle reapreciation, | vi. s. | vi. s. | vi. s. |
| Compros verd, voyez vitriol verd. | | | |
| Compros blanc, voyez vitriol blanc. | | | |
| Concombre, le cent pesant | | | |

| Drogueries & Espiceries. | Normand. Picard. Berri & Poictou, xvi.d.pour liure | Bourgongne. xx.d.pour liu. | Champagne. xxiii.pour liu. |
|---|---|---|---|
| cy-deuant estimé sept liures dix sols, & à present, dix liu. payera pour l'ancien droict, | x. s. | xii. s. vi. d. | xiiii. s. iiii. d. |
| Et pour la nouuelle reapreciation, | iii. s. iiii. d. | iii.s.iiii.d. | iii. s. iiii. d. |
| Coucourdes, le cent pesant idem. | | | |
| Et pour la nouuelle reapreciation, idem. | | | |
| Confitures de toutes sortes, le cent pesant cy-deuant estimé cinquante liures, & à present soixante & quinze liures, payera pour l'ancien droict. | iii.l. vi. s. viii. d. | iiii.l.iii.s.iiii d. | iiii. l.xv.s.x.d |
| Et pour la nouuelle reapreciation. | xxxiii. s. iiii. d. | xxxiii.s.iiii.d. | xxxiii. s. iiii. d |
| Corail blanc & rouge fin, le cent pesant cy-deuant estimé deux cens liures, & à present deux cens trente liures, payera pour l'ancien droict. | xiii. l.vi. s.viii.d. | xvi.l.xiii.s. iv. d. | xix.l.iii.s.iiii.d. |
| Et pour la nouuelle reapreciation, | xl.s. | xl.s. | xl.s. |
| Corail blanc & rouge gros, le cent pesant, cy deuant estimé cinquante liures, & à present, soixante & quinze liures, payera pour l'ancien droict, | iii.l.vi.s.viii.d. | iiii.l.iii.s.iiii.d | iiii.l. xv. s. x.d |
| Et pour la nouuelle reapreciation. | xxxiii. s. iiii. d. | xxxiii. s.iiii.d. | xxxiii. s. iiii. d |
| Coraline, le cent pesant, cy-deuant estimé vingt-cinq liu. & à present trente liures, payera pour l'ancien droict, | xxxiii.s.iiii. d. | xli. s.viii.d | xlvii.s. xi.d. |
| Et pour la nouuelle reapreciation. | v.s. iiii. d. | v.s.iiii.d. | v.s. iiii. d. |

| *Drogueries & Espiceries.* | *Norman. Picardie, Berry & Poictou.* xvi.d. pour liure. | *Bourgongne.* xx.d. pourliu. | *Champagne.* xxiii.d. pour l. |
|---|---|---|---|
| Coriande, le cent pesant, cy-deuant estimé cent sols, & à present dix liures, payera pour l'ancien droict, | vi. s. viii. d. | viii. s. iiiii. d. | ix. s. vii. d. |
| Et pour la nouuelle reapreciation, | vi. s. viii. d. | vi. s. viii. d. | vi. s. viii. d. |
| Coridomede, le cent pesant, cy deuant estimé sept liures dix sols, & à present dix liures, payera pour l'ancien droict, | x. s. | xii. s. vi. d. | xiiii. s. iiii. d. |
| Et pour la nouuelle reapreciation. | iii. s. iiii. d. | iii. s. iiii. d. | iii. s. iiii. d. |
| Corne de Licorne la liure, cy deuant estimée cinquante liures, payera pour l'ancien droict. | lxvi. s. viii. d. | iiii. l. iii. s. iiii. d | iiii. l. xv. s. x. d |
| Et pour la nouuelle reapreciation. | neant. | neant. | neant. |
| Corticum caparici, le cent pesant, deuant cy estimé vingt liures, & à present vingt-cinq liures, payera pour l'ancien droict, | xxvi. s. viii. d. | xxxiii. s. iiii. d. | xxxviii. s. iiii. d. |
| Et pour la nouuelle reapreciation, | vi. s. viii. d. | vi. s. viii. d. | vi. s. viii. d. |
| Cortimy lomperis, idem. | | | |
| Et pour la nouuelle reapreciation, idem, | | | |
| Coscus veras, le cent pesant cy deuant estimé trente sept liures dix sols, & à present quarante cinq liures, payera pour l'ancien droict, | l. s. | iii. l. ii. s. vi. d. | iii. l. xi. s. x. d. ob. |
| Et pour la nouuelle reapreciation. | x. s. | x. s. | x. s. |
| Costes doux & amer, idem. | | | |

| *Drogueries & Espiceries.* | *Norman. Picardie Berry & Poictou* xvi.d. pour liure | *Bourgongne.* xx.d. pourli. | *Champagne.* xxiii.d. pour l. |
|---|---|---|---|
| Et pour la nouuelle reapreciation. idem | | | |
| Cotton filé en laine & en graine voyez cy-deuant aux Marchandises. | | | |
| Concordes, le cent pesant cy-deuant estimé sept liures dix sols, & à present douze liures, payera pour l'ancien droict, | x. s. | xii. s. vi. d. | xiiii. s. iiii. d. |
| Et pour la nouuelle reapreciation. | vi. s. | vi. s. | vi. s. |
| Cubebe, le cent pesant, cy-deuant estimé cent liures, & à present six vingts liu. payera pour pour l'ancien droict. | vi. l. xiii. s. iiii. d. | viii. l. vi. s. viii. d. | ix. l. xi. s. viii d. |
| Et pour la nouuelle reapreciation, | xxvi. s. viii. d. | xxvi. s. viii. d. | xxvi. s. viii. d. |
| Cucieres, le cent pesant, cy-deuant estimé cent liures, & à present cent dix liures, payera pour l'ancien droict, | vi. l. xiii. s. iiii. d | viii. l. vi. s. viii. d. | ix. l. xi. s. viii. d. |
| Et pour la nouuelle reapreciation. | xiii. s. iiii. d. | xiii. s. iiii. d. | xiii. s. iiii. d. |

| *Marchandises.* | *Norman. Picardie Berry & Poictou.* xvi. d. pour liure. | *Bourgongne.* xx. d. pour. liu. | *Champagne.* xxiii. d. po. l. |
|---|---|---|---|
| **D** | | | |
| DAgues & cousteaux de toutes sortes, voyez Merceries. | | | |
| Damas de soye, voyez draps de soye. | | | |
| Damas d'or & d'argent, voyez draps d'or. | | | |
| Damas caffarts, le cent pesant cy deuant estimé cinquante cinq liures, & à present cent cinquante liures, payera pour l'ancien droict. | iii. l. xiii. s. iiii. d. | iiii. l. xi. s. viii. d. | v. l. v. s. v. d. |
| Et pour la nouuelle reapreciation, | vi. l. vi. s. viii. d. | vi. l. vi. s. viii. d. | vi. l. vi. s. viii. d. |
| Deaux, voyez Mercerie. | | | |
| Decrotoires, voyez idem. | | | |
| Deez, voyez idem. | | | |
| Demie ostades, voyez ostades demies. | | | |
| Demy-ceints de plomb ou estein, voyez Mercerie. | | | |
| Dentelles d'or & d'argent fin, la liure cy deuant estimée dix huict liures & à present vingt quatre liures, payera pour l'ancien droict, | xxiiii. s. | xxx. s. | xxxiiii. s. vi. d. |
| Et pour la nouuelle reapreciation, | viii. s. | viii. s. | viii. s. |
| Dentelles d'or & d'argent fin, meslez de soye, la liure pesant, idem. | | | |
| Et pour la nouuelle reapreciation, | ii. s. viii. d. | ii. s. viii. d. | ii. s. viii. d. |

| *Marchandises.* | *Norman. Picardie. Berry & Poictou.* xvi. d. pour liure. | *Bourgongne.* xx. d. pour liu. | *Champagne.* xxiiii. d. pour liu. |
|---|---|---|---|
| Dentelles de soye de toutes sortes & couleurs, la liure cy deuant estimee huict liures, & à present vingt liures, paiera pour l'ancien droict, | x. s. viii. d. | xiii s. iiii. d. | xv. s. iiii. d. |
| Et pour la nouuelle reapreciation. | xvi. s. | xvi. s. | xvi. s. |
| Dentelles de fil, le cent pesant cy deuant estimé cinq cens quarante liures, & à present quinze cens liures, paiera pour l'ancien droict, | xxxvi. l. | xlv. l. | li. l. xv. s. |
| Et pour la nouuelle reapreciation, la liure pesant. | xii. s. | xii. s. | xii. s. |
| Dent d'Elephant le cent pesant cy deuant estimé vingt quatre liures, & à present trente liures, paiera pour l'ancien droict, voiez yuoire ou morfil. | xxxii. s. | xl. s. | xlvi. s. |
| Et pour la nouuelle reapreciation, idem. | | | |
| Dents de vache marine, le cent pesant cy deuant estimé cinquante sols, & à present cinq liures, payera pour l'ancien droict, | iii. s. iiii. d. | iiii. s. ii. d. | iiii. s. ix. d |
| Et pour la nouuelle reapreciation, | iii. s. iiii. d. | iii. s. iiii. d. | iii. s. iiii. d. |
| Dominoterie, autrement papiers peints, le cent pesant chargé toille, cy deuant estimé dix liures, & à present vingt cinq liures, payera pour l'ancien droict, | xiii. s. iiii. d. | xvi. s. viii. d. | xix. s. ii. d. |
| Et pour la nouuelle reapreciation, | xx. s. | xx. s. | xx. s. |

| Marchandises. | Normand Picard. Berry & Poictou xvi.d. pour liu. | Bourgongne. xx. d. pour li. | Champagne. xxiii. d. pour li. |
|---|---|---|---|
| Et auec la mercerie payera comme mercerie. | | | |
| Douuain ou bois à barils, voyez bois à baril. | | | |
| Douuain ou bois à pipe, voyez bois à douuain. | | | |
| Draps & toilles d'or & d'argẽt, satins brochez, velours, satins & damas à fleur d'or, & autres draps ausquels y a or & argent, tant riche, moyẽs que pauures, pour chacune liure cy-deuant estimee vingt deux liures, & à present trente liures, payera pour l'ancien droict, | xxix. s. iiii. d. | xxxvi.s.viii.d | xlii.s. ii.d. |
| Et pour la nouuelle reappreciation. | x.s. viii. d. | x. s. viii. d. | x.s. viii. d. |
| Draps & toilles d'or & d'argẽt faux, la liure ci-deuant estimee six liur. & à present douze liur. payera pour l'ancien droict, | viii. s. | x. s. | xi.s.vi.d. |
| Et pour la nouuelle reappreciat. | viii. s. | viii. s. | viii. s. |
| Draps de soye de toutes sortes & couleurs, velours, satins, damas, taffetas, serges, tapis & autres draps de soye, la liure cy deuant estimee six liures, & à present douze liures, payera pour l'ancien droict, | viii. s. | x. s. | xi.s.vi.d. |
| Et pour la nouuelle reappreciat. | viii. s. | viii. s. | viii. s. |
| Draps de laine de toutes façons, pays & couleurs, excepté les petits draps pour doubleure, le cent pesant cy deuant estimé cinquante cinq liures, & à present cent liures, payera pour l'ancien droict, | iii.l. xiii. s.iiii.d. | iiii.l.xi.s.viii.d. | v. l.v. s. v. d. |

| *Marchandises.* | *Norma d. Picard. Berry, & Poictou.* xvi. d. pour liure. | *Bourgongne.* xx. d. pour liu. | *Champagne.* xxiii. d. pour l. |
|---|---|---|---|
| Et pour la nouuelle reapreciation, | iii. l. | iii. l. | iii. l. |
| Draps petits pour doubleures d'Aumalle, Beauuais, Vallois, Abbeuille, Amiens, Blangy, Mande, le Puy, Poictou, Feltins, Fellins, Frizes d'Angleterre, & autres semblables petits draps, pour cent pesant cy deuant estimé vingt vne liures, & à present cinquante liures, payera pour l'ancien droict, | xxviii. s. | xxxv. s. | xl. s. iii. d. |
| Et pour la nouuelle reapreciation. | xxxviii. s. iiii. d. | xxxviii. s. iv. d. | xxxviii. s. iiii. d. |
| Draps de licts vieils, voyez vieil linge. | | | |
| Domanialle, idem. | | | |
| Draps de licts neufs de toille de lin fine, moyenne & grosse, voyez toille de lin. | | | |
| Domanialle idem. | | | |
| Draps de licts neufs de toille de chanure, moyenne & grosse, voyez toille de chanure. | | | |
| Domanialle, idem. | | | |
| Droguet, le cent pesant cy deuant estimé sept liures cinq sols, & à present quinze liures, payera pour l'ancien droict, | ix. s. viii. d. | xii. s. i. d. | xiii. s. x. d. ob. |
| Et pour la nouuelle reapreciation. | ix s. viii. d. | ix. s. viii. d. | ix. s. viii. d. |

Dattes

| *Drogueries & Espiceries.* | *Normand. Picardie. Berry & Poictou.* xvi. d. pour liure. | *Bourgongne.* xx. d. pour liu. | *Champagne.* xxiii. d. pour l. |
|---|---|---|---|
| **D** | | | |
| DAttes, le cent pesant, cy-deuant estimé vingt liures, & à present quarante liu. payera pour l'anciendroict, | xxvi. s. viii. d. | xxxiii. s. iiii. d. | xxxviii. s. iv. d |
| Et pour la nouuelle reapreciation, | xxvi. s. viij. d. | xxvi. s. viii. d. | xxvi. s. viii. d. |
| Dents de vaches marines, le cent pesant, voyez cy-deuant aux Marchandises. | | | |
| Dents d'Elephans, voyez yuoires ou morfil. | | | |
| Dictamus, le cent pesant cy-deuant estimé quinze liures, & à present vingt liures, payera pour l'ancien droict. | xx. s. | xxv. s. | xxviii. s. ix. d. |
| Et pour la nouuelle reapreciation, | vi. s. viii. d. | vi. s. viii. d. | vi. s. viii. d. |
| Doronicum, le cent pesant cy deuant estimé, cinquante sols, & à present cinq liures, payera pour l'ancien droict, | iii. s. iiii. d. | iiii. s. ii. d. | iiii. s. ix. d. |
| Et pour la nouuelle reapreciation, | iii. s. iiii. d. | iii. s. iiii. d. | iii. s. iiii. d. |
| Dragées de toutes sortes, le cent pesant cy deuant estimé quarante liures, & à present soixante liures, payera pour l'ancien droict, | liii. s. iiii. d. | iii. l. vi. s. viii. d. | iii. l. xvi. s. viii. d. |
| Et pour la nouuelle reapreciation. | xxvi. s. viii. d. | xxvi. s. viii. d. | xxvi. s. viii. d. |

| Marchandises. | Norman. Picardie, Berry & Poictou. xvi. d. pour liure. | Bourgongne. xx. d. pourliu. | Champagne. xxiii. d. pour l. |
|---|---|---|---|
| E | | | |
| EAüe de vie, la barique cy deuant estimée vingt-quatre liures, & à present trente six liures, payera pour l'ancien droict, | xxxii. ſ. | xl. ſ. | xlvi. ſ. |
| Et pour la nouuelle reapreciation, | xvi. ſ. | xvi. ſ. | xvi. ſ. |
| Ermines ou rozereau, le cent pesant, cy deuant estimé vingt liures, & à present vingt-cinq liures, payera pour l'ancien droict, | xxvi. ſ. viii. d. | xxxiii. ſ. iiii. d | xxxviii. ſ. iv. d |
| Et pour la nouuelle reapreciation. | vi. ſ. viii. d. | vi. ſ. viii. d. | vi. ſ. viii. d. |
| Escorces non hachées, le chariot, cy-deuant estimé sept liu. dix ſ. & à present dix li. payera pour l'ancien droict. | x. ſ. | xii. ſ. vi. d. | xiiii. ſ. iiii. d |
| Et pour la nouuelle reapreciation. | iii. ſ. iiii. d. | iii. ſ. iiii. d. | iii. ſ. iiii. d. |
| Escorces, chargé vne charette, cy deuant estimée trois liures, quinze sols & à present cinq liures, payera pour l'ancien droict, | v. ſ. | vi. ſ. iii. d. | vii. ſ. ii. d. |
| Et pour la nouuelle reapreciation, | i. ſ. vi. d. | i. ſ. vi. d. | i. ſ. vi. d. |
| Esguillettes de soye ferrée, la liure, suiuant l'Arrest du Conseil du 21. Ianuier 1627. | x. ſ. | x. ſ. | x. ſ. |
| Et pour la nouuelle reapreciation, | iiii. ſ. | iiii. ſ. | iiii. ſ. |

| *Marchandiſes.* | *Normand. Picard. Berri & Poictou,* xvi. d. pour liure | *Bourgongne.* xx. d. pour liu. | *Champagne.* xxiii. pour liu. |
|---|---|---|---|
| Eſchauffettes de fer, le cent peſant cy deuant eſtimé cinquante ſols, & à preſent, dix l. payera pour l'ancien droict, | iii. ſ. iiii. d. | iiii. ſ. ii. d. | iiii. ſ. ix. d. |
| Et pour la nouuelle reapretion. | x. ſ. | x. ſ. | x. ſ. |
| Eſchalats, le char cy-deuant eſtimé ſept liures dix ſols, & à preſent, dix liu. payera pour l'ancien droict, | x. ſ. | xii. ſ. vi. d. | xiiii. ſ. iiii. d. |
| Et pour la nouuelle reapreciation, | iii. ſ. iiii. d. | iii. ſ. iiii. d. | iii. ſ. iiii. d. |
| Eſchalats la charette cy-deuant eſtimée iii. li. xv. ſ. & à preſent ſix liures, payera pour l'ancien droict. | v. ſ. | vi. ſ. iii. d. | vii. ſ. ii. d. |
| Et pour la nouuelle reapreciat. | iii. ſ. | iii. ſ. | iii. ſ. |
| Eſmail le cent peſant, cy-deuant eſtimé ſoixante liures, payera pour l'ancien droict. | iiii. l. | v. l. | v. l. xv. ſ. |
| Et pour la nouuelle reapreciat. | neant. | neant. | neant. |
| Eſmery, le cent peſant, cy-deuant eſtimé vingt liur. payera pour l'ancien droict, | xxvi. ſ. viii. d. | xxxiii. ſ. iiii. d. | xxxviii. ſ. iiii. d. |
| Et pour la nouuelle reapreciation. | neant. | neant. | neant. |
| Eſpieux la douzaine, cy-deuant eſtimée vi. l. cinq ſols, & à preſent douze liures dix ſols, payera pour l'ancien droict, | viii. ſ. iiii. d. | x. ſ. v. d. | xi. ſ. xi. d. obol. |
| Et pour la nouuelle reapreciation. | viii. ſ. iiii. d. | viii. ſ. iiii. d. | viii. ſ. iiii. d. |
| Eſpinettes, le cent peſant, cy-deuant eſtimé xxv. liu. payera pour l'ancien droict. | xxxiii. ſ. iiii. d. | xli. ſ. viii. d. | xlvii. ſ. xi. d. |
| Et pour la nouuelle reapreciation. voyez Mercerie. | | | |

| *Marchandises.* | *Normand. Picardie Berry & Poictou.* xvi. d. pour liure: | *Bourgongne.* xx. d. pour l. | *Champagne.* xxiii. pour li. |
|---|---|---|---|
| Estein fin, gros, ouuré, & non ouuré, le cent pesant cy-deuant estimé vingt liures, & à present quarante cinq liures, payera pour l'ancien droict, | xxvi. s. viii. d. | xxxiii. s. iiii. d. | xxxviii. s. iiii. d. |
| Et pour la nouuelle reapreciation. | xxxiii. s. iiii. d. | xxxiii. s. iiii. d. | xxxiii. s. iiii. d. |
| Estamets de Lombardie & d'ailleurs de toutes couleurs, le cent pesant cy-deuant estimé cinquante cinq liures, & à present quatre vingts liures, payera pour l'ancien droict, | iii. l. xiii. s. iiii. d. | iiii. l. xi. s. viii. d. | v. l. v. s. v. d. |
| Et pour la nouuelle reapreciation, | xxxiii. s. iiii. d. | xxxiii. s. iiii. d. | xxxiii. s. iiii. d. |
| Estamine de Reims, le cent pesant, cy deuant estimé six vingts liures, & à present cent cinquante liures, payera pour l'ancien droict, | viii. l. | x. l. | xi. l. x. s. |
| Et pour la nouuelle reapreciation. | xl. | xl. s. | xl. s. |
| Estamine d'Auuergne, le cent pesant cy deuant estimé cinquante liures, & à present soixante liures, payera pour l'ancien droict, | iii. l. vi. s. viii. d. | iv. l. iii. s. iiii. d. | iiii. l. xv. s. x. d |
| Et pour la nouuelle reapreciation. | xiii. s. iiii. d. | xiii. s. iiii. d. | xiii. s. iiii. d. |
| Estouppes blanches, le cent pesant, ci-deuant estimé six liu. cinq sols, & à present dix liu. payera pour l'ancien droict, | viii. s. iiii. d. | x. s. v. d. | xi. s. xi. d. obo. |
| Et pour la nouuelle reapreciation. | v. s. | v. s. | v. s. |
| Estouppes en bourre, le cent pesant cy-deuant estimé dix | | | |

| *Marchandises.* | *Norman.Picardie Berry & Poictou* xvi.d.pour liure | *Bourgongne.* xx.d. pourli. | *Champagne.* xxiii.d. pour l. |
|---|---|---|---|
| ſols, & à preſent trente ſols, payera pour l'ancien droict. | viii. d. | x. d. | xi. d. |
| Et pour la nouuelle reapreciation.idem | i.ſ. iiii. d. | i. ſ. iiii. d. | i. ſ. iiii. d. |
| Eſtraces ou cardaces, pour faire capiton, le cent peſant voyez bourre de ſoye. | | | |
| Euillard à moulin, la piece, voyez œillards. | | | |

| *Drogueries & Eſpiceries.* | *Norman.Picardie Berry & Poictou,* xvi.d.pour liu. | *Bourgongne.* xx.d.pour.l. | *Champagne.* xxiii.d. po.li. |
|---|---|---|---|
| **E** | | | |
| Eauë de nars & naphle, le cent peſant, cy-deuant eſtimé vingt cinq liures, & à preſent trente liures, payera pour l'ancien droict, | xxxiii.ſ.iiii. d. | xli. ſ. viii. d. | xlvii. ſ.xi.d. |
| Et pour la nouuelle reapreciation. | vi. ſ. viii.d. | vi.ſ.viii.d. | v . ſ. viii. d. |
| Eauë de fleur d'orange, idem. | | | |
| Et pour la nouuelle reapreciation, idem. | | | |
| Elebore vray, le cent peſant, cy deuant eſtimé quinze liures, & à preſent vingt liures, payera pour pour l'ancien droict. | xx. ſ. | xxv.ſ. | xxviii. ſ. ix. d. |
| Et pour la nouuelle reapreciation. | vi. ſ. viii. d. | vi. ſ. viii. d. | vi. ſ. viii d. |

| *Drogueries & Espiceries.* | *Norman. Picardie. Berry & Poictou.* xvi.d. pour liure. | *Bourgongne.* xx.d. pour liu. | *Champagne.* xxiii.d. pour l. |
|---|---|---|---|
| Elebore blanc & noir, idem. | | | |
| Et pour la nouuelle reapreciation, idem. | | | |
| Emblics mirabolans, voyez mirabolans. | | | |
| Encens gros, le cent pesant cy deuant estimé cent sols, & à present dix liures, payera pour l'ancien droict, | vi.s. viii.d. | viii.s.iiii.d. | ix.s.vii.d. |
| Et pour la nouuelle reapreciat. | vi. s. viii. d. | vi. s. viii. d. | vi. s. viii.d. |
| Encens fin, ou oliban, le cent pesant, cy-deuant estimé vingt liures & à present trente liures, payera pour l'ancien droict. | xxvi. s.viii. d. | xxxiii.s.iiii.d. | xxxviii.s.iv.d |
| Et pour la nouuelle reapreciation, | xiii s. iiii. d. | xiii.s.iiii.d. | xiii.s.iiii.d. |
| Epithimy, le cent pesant cy-deuant estimé cinquante liures, & à present soixante liures, payera pour l'ancien droict, | iii.l. vi. s. viii. d. | iv. l. iii.s.iiii.d | iiii.l. xv.s.x.d. |
| Et pour la nouuelle reapreciation. | xiii. s.iiii.d. | xiii.s.iiii.d. | xiii. s.iiii.d. |
| Escorce de bresil battuë, la voicture de douze sacqs, & le sacq de quatre mesures, cy-deuant estimé sept liures dix sols, & à present dix liures, payera pour l'ancien droict, | x. s. | xii. s. vi. d. | xiii. s. iiii. d. |
| Et pour la nouuelle reapreciation. | iii. s. iiii. d. | iii.s.iiii.d. | iii. s. iiii. d. |
| Escorce de bresil non battuë, ladite voicture cy-deuant estimée vingt-cinq sols, & à present xxxv. sols, payera pour l'ancien droict, | xx. d. | ii.s.i. d. | ii.s.iiii. d. ob. |
| Et pour la nouuelle reapreciation, | viii. d. | viii. d. | viii. d. |

| *Drogueries & Espiceries.* | *Norman. Picardie. Berry & Poictou.* xvi. d. pour liure. | *Bourgongne.* xx. d. pour liu. | *Champagne.* xxiii. d. pour liu. |
|---|---|---|---|
| Escorces de tamarins, le cent pesant cy-deuant estimé quinze liures, & à present vingt liures, payera pour l'ancien droict, | xx. s. | xxv. s. | xxviii. s. ix. d. |
| Et pour la nouuelle reapreciation. | vi. s. viii. d. | vi s. viii. d. | vi. s. viii. d. |
| Escorces de capres, le cent pesant, cy deuant estimé vingt liures, & à present vingt huict liures, payera pour l'ancien droict, | xxvi. s. viii. d. | xxxiii. s. iiii. d. | xxxviii. s. iiii. d. |
| Et pour la nouuelle reapreciation, | x. s. viii. d. | x. s. viii. d. | x. s. viii. d. |
| Escorce de mandragore, le cent pesant, cy deuant estimé cinquante liures, & à present soixante liures, payera pour l'ancien droict, | iii. l. vi. s. viii. d. | iiii. l. iii. s. iiii. d | iiii. l. xv. s. x. d. |
| Et pour la nouuelle reapreciation, | xiii. s. iiii. d. | xiii. s. iiii. d. | xiii. s. iiii. d. |
| Escorces de citrons confits, idem. | | | |
| Et pour la nouuelle reapreciation, idem. | | | |
| Escorce de gayac, le cent pesant cy deuant estimé six liures, & à present dix liures, payera pour l'ancien droict, | vi. s. viii. d. | viii. s. iiii. d. | ix. s. vii. d. |
| Et pour la nouuelle reapreciation, | vi. s. viii. d. | vi. s. viii. d. | vi. s. viii. d. |
| Esnelle, le cent pesant, cy-deuant estimé cent sols, & à present huict liures, payera pour l'ancien droict, | vi. s. viii. d. | viii. s. iiii. d. | ix. s. vii. d. |
| Et pour la nouuelle reapreciation. | iiii. s. | iiii. s. | iiii. s. |

| *Drogueries & Espiceries.* | *Norman. Picardie. Berry & Poictou,* xvi.d.pour liure. | *Bourgongne.* xx.d. pour li. | *Champagne.* xxiii.d.pour l. |
|---|---|---|---|
| Esponges le cent pesant, cy deuant estimé dix liures, & à present quinze liures, payera pour l'ancien droict. | xiii.s.iiii.d. | xvi. s. viii. d. | xix.s.ii.d. |
| Et pour la nouuelle reapreciation, | vi.s. viii. d. | vi. s. viii. d. | vi.s. viii. d. |
| Essule, pour cent pesant, cy deuant estimé cent sols, & à present dix liures, payera pour l'ancien droict, | vi.s.viii. d. | viii.s. iiii.d. | ix.s.vii.d. |
| Et pour la nouuelle reapreciation, | vi.s.viii d. | vi. s. viii.d. | vi. s. viii. d. |
| Esustum, le cent pesant cy-deuant estimé trente liures, & à present quarante liures. payera pour l'ancien droict, | xl. s. | l. s. | lvii. s. vi. d. |
| Et pour la nouuelle reapreciation. | xiii.s.iiii.d. | xiii.s. iiii. d. | xiii. s.iiii.d. |
| Eufforbe, le cent pesant cy deuant estimé vingt liures, & à present vingt-huict liu. payera pour l'ancien droict, | xxvi. s. viii. d. | xxxiii.s.iiii.d. | xxxviii.s.iiii.d |
| Et pour la nouuelle reapreciation, | x.s. viii. d. | x. s. viii. d. | x.s. viii. d. |

| *Marchandises.* | *Normand. Picard. Berry, & Poictou.* xvi.d.pour liure. | *Bourgongne.* xx.d.pour liu. | *Champagne.* xxiii. d.pour l. |
|---|---|---|---|
| F | | | |
| FAnons de Baleine, le cent pesant, cy-deuant estimé quinze | | | |

| Marchandises. | Normand. Picard. Berry & Poictou. xvi. d. pour liur. | Bourgongne. xx. d. pour li. | Champagne. xxiii. d. pour li. |
|---|---|---|---|
| quinze liur. & à present vingt liures, payera pour l'ancien droict, | xx. s. | xxv. s. | xxviii. s. ix. d. |
| Et pour la nouuelle reapreciation. | vi. s. viii. d. | vi. s. viii. d. | vi. s. viii. d. |
| Faucilles, le cent pesant cy deuant estimé quinze liures, & à present vingt-cinq liur. payera pour l'ancien droict, | xx. s. | xxv. s. | xxviii. s. ix. d. |
| Et pour la nouuelle reapreciation. | xiii. s. iiii. d. | xiii. s. iiii. d. | xiii. s. iiii. d. |
| Faulx, ou volans, idem. | | | |
| Et pour la nouuelle reapreciation, idem. | | | |
| Febues & pois, le muid contenant deux tonneaux mesure de Paris cy-deuant estimé trẽte liures, & à present cinquante liures, payera pour l'ancien droict, | xl. s. | l. s. | lvii. s. vi. d. |
| Et pour la nouuelle reapreciation. | xxvi. s. viii. d. | xxvi. s. viii. d. | xxvi. s. viii. d. |
| Pour la Traicte Domanialle de ce qui sera porté hors le Royaume, pour tonneau. | iii. l. | iii. l. | iii. l. |
| Et pour la nouuelle reapreciation. | xx. s. | xx. s. | xx. s. |
| Feletins, voyez draps petits, | | | |
| Fenegré, le cent pesant, cy deuant estimé cinquante sols, & à sent cinq liures, payera pour l'ancien droict. | iii. s. iiii. d. | iiii. s. ii. d. | iiii. s. ix. d. |
| Et pour la nouuelle reapreciation, | iii. s. iiii. d. | iii. s. iiii. d. | iii. s. iiii. d. |
| Fer ouuré & non ouuré, vieil ou neuf, le cent pesant, cy deuant estimé l'vn portãt l'autre | | | |

| *Marchandiſes.* | *Norman. Picardie. Berry & Poictou.* xvi. d. pour liure. | *Bourgongne.* xx. d. pour liu. | *Champagne.* xxiii. d. pour l. |
|---|---|---|---|
| cinquante ſols, & à preſent cinq liures, payera pour l'ancien droict, | iii. ſ. iiii. d. | iiii. ſ. ii. d. | iiii. ſ. ix. d. |
| Et pour la nouuelle reapreciation, | iii. ſ. iiii. d. | iii. ſ. iiii. d. | iii. ſ. iiii. d. |
| Ferlins, le cent peſant, voyez draps petits. | | | |
| Fueilles de fer blanc & noir double, le cent en nombre cy deuant eſtimé dix liures, & à preſent quinze liures, payera pour l'ancien droict, | xiii. ſ. iiii. d. | xvi. ſ. viii. d. | xix. ſ. ii. d. |
| Et pour la nouuelle reapreciation. | vi. ſ. viii. d. | vi. ſ. viii. d. | vi. ſ. viii. d. |
| Feuilles de fer blanc & noir ſimples, le cent en nombre cy-deuant eſtimé cinq liures, & à preſent ſept liures dix ſols, payera pour l'ancien droict, | vi. ſ. viii. d. | viii. ſ. iiii. d. | ix. ſ. vii. d. |
| Et pour la nouuelle reapreciation. | iii. ſ. iiii. d. | iii. ſ. iiii. d. | iii. ſ. iiii. d. |
| Fueilles de cartes à Chappronnieres, le cent peſant cy deuant eſtimé dix liures, & à preſant quinze liures, payera pour l'ancien droict, | xiii. ſ. iiii. d. | xvi. ſ. viii. d. | xix. ſ. ii. d |
| Et pour la nouuelle reapreciation, | vi. ſ. viii. d. | vi. ſ. viii. d. | vi. ſ. viii. d. |
| Fueilles, voyez cordages, | | | |
| Filatrice le cent peſant, voyez Mercerie. | | | |
| Fil d'or ou d'argent fin, voyez or & argent fin. | | | |
| Fil d'or ou d'argent faux, voiez or ou argent faux. | | | |
| Fil de laine fine de toute cou- | | | |

| Marchandises. | Norman. Picardie. Berry & Poictou. xvi. d. pour liure. | Bourgongne. xx. d. pour liu. | Champagne. xxiii. d. pour liur. |
|---|---|---|---|
| leurs, le cent pesant cy-deuant estimé quarante liures, & à present six vingts liures, payera pour l'ancien droict, | liii. s. iiii. d. | iii. l. vi. s. viii. d. | iii. l. xvi. s. viii. d |
| Et pour la nouuelle reappreciation. | v. l. vi. s. viii. d. | v. l. vi s. viii. d. | v. l. vi. s. viii. d. |
| Fil de laine moyenne & grosse de toutes couleurs, le cent pesant, voyez mercerie, | | | |
| Fil de latton, le cent pesant, cy deuant estimé vingt liures, & à present cinquante liures, payera pour l'ancien droict, | xxvi. s. viii. d. | xxxiii. s. iiii. d. | xxxviii s. iiii. d. |
| Et pour la nouuelle reapreciation, | xl. s. | xl. s. | xl. s. |
| Fil darchal, le cent pesant, cy deuant estimé quinze liures, & à present trente liures, payera pour l'ancien droict, | xx. s. | xxv. s. | xx viii. s. ix. d. |
| Et pour la nouuelle reapreciation, | xx. s. | xx. s. | xx. s. |
| Fil de fer de toutes sortes, idem. | | | |
| Et pour la nouuelle reapreciation, idem. | | | |
| Fil d'espinay, voyez Mercerie. | | | |
| Fil blanc & teinct de Paris, Lyon & d'ailleurs, idem. | | | |
| Fil de Caret, voyez cordages. | | | |
| Fidozelle, le cent pesant cy deuant estimé quatre-vingts liures, & à present deux | | | |

| *Marchandises.* | *Normand. Picardie Berry & Poictou.* xvi. d. pour liure: | *Bourgongne.* xx. d. pou r l. | *Champagne.* xxiii. pour li. |
|---|---|---|---|
| cens liures, payera pour l'ancien droict, | v. l. vi. s. viii. d. | vi. l. xiii. s. iv. d. | vii. l. xiii. s. iv. d |
| Et pour la nouuelle reapreciation. | viii. l. | viii. l. | viii. l. |
| Fil de poil de vaches, le cent pesant cy deuant estimé cent sols, & à present sept liures dix sols, payera pour l'ancien droict, | vi. s. viii. d. | viii. s. iiii. d. | ix. s. vii. d. |
| Fil de poil de cheual, idem. | | | |
| Et pour la nouuelle reapreciation. | iii. s. iiii. d. | iii. s. iiii. d. | iii. s. iiii. d. |
| Fil d'Albalestre, voiez mercerie. | | | |
| Fil de lin blanc & escreu, idem. | | | |
| Fil de chanvre & estouppes de lin, le cent pesant cy deuant estimé vingt liures, & à present trente six liures, payera pour l'ancien droict, | xxvi. s. viii. d. | xxxiii. s. iiii. d. | xxxviii. s. iiii. d. |
| Et pour la nouuelle reapreciation. | xxi. s. iiii. d. | xxi. s. iiii. d. | xxi. s. iiii. d. |
| Fil de chenettes, le cent pesant cy deuant estimé quinze liures, & à present vingt cinq liures, payera pour l'ancien droict, | xx. s. | xxv. s. | xxviii. s. ix. d |
| Et pour la nouuelle reapreciation, | xiii. s. iiii. d. | xiii. s. iiii. d. | xiii. s. iiii. d. |
| Fil d'estouppes de chanure blanche, le cent pesant cy deuant estimé cent sols, & à presant sept liures dix sols, paiera pour l'ancien droict, | vi. s. viii. d. | viii. s. iiii. d. | ix. s. vii. d. |

| *Marchandiſes.* | *Norman. Picardie Berry & Poiƈtou* | *Bourgongne.* | *Champagne.* |
|---|---|---|---|
| | xvi.d. pour liure | xx.d. pour li. | xxiii.d. pour l. |
| Et pour la nouuelle reapreciation, | iii.ſ. iiii. d. | iii. ſ. iiii. d. | iii.ſ. iiii. d. |
| Fil d'eſtouppes de chanure eſcreu, le cent peſant cy deuant eſtimé cent ſols, payera pour l'ancien droiƈt, | vi. ſ. viii. d. | viii.ſ.iiii.d. | ix.ſ.vii..d. |
| Et pour la nouuelle reapreciation, cy deuant. | | | |
| Filliers de fer ſeruans à tirer le fil d'archal, le cent peſant cy deuant eſtimé dix liures, & à preſent vingt liures, payera pour l'ancien droiƈt, | xiii.ſ.iiii.d. | xvi.ſ. viii. d. | xix. ſ. ii. d. |
| Et pour la nouuelle reapreciation, | xiii. ſ. iiii. d. | xiii.ſ.iiii.d. | xiii. ſ. iiii. d. |
| Flacons ou bouteilles de verre la charge à col cy deuant eſtimee cent ſols & à preſent ſept liures dix ſols, payera pour l'ancien droiƈt, | vi. ſ. viii. d. | viii. ſ. iiii. d. | ix . ſ. vii. d. |
| Et pour la nouuelle reapreciat. | iii. ſ. iiii. d. | iii.ſ. iiii.d. | iii.ſ.iiii.d. |
| Flacons ou bouteilles de terre, la charge, voyez auſdites bouteilles de terre. | | | |
| Et pour la nouuelle reapreciation, idem. | | | |
| Flacquieres de mulets, le cent peſant cy deuant eſtimé vingt liures, & à preſent vingt cinq liures, païera pour l'ancien droiƈt, | xxvi ſ. viii. d. | xxxiii.ſ.iv.d. | xxviii. ſ. iiii. d. |
| Et pour la nouuelle reapreciation, | vi.ſ.viii.d. | vi.ſ. viii.d. | vi.ſ.viii.d. |
| Fleurées ſortans des voides pour teintures, le cent peſant cy deuant eſtimé cinquante liures, & à preſent | | | |

| *Marchandises.* | *Norman. Picardie, Berry & Poictou.* xvi. d. pour liure. | *Bourgongne.* xx. d. pour liu. | *Champagne.* xxiii. d. pour l. |
|---|---|---|---|
| soixante liures, payera pour l'ancien droict, | iii. l. vi. s. viii. d. | iv. l. iii. s. iiii. d | iiii. l. xv. s. x. d |
| Et pour la nouuelle reapreciation. | xiii. s. iiii. d. | xiii. s. iiii. d. | xiii. s. iiii. d |
| Fleuret le cent pesant, cy deuant estimé soixante quinze liures, & à present trois cens liures, payera pour l'ancien droict, | v. l. | vi. l. v. s. | vii. l. iii. s. ix. d. |
| Et pour la nouuelle reapreciation la liure. | iii. s. | iii. s. | iii. s. |
| Foines pour fourrures le cent pesant cy-deuant estimé vingt liures. Voyez pelleterie. | | | |
| Foing, le chariot chargé, cy-deuant estimé cinquante sols, & à present trois liures dix sols, payera pour l'ancien droict. | iii. s. iiii. d. | iiii. s. ii. d. | iiii. s. ix d. |
| Et pour la nouuelle reapreciation. | xvi. d. | xvi. d. | xvi. d. |
| Foing la charette chargée cy-deuant estimée vingt-cinq sols & à present quarante sols, payera pour l'ancien droict, | xx. d. | ii. s. i. d. | ii. s. iiii. d. obol. |
| Et pour la nouuelle reapreciation, | i. s. | i. s. | i. s. |
| Font d'Espagne, le cent pesant, cy-deuant estimé douze liures dix sols, payera pour l'ancien droict. | xvi. s. viii. d. | xx. s. x. d. | xxiii. s. xi. d. |
| Et pour la nouuelle reapreciation. | neant. | neant. | neant. |
| Forces neufues à Drappier, pour tondre, le cent pesant cy-deuant estimé quinze liur. | | | |

| *Marchandises.* | *Normand. Picard. Berri & Poictou,* xvi. d. pour liure | *Bourgongne.* xx. d. pour liu. | *Champagne.* xxiii. d. pour li. |
|---|---|---|---|
| & à present soixante liur. payera pour l'ancien droict, | xx. s. | xxv. s. | xxviii. s. ix. d |
| Et pour la nouuelle reapreciation, | iii. l. | iii. l. | iii. l. |
| Forces vieilles à Drappier, pour tondre, le cent pesant cy deuant estimé dix liures, & à present trente liures, payera pour l'ancien droict, | xiii. s. iiii. d. | xvi. s. viii. d. | xix. s. ii. d. |
| Et pour la nouuelle reapreciation. | xx vi. s. viii. d. | xxvi. s. viii. d. | xxvi. s. viii. d. |
| Franges de soye, voyez passement de soye. | | | |
| Franges de Filozelle, le cent pesant cy deuant estimé vingt-cinq liures, & à present deux cens liures, payera pour l'ancien droict, | xxxiii. s. iiii. d. | xli. s. viii. d. | xlvii. s. xi. d. |
| Et pour la nouuelle reapreciation, | xi. l. xiii. s. iiii. d. | xi. l. xiii. s. iiii. d | xi. l. xiii. s. iiii. d. |
| Franges meslees d'or & d'argent, la liure, voyez passemens & dentelles d'or & d'argent. | | | |
| Et pour la nouuelle reapreciation, idem. | | | |
| Frises, frizons d'Espagne, d'Hollande, d'Angleterre, & autres lieux blanchis ou teints, voyez draps d'Aumalle. | | | |
| Et pour la nouuelle reapreciation, idem. | | | |
| Fromages de Milan, le cent pesant cy deuant estimé vingt liures, & à present trente liures payera pour l'ancien droict, | xxvi. s. viii. d. | xxxiii. s. iiii. d. | xxxviii. s. iiii. d. |

| *Marchandiſes.* | *Normand. Picard. Berry & Poictou.* xvi. d. pour liur. | *Bourgongne.* xx. d. pour liu. | *Champagne.* xxiii.d.pour l. |
|---|---|---|---|
| Et pour la nouuelle reaprecia-tion, | xiii.ſ.iiii.d. | xiii. ſ. iiii. d. | xiii.ſ.iiii.d. |
| Fromages de Florence & Maſ-ſolin, idem. | | | |
| Et pour la nouuelle reaprecia-tion, idem. | | | |
| Fromage de Maillorque, idem. | | | |
| Et pour la nouuelle reaprecia-tion, idem. | | | |
| Fromages d'Auuergne, d'Hol-lande, Vachelins, fromages en boulettes, & toutes autres ſor-tes de fromages, & de pays, cy-deuant eſtimé l'vn portant l'au-tre treize liures, & à preſent quinze liures, payera pour l'ancien droict. | xvi. ſ. iiii. d. | xix. ſ. viii. d. | xxiiii. ſ. |
| Et pour la nouuelle reaprecia-tion. | ii.ſ. viii.d. | ii.ſ.viii.d. | ii.ſ. viii. d. |
| Fuſtailles neuues, propres pour mettre vendāges, chacun poin-çon cy deuant eſtimé ſept ſols ſix deniers & à preſent quin-ze ſols, payera pour l'ancien droict, | vi.d. | viii.d. | ix.d. |
| Et pour la nouuelle reaprecia-tion, | ii.ſ. vi. d. | ii.ſ. vi. d. | ii. ſ. vi. d. |
| Fuſtailles de bois venans de S. Claude de toutes ſortes, le cent peſant cy-deuant eſtimé quinze liures, & à preſent vingt cinq liures, payera pour l'ancien droict, | xx. ſ. | xxv. ſ. | xxviii.ſ. ix.d. |
| Et pour la nouuelle reaprecia-tion, | xiii. ſ. iiii. d. | xiii. ſ. iiii. d. | xiii.ſ.iiii.d. |
| Fuſtaines de toutes ſortes, le cent peſant, voyez mercerie. | | | |

Feuſts

| *Marchandises.* | *Normand. Picard. Berry & Poictou.* xvi. d. pour liur. | *Bourgongne.* xx. d. pour li. | *Champagne.* xxiii. d. pour li. |
|---|---|---|---|
| Fusts de raquettes, le cent pesant cy deuant estimé cent sols, & à present dix liures, payera pour l'ancien droict, | vi. ſ. viii. d. | viii. ſ. iiii. d. | ix. ſ. vii. d. |
| Et pour la nouuelle reapreciation. | vi. ſ. viii. d. | vi. ſ. viii. d. | vi. ſ. viii. d. |
| Fuzeau le millier en compte, cy deuant estimé dix sols, & à present vingt sols, payera pour l'ancien droict, | viii. d. | x. d. | xi. d. |
| Et pour la nouuelle reapreciation. | viii. d. | viii. d. | viii. d. |

| *Drogueries & Espiceries.* | *Norman. Picardie. Berry & Poictou.* xvi. d. pour liure. | *Bourgongne.* xx. d. pour li. | *Champagne.* xxiii. d. pour li. |
|---|---|---|---|
| F | | | |
| FEnoüil, le cent pesant cy deuant estimé sept liures dix sols, & à present dix liures, payera pour l'ancien droict, | x. ſ. | xii. ſ. vi. d. | xiiii. ſ. iiii. d. |
| Et pour la nouuelle reapreciation. | iii. ſ. iiii. d. | iii. ſ. iiii. d. | iii. ſ. iiii. d. |
| Figues du creu de Frãce, & autres, le cent pesant cy deuant estimé cent sols, & à present dix liures, payera pour l'ancien droict, | vi. ſ. viii. d. | viii. ſ. iiii. d. | ix. ſ. vii. d. |

| *Drogueries & Espiceries.* | *Norman. Picardie. Berry & Poictou.* xvi. d pour liure. | *Bourgongne.* xx. d. pour liu. | *Champagne.* xxiii. d. pour liu. |
|---|---|---|---|
| Et pour la nouuelle reapreciation, | vi. s. viii. d. | vi. s. viii. d. | vi. s. viii. d. |
| Fleurs de violettes & autres, le cent pesant cy deuant estimé sept liures dix sols, & à present treize liures, payera pour l'ancien droict, | x. s. | xii. s. vi. d. | xiiii. s. iiii. d. |
| Et pour la nouuelle reapreciation. | viii. s. | viii. s. | viii. s. |
| Fleurs de scœnanth, le cent pesant cy deuant estimé soixante liures, & à present soixante & dix liures, payera pour l'ancien droict, | iiii. l. | v. l. | v. l. xv. s. |
| Et pour la nouuelle reapreciation, | xiii. s. iiii. d. | xiii. s. iiii. d. | xiii. s. iiii. d. |
| Fleurs de soulphre, le cent pesant cy deuant estimé soixante & quinze liures, & à present cent liures, payera pour l'ancien droict, | c. s. | vi. l. v. s. | vii. l. iii. s. ix. d. |
| Et pour la nouuelle reapreciation, | xxxiii. s. iiii. d. | xxxiii. s. iiii. d. | xxxiii. s. iiii. d. |
| Florée, le cent pesant, idem. | | | |
| Et pour la nouuelle reapreciation, idem. | | | |
| Florum certamy, ou saffran bastard, le cent pesant cy deuant estimé trente sept liures dix sols, & à present quarante cinq liures, payera pour l'ancien droict, | l. s. | iii. l. ii. s. vi. d. | iii. l. xi. s. ix. d. |
| Et pour la nouuelle reapreciation, | x. s. | x. s. | x. s. |
| Folii Indi, le cent pesant cy deuant estimé deux cens cinquante liures, & à present deux | | | |

| *Drogueries & Espiceries.* | *Norman. Picardie. Berry & Poictou.* xvi.d.pour liure. | *Bourgongne.* xx.d.pour liu. | *Champagne.* xxiii.d.pour l. |
|---|---|---|---|
| cens soixante & quinze liures, payera pour l'ancien droict. | xvi.l.xiii.s. iiii.d. | xx.l.xvi.s.viii d. | xxiii.l.xix.s.ii. d. |
| Et pour la nouuelle reapreciation, | xxxiii. s. iiii. d. | xxxiii. s.iiii.d. | xxxiii. s.iv. d. |
| Folium gariofili, idem. | | | |
| Et pour la nouuelle reapreciation,idem. | | | |
| Folium malabastre, le cent pesant cy deuant estimé cent vingt cinq liures, & à present cent cinquante liures, payera pour l'ancien droict, | viii.l. vi.s. viii.d. | x.l.viii.s. iv.d. | xi.l.xix.s.vii.d |
| Et pour la nouuelle reapreciat. | xxxiii s. iiii.d. | xxxiii. s.iv.d. | xxxiii. s. iv.d. |
| Fragments, le cent pesant cy deuant estimé cent liures, & à present six vingts liures, paiera pour l'ancien droict, | vi. l. xiii. s. iiii. d. | viii.l.vi.s.viii. d. | ix.l.xi.s.viii.d. |
| Et pour la nouuelle reapreciation, | xxvi. s. viii. d. | xxvi. s. viii. d. | xxvi. s. viii. d. |
| Fuster, le cent pesant cy deuant estimé cinquante sols, & à present trois liures dix sols, payera pour l'ancien droict, | iii. s. iiii. d. | iiii.s.ii. d. | iiii.s.ix.d. |
| Et pour la nouuelle reapreciation, | i. s.iiii. d. | i. s. iiii. d. | i.s.iiii.d. |

| *Marchandises.* | *Norman. Picardie. Berry & Poictou.* xvi.d.pour liure. | *Bourgongne.* xx. d. pour li. | *Champagne.* xxiii.d.pour l. |
|---|---|---|---|
| G | | | |
| GAns en broderie d'or & d'argẽt fin la douzaine de | | | |

| *Marchandises.* | *Normand. Picardie Berry & Poictou.* xvi. d. pour liure: | *Bourgongne.* xx. d. pour l. | *Champagne.* xxiii. pour li. |
|---|---|---|---|
| paires cy deuant estimee vingt cinq liures, & à present trente liures, payera pour l'ancien droict, | xxxiii. s. iiii. d. | xli. s. viii. d. | xlvii. s. xi. d. |
| Et pour la nouuelle reapreciation. | vi. s. viii. d. | vi. s. viii. d. | vi. s. viii. d. |
| Gans à frange d'or & d'argent, la douzaine de paires cy deuant estimee dix liures, & à present quinze liures, paiera pour l'ancien droict, | xiii. s. iiii. d. | xvi. s. viii. d. | xix. s. ii. d. |
| Et pour la nouuelle reapreciat. | vi. s. viii. d. | vi. s. viii. d. | vi. s. viii. d. |
| Gans de cuirs ouurez & garnis de soye, la douzaine de paires cy deuant estimee douze liures dix sols, & à present quinze liures, payera pour l'ancien droict, | xvi. s. viii. d. | xx. s. x. d. | xxiii. s. xi. d. |
| Et pour la nouuelle repreciation, | iii. s. iiii. d. | iii. s. iiii. d. | iii. s. iiii. d. |
| Gans de Rome, la douzaine de paires, idem. | | | |
| Et pour la nouuelle reapreciation, idem. | | | |
| Gans parfumez d'Espagne & autres, idem. | | | |
| Et pour la nouuelle reapreciation, idem, | | | |
| Gans communs, voyez mercerie. | | | |
| Garence, le cent pesant cy-deuant estimé cent sols, & à present quinze liures, payera pour l'ancien droict, | vi. s. viii. d. | viii. s. iiii. d. | ix. s. vii. d. |
| Et pour la nouuelle reapreciation, | xiii. s. iiii. d. | xiii. s. iv. d. | xiii. s. iiii. d. |
| Garnitures de licts de poinct | | | |

| *Marchandises.* | *Norman. Picardie Berry & Poictou* xvi.d.pour liure | *Bourgongne.* xx.d.pour li. | *Champagne.* xxiii.d. pour l. |
|---|---|---|---|
| couppé, de passement, lassis & autres ouurages de fil, voyez ouurages de Flandres. | | | |
| Garnitures de licts de Serges auec passement de soye, le cent pesant cy deuant estimé quatre vingts cinq liures, & à present cent liures, payera pour l'ancien droict, | v. l.xiii. f.iiii. d. | vii.l.i.f.viii.d | viii.l.ii. f.xi. d. |
| Et pour la nouuelle reapreciation, | xx.f. | xx. f. | xx.f. |
| Garnitures de licts de serges moyennes auec passement my soye, ou sans soye, le cent pesant cy deuant estimé soixante dix liures, payera pour l'ancien droict, | iiii.l.xiii. f.iiii.d. | v.l.xvi.f.viii. d. | vi.l. xiiii.f.ii. d. |
| Et pour la nouuelle reapreciation. | neant. | neant. | neant. |
| Garnitures de licts où il y a ouurages de soye & laines faits à l'esguille, les droicts seront payez à l'estimation selon les Prouinces où elles sortiront. | | | |
| Genettes noires de toutes sortes, la piece cy deuant estimee sept liures dix sols, & à present douze liures, payera pour l'ancien droict, | x.f. | xii. f.vi. d. | xiv. f. iiii. d. |
| Et pour la nouuelle reapreciation. | vi. f. | vi f. | vi.f. |
| Genettes grises la piece cy deuant estimee dix sept sols vi. d. & à present trente sols, payera pour l'ancien droict, | i.f.ii. d. | i.f.v.d. ob. | i.f.vii.d. |
| Et pour la nouuelle reapreciation. | x.d. | x.d. | x.d. |

| *Marchandises.* | *Norman. Picardie, Berry & Poictou.* xvi.d. pour liure. | *Bourgongne.* xx.d.pourliu. | *Champagne.* xxiii.d. pour l. |
|---|---|---|---|
| Genices de deux ans, la piece cy deuãt estimee six liures cinq sols, & à present dix liures, payera pour l'ancien droict, | viii. s. iiii. d. | x.s.v. d. | xi.s.xi.d.ob. |
| Et pour la nouuelle reapreciation, | v.s. | v.s. | v.s. |
| Goultran le lets qui est de douze barils, cy deuant estimé douze liures, & à present trente liures, payera pour l'ancien droict, | xvi. s. | xx. s. | xxiii. s. |
| Et pour la nouuelle reapreciation. | xxiiii. s. | xxiiii.s. | xxiiii.s. |
| Graines à semer de toutes sortes, le cent pesant cy deuant estimé dix liures, & à present quinze liures, payera pour l'ancien droict, | xiii. s. iiii.d. | xvi. s. viii. d. | xix.s.ii.d. |
| Et pour la nouuelle reapreciat. | vi.s. viii. d. | vi. s. viii. d, | vi. s. viii. d. |
| Grauelee, le cent pesant cy deuant estimé cent sols, & à present quinze liures, paiera pour l'ancien droict, | vi. s. viii. d. | viii.s.iiii. d. | ix. s. vii. d. |
| Et pour la nouuelle reapreciation, | xiii. s. iiii.d. | xiii.s.iiii.d. | xiii. s. iiii. d. |
| Groisil ou verre cassé le baril cy deuant estimé xxv. sols, & à present trente sols, payera pour l'ancien droict. | xx.d. | ii.s.i. d. | ii.s.iiii.d.obol. |
| Et pour la nouuelle reapreciat. | iiii.d. | iiii. d. | iiii. d. |
| Guede ou pouldre de guesdes, le cẽt pesant, pour l'imposition foraine, voyez cy apres pastel. | | | |
| Guede ou voide qui est espece de pastel, chacune balle pour le droit des Traictes Domanialles voiez semblablement pastel. | | | |

| *Drogueries & Espiceries.* | *Normand. Picard. Berri & Poictou,* xvi. d. pour liure | *Bourgongne.* xx. d. pour liu. | *Champagne* xxiii. d. pour li. |
|---|---|---|---|
| G | | | |
| GAlangal fin, le cent pesant cy deuant estimé deux cens liures, & à present deux cens trente liures, paiera pour l'ancien droict, | xiii. l. vi. s. viii. d. | xvi. l. xiii. s. iiii. d. | xix. l. iii. s. iiii. d. |
| Et pour la nouuelle reapreciation. | xl. s. | xl. s. | xl. s. |
| Galangal sauuage, le cent pesant cy deuant estimé cent liur. & à present six vingts liures, payera pour l'ancien droict, | vi. l. xiii. s. iiii. d. | viii. l. vi. s. viii. d. | ix. l. xi. s. viii. d. |
| Et pour la nouuelle reapreciation, | xxvi. s. viii. d. | xxvi. s. viii. d. | xxvi. s. viii. d. |
| Galbanum, le cent pesant cy deuant estimé cinquãte liures, & à present soixante liu. paiera pour l'ancien droict, | iii. l. vi. s. viii. d. | iiii. l. iii. s. iv. d. | iiii. l. xv. s. x. d. |
| Et pour la nouuelle reapreciation. | xiii. s. iiii. d. | xiii. s. iiii. d. | xiii. s. iiii. d. |
| Galles de toutes sortes, le cent pesant cy deuant estimé quinze liures, & à present vingt liures. paiera pour l'ancien droict, | xx. s. | xxv. s. | xxviii. s. ix. d. |
| Et pour la nouuelle reapreciation, | vi. s. viii. d. | vi. s. viii. d. | vi. s. viii. d. |
| Galipo ou gros encens, le cent pesant cy deuant estimé cent sols, & à present sept liures dix sols, payera pour l'ancien droict, | vi. s. viii. d. | viii. s. iiii. d. | ix. s. vii. d. |
| Et pour la nouuelle reapreciation. | iii. s. iiii. d. | iii. s. iiii. d. | iii. s. iiii. d. |
| Gayac, bois & escorce, le cent pesant, idem. | | | |

| Drogueries & Espiceries. | Normand. Picard. Berry & Poictou. xvi. d. pour liur. | Bourgongne. xx. d. pour liu. | Champagne. xxiii.d.pour l. |
|---|---|---|---|
| Et pour la nouuelle reapreciation,idem. | | | |
| Gentiane, le cent pesant cy deuant estimé quatre liures, & à present cinq liures,payera pour l'ancien droict, | v.s. iiii.d. | vi. s. viii.d. | vii.s.viii.d. |
| Et pour la nouuelle reapreciation, | ii.s. viii.d. | ii.s.viii.d. | ii. s. viii. d. |
| Gingembre, le cent pesant cy deuant estimé soixante liures, & à present soixante & dix liures, payera pour l'ancien droict, | iiii.l. | v.l. | v.l. xv.s. |
| Et pour la nouuelle reapreciation. | xiii.s.iiii.d. | xiii. s. iiii. d. | xiii.s.iiii.d. |
| Girofles de toutes sortes, la liure cy-deuant estimee cinquante sols, & à present trois liures, payera pour l'ancien droict, | iii.s. iiii. d. | iiii.s. ii. d. | iiii. s. ix. d. |
| Et pour la nouuelle reapreciation, | viii. d. | viii.d. | viii.d. |
| Glus, le cent pesant cy deuant estimé sept liures dix sols, & à present quinze liures, payera pour l'ancien droict, | x.s. | xii. s. vi. d. | xiiii.s.iiii.d. |
| Et pour la nouuelle reapreciation, | vi.s. viii.d. | vi.s. viii.d. | vi.s. viii.d. |
| Gomme de cedre, le cent pesant cy-deuant estimé trente liures, & à present quarante liures,paiera pour l'anciẽ droict, | xl.s. | l.s. | lvii.s.vi. d. |
| Et pour la nouuelle reapreciation, | xiii. s. iiii. d. | xiii. s. iiii. d. | xiii.s.iiii.d. |
| Gomme du pays, le cent pesant cy-deuant estimé sept liures dix sols, & à present | | | |

dix liures

| Drogueries & Espiceries. | Norman. Picardie Berry & Poictou xvi.d.pour liure | Bourgongne. xx.d.pour li. | Champagne. xxiii.d. pour l. |
|---|---|---|---|
| dix liures, payera pour l'ancien droict, | | | |
| Et pour la nouuelle reapreciation, | x.s. | xii. s.vi. d. | xiiii.s.iii i.d. |
| Gomme anime, le cent pesant cy deuant estimé cent liures, & à present six vingts liures, payera pour l'ancien droict, | iii.s. iiii. d. | iii. s. iiii. d. | iii.s. iiii. d. |
| Et pour la nouuelle reapreciation. | vi. l. xiii.s. iiii. d. | viii.l.vi.s. viii d. | ix.l. xi.s.viii. d. |
| Gomme adragant, le cent pesant cy deuant estimé trente liures, & à present quarante liures, payera pour l'ancien droict, | xxvi. s. viii. d. | xxvi.s.viii.d. | xxvi. s. viii. d. |
| Et pour la nouuelle reapreciation. | xl. s. | l. s. | lvii.s.vi.d. |
| Gomme armoniac, le cent pesant cy deuant estimé trente sept liures dix sols, & à present quarante cinq liures, payera pour l'ancien droict, | xiii.s.iiii.d. | xiii s.iiii. d. | xiii.s. iiii. d. |
| Et pour la nouuelle reapreciation, | l. s. | iii.l.ii.s. vi. d. | iii.l.xi.s. x.d. |
| Gomme de lierre, le cent pesant cy deuant estimé vingt liures, & à present vingt cinq liures, payera pour l'ancien droict, | x.s. | x.s. | x.s. |
| Et pour la nouuelle reapreciation, | xxvi.s.viii.d. | xxxiii.s.iv.d. | xxxviii. s.iiii.d. |
| Gomme olampy, le cent pesant cy deuant estimé quarante liures, & à present cinquante liures, payera pour l'ancien droict, | vi.s.viii. d. | vi s.viii.d. | vi.s.viii.d. |
| | liii. s. iiii. d. | iii.l.vi. s.viii. d. | iii.l.xvi.s.viii.d |

M

| Drogueries & Espiceries. | Norman. Picardie, Berry & Poictou. xvi.d. pour liure. | Bourgongne. xx.d. pourliu. | Champagne. xxiii.d. pour l. |
|---|---|---|---|
| Et pour la nouuelle reapreciation, | xiii. ſ. iiii. d. | xiii. ſ. iiii. d. | xiii. ſ. iiii. d. |
| Gomme tragacans, le cent peſant cy deuant eſtimé trente ſept liures dix ſols, & à preſent quarante cinq liures, payera pour l'ancien droict, | l. ſ. | iii. l. ii. ſ. vi. d. | iii. l. xi. ſ. x. d. |
| Et pour la nouuelle repreciat. | x. ſ. | x. ſ. | x. ſ. |
| Gomme Arabic le cent peſant cy deuant eſtimé ſept liures dix ſols, & à preſent douze liures, payera pour l'ancien droict, | x. ſ. | xii. ſ. vi. d. | xiiii. ſ. iiii. d. |
| Et pour la nouuelle reapreciation. | vi. ſ. | vi. ſ. | vi. ſ. |
| Gomme Tacamacha, le cent peſant cy deuant eſtimé cent liures, & à preſent ſix vingts liures, payera pour l'ancien droict, | vi. l. xiii. ſ. iiii. d. | viii. l. vi. ſ. viii. d. | ix. l. xi. ſ. viii. d. |
| Et pour la nouuelle reapreciation, | xxvi. ſ. viii. d. | xxvi. ſ. viii. d. | xxvi. ſ. viii. d. |
| Gomme lacque, le cent peſant cy deuant eſtimé quarante liures, & à preſent cinquante liures, payera pour l'ancien droict, | liii. ſ. iiii. d. | iii. l. vi. ſ. viii. d | iii. l. xvi. ſ. viii. d |
| Et pour la nouuelle repreciat. | xiii. ſ. iiii. d. | xiii. ſ. iiii. d. | xiii. ſ. iiii. d. |
| Gomme caragne, le cent peſant cy deuant eſtimé deux cẽs liures, & à preſent deux cens trente liures, payera pour l'ancien droict, | xiii. l. vi. ſ. viii. d. | xvi. l. xiii. ſ. iiii d. | xix. l. iii. ſ. iiii. d |
| Et pour la nouuelle reapreciation, | xl. ſ. | xl. ſ. | xl. ſ. |
| Gomme edericq, le cent peſant ci deuant eſtimé quarãte liures, | | | |

| *Drogueries & Espiceries.* | *Norman. Picardie. Berry & Poictou.* xvi.d.pour liure. | *Bourgongne.* xx.d.pour liu. | *Champagne.* xxiii.d.pour l. |
|---|---|---|---|
| & à present cinquante liures, payera pour l'ancien droict, | liii.s.iiii.d. | iii.l.vi.s.viii.d | iii.l. xvi.s. viii. d. |
| Et pour la nouuelle reapreciation. | xiii. s. iiii. d. | xiii. s .iv.d. | xiii. s. iiii. d. |
| Gomme helemy le cent pesant cy deuant estimé lxxv. liu. & à present quatre vingts dix liu. payera pour l'ancien droict, | c.s. | vi. l. v. s. | vii.l. iii. s.ix.d. |
| Et pour la nouuelle reapreciat. | xx.s. | xx. s. | xx. s. |
| Gomme Errapin, le cent pesant cy deuant estimé cent liu. & à present six vingts liures, payera pour l'ancien droict, | vi. l. xiii. s. iiii. d. | viii.l.vi. s.viii. d. | ix.l.xi.s.viii.d. |
| Et pour la nouuelle reapreciation, | xxvi. s. viii. d. | xxvi. s. viii. d. | xxvi. s. viii. d. |
| Gomme hedere, le cent pesant, cy deuant estimé deux cens liures, & à present deux cens quarante liures, payera pour lancien droict, | xiii.l. vi. s. viii.d. | xvi.l.xiii.s.iiii d. | xix.l. iii. s.iv.d |
| Et pour la nouuelle reapreciation. | liii. s. iiii.d. | liii.s.iiii.d. | liii.s.iiii.d. |
| Goultran le leth, voyez cy deuant aux marchandises, | | | |
| Graine d'escarlatte alkerme la liure cy deuant estimee trente cinq sols, & à present trois liu. payera pour l'ancien droict, | ii.s.iiii. d. | ii.s. xi. d. | iii.s.iiii.d. |
| Et pour la nouuelle reapreciat. | i.s. viii. d. | i. s.viii. d. | i.s. viii. d. |
| Graine de Paradis, ou maniquette le cent pesant cy deuant estimé quarante liures, & à present cinquante liures, payera pour l'ancien droict, | liii.s. iiii. d. | iii.l.vi.s.viii.d. | iii.l.xvi.s viii. d. |
| Et pour la nouuelle reapreciation. | xiii.s. iiii.d. | xiii.s. iiii. d. | xiii.s.iiii.d. |

| *Drogueries & Espiceries.* | *Normand. Picardie Berry & Poictou.* xvi. d. pour liure: | *Bourgongne.* xx. d. pour l. | *Champagne.* xxiii. pour li. |
|---|---|---|---|
| Graine iaune, le cent pesant cy deuant estimé dix liures, & à present quinze liures, payera pour l'ancien droict, | xiii. s. iiii. d. | xvi. s. viii. d. | xix. s. ii. d. |
| Et pour la nouuelle reapreciation, | vi. s. viii. d. | vi. s. viii. d. | vi. s. viii. d. |
| Graine de corne de cerf, le cent pesant cy deuant estimé cinq liures, & à present dix liures, payera pour l'ancien droict, | vi. s. viii. d. | viii. s. iiii. d. | ix. s. vii. d. |
| Et pour la nouuelle reapreciation, | vi. s. viii. d. | vi. s. viii. d. | vi. s. viii. d. |
| Grabeaux de gerofles rompus, le cent pesant cy deuant estimé soixante & quinze liures, & à present cent liures, payera pour l'ancien droict, | v. l. | vi. l. v. s. | vii. l. iii. s. ix. d |
| Et pour la nouuelle reapreciat. | xxxiii. s. iiii. d. | xxxiii. s. iiii. d. | xxxiii. s. iv. d. |
| Graye de tonneau, le cent pesant cy deuant estimé cinquante sols, & à present trois liures dix sols, payera pour l'ancien droict, | iii. s. iiii. d. | iiii. s. ii. d. | iiii. s. ix. d. |
| Et pour la nouuelle reapreciation, | i. s. iiii. d. | i. s. iv. d. | i. s. iiii. d. |
| Grenades, le cent en nombre cy deuant estimé cent sols, & à present dix liures, payera pour l'ancien droict. | vi. s. viii. d. | viii. s. iiii. d. | ix. s. vii. d. |
| Et pour la nouuelle reapreciation, | vi. s. viii. d. | vi. s. viii. d. | vi. s. viii. d. |
| Grenas ou Citrons estrains, le cent pesant cy deuant estimé cent cinquante liures, payera pour l'ancien droict, | x. l. | xii. l. x. s. | xiv. l. vii. s. vi. d. |
| Et pour la nouuelle reapreciation, | neant, | neant. | neant. |

| *Drogueries & Espiceries.* | *Normand. Picard. Berry & Poictou.* xvi. d. pour liur. | *Bourgongne.* xx. d. pour li. | *Champagne.* xxiii. d .pour li. |
|---|---|---|---|
| Gutta gamba, le cent pesant cy deuant estimé deux cens liures, & à present deux cens trente liures, payera pour l'ancien droict, | xiii.l.vi.s. viii. d. | xvi. l. xiii. s. iiii.d. | xix.l. iii. s.iv.d. |
| Et pour la nouuelle reapreciation, | xl.s. | xl.s. | xl.s. |
| Guynée, le cent pesant, idem. | | | |
| Et pour la nouuelle reapreciation, idem. | | | |
| Guy de chesne, le cent pesant cy deuant estimé quinze liures, & à present vingt liures, payera pour l'ancien droict, | xx.s. | xxv.s. | xxviii. s. ix. d. |
| Et pour la nouuelle reapreciation, | vi.s.viii. d. | vi. s. viii.d. | vi.s.viii.d. |

| *Marchandises.* **H** | *Norman. Picardie. Berry & Poictou.* xvi.d.pour liure. | *Bourgongne.* xx.d. pour li. | *Champagne.* xxiii. d.pour li. |
|---|---|---|---|
| HAbillemens en broderie d'or & d'argent sur draps de soye, la liure cy deuant estimée vingt liures, & à present vingt cinq liures, payera pour l'ancien droict. | xxvi. s. viii. d. | xxxiii. s.iv.d. | xxxviii.s. iiii.d. |
| Et pour la nouuelle reapreciation, | vi. s. viii. d. | vi. s.viii. d. | vi.s. viii.d. |

| Marchandiſes. | Norman. Picardie. Berry & Poictou. xvi. d. pour liure. | Bourgongne. xx. d. pour liu. | Champagne. xxiii. d. pour liu. |
|---|---|---|---|
| Habillemens neufs de ſoye, la liure cy deuant eſtimee ſix liures, & à preſent douze liures, payera pour l'ancien droict, | viii. ſ. | x. ſ. | xi. ſ. viii. d. |
| Et pour la nouuelle reapreciation. | viii. ſ. | viii. ſ. | viii. ſ. |
| Habillemens neufs de draps & ſerges, les droicts ſe payeront à l'eſtimation ſelon les Prouinces par où elles ſortiront. | | | |
| Haches & coings de fer, le cent peſant cy deuant eſtimé cinquante ſols, & à preſent cinq liures, payera pour l'ancien droict, | iii. ſ. iiii. d. | iiii. ſ. ii. d. | iiii. ſ. ix. d. |
| Et pour la nouuelle reapreciation. | iii. ſ. iiii. d. | iii. ſ. iiii. d. | iii. ſ. iiii. d. |
| Hadots & ſeiches, le millier pour ſortir par mer, cy deuant eſtimé huict liures, & à preſent quinze liures, payera pour l'ancien droict, | x. ſ. viii. d. | xiii. ſ. iiii. d. | xvi. ſ. iiii. d. |
| Et pour la nouuelle reapreciation. | ix. ſ. iiii. d. | ix. ſ. iiii. d. | ix. ſ. iiii. d. |
| Hadots & ſeiches, le millier chargé en riuiere & en terre, cy deuant eſtimé ſeize liures, & à preſent vingt quatre liures, payera pour l'ancien droict, | xxi. ſ. iiii. d. | xxvi. ſ. viii. d. | xxx. ſ. viii. d. |
| Et pour la nouuelle reapreciation, | x. ſ. viii. d. | x. ſ. viii. d. | x. ſ. viii. d. |
| Harnois de cuir couuerts de velours pour cheual, non y cõpris les ſelles & houſſes, la | | | |

| *Marchandises.* | *Normand. Picard. Berri & Poictou,* xvi. d. pour liure | *Bourgongne.* xx. d. pour liu. | *Champagne* xxiii. d. pour li. |
|---|---|---|---|
| liure cy deuant estimee trente sols, & à present trois liures, payera pour l'ancien droict, | ii. s. | ii. s. vi. d. | ii. s. x. d. |
| Et pour la nouuelle reapreciation, | ii. s. | ii. s. | ii. s. |
| Harnois ou garnitures de cuir de mesme sorte couuerts de velours garnis de passemens ou fil d'or ou d'argent pour cheual, la liure cy deuant estimee trois liures, & à present quatre liures, payera pour l'ancien droict, | iiii. s. | v. s. | v. s. ix. d. |
| Et pour la nouuelle reapreciation, | i. s. iiii. d. | i. s. iiii. d. | i s. iiii. d. |
| Harnois de cuir de mesme sorte couuerts de velours en broderie d'or & d'argent pour cheual, la liure cy deuant estimee quatre liures dix sols, & à present six liures, paiera pour l'ancien droict, | vi. s. | vii. s. vi. d. | viii. s. vii. d. |
| Et pour la nouuelle reapreciation, | ii. s. vi. d. | ii. s. vi. d. | ii. s. vi. d. |
| Harnois simple pour cheual, le cent pesant cy deuant estimé quarante cinq liures, & à present cinquante liures, payera pour l'ancien droict, | iii. l. | iii. l. xv. s. | iiii. l. vi s. iii. d. |
| Et pour la nouuelle reapreciation, | vi. s. viii. d. | vi. s. viii. d. | vi. s. viii. d. |
| Hanssarts & cercles, le cent | | | |

| Marchandises. | Normand. Picard. Berry & Poictou. xvi. d. pour liur. | Bourgongne. xx. d. pour liu. | Champagne. xxiii.d.pour l. |
|---|---|---|---|
| pesant cy deuant estimé douze liures dix sols, & à present quinze liures, payera pour l'ancien droict, | | | |
| Et pour la nouuelle reapreciation, | xvi.s. viii.d. | xx.s. x.d. | xxiii. s. xi. d. |
| Harquebuses, le cent pesant cy-deuant estimé vingt cinq liures, & à present trente cinq liures, payera pour l'ancien droict, | iii.s. iiii.d. | iii.s.iiii. d. | iii. s. iv. d. |
| Et pour la nouuelle reapreciation, | xxxiii. s. iiii. d. | xli.s. viii.d. | xlvii. s. xi. d. |
| Hallebardes, le cent pesant, voyez espieux, | xx. s. | xx.s. | xx. s. |
| Haren sol-leth, qui est de dix milliers chargé pour sortir par mer cy deuant estimé cinquante liures, & à present soixante & quinze liures, payera pour l'ancien droict, | iii.l.vi.s. viii.d. | iiii. l.iii.s. iiii.d. | iiii.l.xv. s.x.d |
| Et pour la nouuelle reapreciation, | xxxiii.s.iiii.d. | xxxiii. s. iiii. d. | xxxiii.s.iiii.d. |
| Haren sol le leth, qui est de dix milliers chargé en riuiere ou en terre, cy deuant estimé soixante & dix liures, & à present cent liures, payera pour l'ancien droict, | iiii .l. xiii.s.iiii. d. | v.l.xvi.s.viii.d. | vi.l.xiv.s.ii.d |
| Et pour la nouuelle reapreciation, | xl.s. | xl. s. | xl. s. |
| Harens blanc le leth, qui est de douze barils, chargez par mer, cy deuant estimé cinquante liures, & à present cent liures, payera pour l'ancien droict, | iii.l.vi. s. viii.d. | iiii.l. iii.s.iiii. d. | iiii.l.xv.s. x.d |

Et

| *Marchandises.* | *Normand. Picard. Berry & Poictou.* xvi. d. pour liur. | *Bourgongne.* xx. d. pour liu. | *Champagne.* xxiii.d.pour l. |
|---|---|---|---|
| Et pour la nouuelle reapreciation. | iii.l.vi.f. viii.d. | iii.l. vi.f.viii.d. | iii. l. vi.f.viii. d. |
| Harens blancs, le leth qui est de douze barils chargez en terre ou mer, cy deuant estimé quatre vingts liur. & à present cent cinquante liures, payera pour l'ancien droict, | c.vi.f. viii.d. | vi.l.xiii.f.iiii.d. | vii.l. xiii.f.iv. d. |
| Et pour la nouuelle reapreciation, | iii.l.vi. f. viii.d. | iii. l.vi.f.viii.d. | iii. l. vi.f.viii. d. |
| Herbes de marroquin, le cent pesant cy deuant estimé dix liures, payera pour l'ancien droict | xiii. f. iiii. d. | xvi.f. viii.d. | xix.f. ii. d. |
| Et pour la nouuelle reapreciation, | neant. | neant. | neant. |
| Hermines de toutes sortes, le cent pesant, voyez hermines. | | | |
| Et pour la nouuelle reapreciation, idem. | | | |
| Hoing, le cent pesant cy deuant estimé sept liures dix sols, & à present quinze liures, payera pour l'ancien droict, | x.f. | xii. f. vi. d. | xiiii. f. iv. d. |
| Et pour la nouuelle reapreciation, | x. f. | x. f. | x. f. |
| Houblon, le cent pesant cy deuant estimé cinquante sols, & à present cinq liures, payera pour l'ancien droict, | iii.f. iiii. d. | iiii. f. ii. d. | iiii. f. ix. d. |
| Et pour la nouuelle reapreciation, | iii.f.iiii. d. | iii. f. iv. d. | iii. f. iiii. d |
| Houlles de cuiure, cloches, campannes, grilles, & autres metail de fonte en œuure, le cent pesant cy deuant estimé quinze liures, & à present | | | |

| *Marchandises.* | *Normand. Picard. Berri & Poictou,* xvi.d.pour liure | *Bourgongne.* xx.d.pour liu. | *Champagne* xxiii.d.pour li. |
|---|---|---|---|
| vingt cinq liures, payera pour l'ancien droict, | xx.s. | xxv.s. | xxviii.s.ix.d. |
| Et pour la nouuelle reapreciation, | xiii.s.iiii.d. | xiii.s.iv.d. | xiii.s.iiii.d. |
| Houlles de fer, le cent pesant cy deuāt estimé cinquante sols, & à present cinq liures, payera pour l'ancien droict, | iii.s.iiii.d. | iiii.s.ii.d. | iiii s.ix.d. |
| Et pour la nouuelle reapreciation, | iii.s.iiii.d. | iii.s.iiii.d. | iii.s.iiii.d. |
| Housse de velours pour cheual la liure cy deuant estimé six liures, & à present dix liures, payera pour l'ancien droict. | viii.s. | x.s. | xi.s.viii.d. |
| Et pour la nouuelle reapreciation. | v.s.iiii.d. | v.s.iiii.d. | v.s.iiii.d. |
| Housse de velours en broderie d'or & d'argent, la liure cy deuant estimée dix-huict liures, & à present vingt quatre liures, payera pour l'ancien droict, | xxiiii.s. | xxx.s. | xxxiiii.s.vi.d. |
| Et pour la nouuelle reapreciat. | viii.s. | viii.s. | viii.s. |
| Huille, de camamille ou cheneuis le cent pesant cy deuant estimé cent sols, & à present dix liures, payera pour l'ancien droict, | vi.s.viii.d. | viii.s.iiii.d. | ix.s.vii.d. |
| Et pour la nouuelle reapreciat. | vi.s.viii.d. | vi.s.viii.d. | vi.s.viii.d. |
| Huille de lin, idem. | | | |
| Et pour la nouuelle reapreciation, idem. | | | |
| Huille de noix, le cent pesant cy deuant estimé cent sols, & à present dix liures, payera pour l'ancien droict, | vi.s.viii.d. | viii.s.iiii.d. | ix.s.vii.d. |
| Et pour la nouuelle reapreciation, | vi.s.viii.d. | vi.s.viii.d. | vi.s.viii.d. |

| *Marchandises.* | *Norman. Picardie. Berry & Poictou.* xvi.d.pour liure. | *Bourgongne.* xx.d.pour liu. | *Champagne.* xxiii.d.pour l. |
|---|---|---|---|
| Huille de nauette ou rabette, idem. Et pour la nouuelle reapreciation, | vi.ſ.viii.d. | vi.ſ. viii. d. | vi.ſ. viii. d. |
| Huille ou graiſſe de balaine, & autres poiſſons, le cent peſant cy deuant eſtimé cinquante ſols & à preſent cinq liures, payera pour l'ancien droict, | iii. ſ. iiii.d. | iiii.ſ. ii.d. | iiii.ſ.ix.d. |
| Et pour la nouuelle reapreciation, | iii.ſ.iiii.d. | iii.ſ.iiii. d. | iii.ſ. iiii.d. |
| Huille d'olif, le cent peſant cy deuant eſtimé dix liures, & à preſent quinze liures, payera pour l'ancien droict, | xiii. ſ. iiii. d. | xvi. ſ.viii.d. | xix. ſ. ii. d. |
| Et pour la nouuelle reapreciation, | vi. ſ.viii. d. | vi. ſ. viii. d. | vi. ſ. viii. d. |

| *Drogueries & Eſpiceries.* | *Norman. Picardie. Berry & Poictou.* xvi.d.pour liure. | *Bourgongne.* xx. d. pour li. | *Champagne.* xiii. d. pour li. |
|---|---|---|---|
| **H** | | | |
| HErmodates, le cent peſant cy deuant eſtimé quinze liures, & à preſent vingt cinq liu. paiera pour l'ancien droict, | xx.ſ. | xxv. ſ. | xxviii. ſ. ix. d. |
| Et pour la nouuelle reapreciation, | xiii. ſ. iiii. d. | xiii. ſ. iv. d. | xiii.ſ. iiii.d. |
| Hiacintes, le cent peſant, idem. | | | |

| Drogueries & Espiceries. | Norman. Picardie Berry & Poictou xvi.d. pour liure | Bourgongne. xx.d. pour li. | Champagne. xxiii.d. pour l. |
|---|---|---|---|
| Et pour la nouuelle reapreciation, idem. | | | |
| Hiposquistidos, le cent pesant cy deuant estimé vingt liures, & à present trente liures, paiera pour l'ancien droict, | xxvi. s. viii. d. | xxxiii.s.iv.d. | xxxviii. s.iiii.d. |
| Et pour la nouuelle reapreciation. | xiii.s. iiii.d. | xiii. s.iiii. d. | xiii .s. iiii .d. |
| Houx blanchy, le cent pesant cydeuant estimé sept liures dix sols, & à present douze liures, payera pour l'ancien droict, | x.s. | xii. s.vi. d. | xiiii. s. iiii. d. |
| Et pour la nouuelle reapreciation, | vi. s. | vi. s. | vi.s. |
| Huille d'aspic, le cent pesant cy deuant estimé cinquante liures, & à present soixante liures, paiera pour l'ancien droict, | iii. l. vi. s. viii. d. | iiii. l. iii.s. iv. d. | iiii.l. xv. s. x.d. |
| Et pour la nouuelle reapreciation. | xiii.s.iiii.d. | xiii. s. iiii. d | xiii. s. iiii. d. |
| Huille de petrolle, idem. | | | |
| Et pour la nouuelle reapreciation, idem. | | | |
| Huille d'amande douce & amere, idem. | | | |
| Et pour la nouuelle reapreciation, idem. | | | |
| Huille de therebentine, le cent pesant cy deuant estimé vingt liures, & à present trente liures, paiera pour l'ancien droict, | xxvi.s.viii.d. | xxxiii.s.iv.d. | xxxviii.s.iiii.d. |
| Et pour la nouuelle reapreciation, | xiii.s. iiii.d. | xiii s.iiii.d. | xiii. s. iiii. d. |
| Huille de romarin, idem. | | | |

| *Drogueries & Espiceries.* | *Normand. Picardie Berry & Poictou.* xvi. d. pour liure: | *Bourgongne.* xx. d. pour l. | *Champagne.* xxiii. pour li. |
|---|---|---|---|
| Et pour la nouuelle reapreciation, idem. | | | |
| Huille Laurin, idem, | | | |
| Et pour la nouuelle reapreciation, idem. | | | |
| Huille de Cade, le cent pesant cy deuant estimé quinze liures, & à present vingt liures, payera pour l'ancien droict, | xx. s. | xxv. s. | xxviii. s. ix. d. |
| Et pour la nouuelle reapreciation, | vi. s. viii. d. | vi. s. viii. d. | vi. s. viii. d. |
| Huille de pommade, le cent pesant cy deuant estimé vingt liures, & à present vingt huict liures, payera pour l'ancien droict, | xxvi. s. viii. d. | xxxiii. s. iiii. d. | xxxviii. s. iv. d. |
| Et pour la nouuelle reapreciation, | x. s. viii. d. | x. s. viii. d. | x. s. viii. d. |
| Huille benedic, idem. | | | |
| Et pour la nouuelle reapreciation, idem. | | | |
| Huille de Tartare, idem. | | | |
| Et pour la nouuelle reapreciation, idem. | | | |
| Huille de Scorpion, le cent pesant cy deuant estimé vingt cinq liures, & à present trente liures, payera pour l'ancien droict, | xxxiii. s. iiii. d. | xli. s. viii. d. | xlvii. s. xi. d. |
| Et pour la nouuelle reapreciation, | vi. s. viii. d. | vi. s. viii. d. | vi. s. viii. d. |
| Huille de Geneure, le cent pesant cy deuant estimé vingt liures, & à present vingt cinq liures, payera pour l'ancien droict, | xxvi. s. viii. d. | xxxiii. s. iiii. d. | xxxviiii. s. iv. d. |

| *Drogueries & Espiceries.* | *Norman. Picardie. Berry & Poictou.* xvi.d.pour liure. | *Bourgongne.* xx.d.pour liure. | *Champagne.* xxiii.d.pour liu. |
|---|---|---|---|
| Et pour la nouuelle reapreciation, | vi.s.viii.d. | vi.s. viii.d. | vi. s. viii. d. |
| Huille de Camamille ou cheneuis, voyez cy deuant aux marchandises. | | | |
| Huille de lin, voyez idem. | | | |
| Huille de noix, voyez idem. | | | |
| Huille de nauette ou rabette, idem. | | | |
| Huille ou graisse de Balaine ou d'autre poisson, voyez idem. | | | |
| Huille d'Olif, voyez idem. | | | |

| *Marchandises.* | *Norman. Picardie. Berry & Poictou.* xvi.d.pour liure. | *Bourgongne.* xx.d. pour liu. | *Champagne.* xxiii.d.pour liu. |
|---|---|---|---|
| **I** | | | |
| IAmbons de Mayence, le cent pesant cy deuant estimé douze liures dix sols, & à present vingt liures, payera pour l'ancien droict, | xvi.s.viii.d. | xx. s. x. d. | xxiii.s. xi. d. |
| Et pour la nouuelle reapreciation. | x. s. | x. s. | x. s. |
| Iambons de Bayonne, idem. | | | |

| *Marchandiſes.* | *Norman. Picardie, Berry & Poictou.* xvi.d. pour liure. | *Bourgongne.* xx.d.pourliu. | *Champagne.* xxiii.d.pour l. |
|---|---|---|---|
| Et pour la nouuelle reapreciation, | idem. | idem. | idem. |
| Iaſpe le pied en carré cy deuant eſtimé vingt cinq ſols, payera pour l'ancien droict, | xx.d. | ii.ſ.i.d. | ii.ſ.iiii.d.ob. |
| Et pour la nouuelle reapreciation, | neant. | neant. | neant. |
| Iayet, lis & brut, le cent peſant cy deuant eſtimé trente ſix liures, payera pour l'ancien droict, | xlviii.ſ. | iii.l. | iii.l.ix.ſ. |
| Et pour la nouuelle reapreciation, | neant. | neant. | neant. |
| Images peintes ſur toille ou bois, le cent peſant cy-deuant eſtimé vingt cinq liures, & à preſent quarante liures, payera pour l'ancien droict, voyez mercerie, | xxxiii.ſ.iiii.d. | xli.ſ.viii.d. | xlvii.ſ.xi.d. |
| Et pour la nouuelle reapreciation, idem. | | | |
| Images peintes ſur papier, le cent peſant cy deuant eſtimé dix liures, payera pour l'ancien droict, | xiii.ſ.iiii.d. | xvi.ſ.viii.d. | xix.ſ.ii.d. |
| Et pour la nouuelle reapreciation, voyez dominoterie. | | | |
| Inde fin ou anil de Barbarie, Portugal, Veniſe ou d'ailleurs, le cent peſant cy deuant eſtimé l'vn portant l'autre ſoixante ſix liures cinq ſols, & à preſent trois cens liures, payera pour l'ancien droict, | iii.l.xv.ſ. | iiii.l.xiii.ſ.vii.d. | v.l.viii.ſ. |

| *Marchandises.* | *Normand. Picard. Berry & Poictou.* | *Bourgongne.* | *Champagne.* |
|---|---|---|---|
| | xvi. d. pour liur. | xx. d. pour li. | xxiii. d .pour li. |
| Et pour la nouuelle reaprecia-tion, | xv.l.xi.ſ.iiii.d. | xv. l.xi.ſ.iiii. d. | xv.l. xi. ſ.iv. d. |
| Iong d'Eſpagne, le cent peſant voyez baſin ou jong d'Eſpagne. | | | |
| Iumens, petits cheuaux, mulles & mullets, voyez cheuaux & iumens. | | | |
| Iuoire ou dents d'elephant & morphil, le cent peſant cy deuant eſtimé vingt quatre liures, & à preſent quarante liures, payera pour l'ancien droict, | xxxii. ſ. | xl.ſ. | xlvi.ſ. |
| Et pour la nouuelle reapreciation, | xxi.ſ.iiii.d. | xxi.ſ.iiii.d. | xxi. ſ. iiii. d. |

| *Drogueries & Eſpiceries.* | *Norman. Picardie. Berry & Poictou.* | *Bourgongne.* | *Champagne.* |
|---|---|---|---|
| | xvi.d.pour liure. | xx.d. pour li. | xxiii. d.pour li. |
| **I** | | | |
| IAlap, le cent peſant cy deuant eſtimé deux cens liures & à preſent deux cens trente liures, payera pour l'ancien droict, | xiii.l. vi.ſ. viii. d. | xvi. l. xiii. ſ.. iiii. d. | xix.l.iii.ſ. iiii.d. |
| Et pour la nouuelle reapreciation, | xl.ſ. | xl.ſ. | xl.ſ. |

Iaſpe

| *Drogueries & Espiceries.* | *Normand. Picard. Berry & Poictou.* xvi. d. pour liur. | *Bourgongne.* xx. d. pour liu. | *Champagne.* xxiii. d. pour l. |
|---|---|---|---|
| Iaspe, le pied en quarré, voyez cy deuant aux marchandises. | | | |
| Iayet, lis & brus, voyez idem. | | | |
| Inde fin, ou Anil de Barbarie, idem. | | | |
| Inde fin ou anil de Portugal, Venise ou d'ailleurs, idem. | | | |
| Indez secs, les quatre cy deuant estimez vingt sols, & à present trente sols, paiera pour l'ancien droict, | i. s. iiii. d. | xx. d. | xxiii. d. |
| Et pour la nouuelle reapreciat. | viii. d. | viii. d. | viii. d. |
| Irreos, le cent pesant cy deuant estimé cent sols, & à present dix liures, payera pour l'ancien droict, | vi. s. viii. d. | viii. s. iiii. d. | ix. s. vii. d. |
| Et pour la nouuelle reapreciat. | vi. s. viii. d. | vi. s. viii. d. | vi. s. viii. d. |
| Iujubes, le cent pesant idem. | | | |
| Et pour la nouuelle reapreciation, idem. | | | |
| Iuncus odoratus, le cent pesant cy deuant estimé deux cẽs cinquante liures, & à present deux cens quatre vingts liures, paiera pour l'ancien droict, | xvi. l. xiii. s. iiii. d. | xx. l. xvi. s. viii. d. | xxiii. l. xix. s. ii. d. |
| Et pour la nouuelle reapreciation, | xl. s. | xl. s. | xl. s. |
| Iuoire, voyez cy deuant aux marchandises. | | | |
| Ius de limon, le cent pesant cy deuant estimé vingt liures, & à present trente liures, payera pour l'ancien droict, | xxvi. s. viii. d. | xxxiii. s. iiii. d. | xxxviii. s. iv. d. |
| Et pour la nouuelle reapreciat. | xiii. s. iiii. d. | xiii. s. iiii. d. | xiii. s. iiii. d. |
| Ius de reglisse, idem. | | | |
| Et pour la nouuelle reapreciation, idem. | | | |

| *Marchandiſes.* | *Norman. Picardie. Berry & Poictou.* xvi.d.pour liure. | *Bourgongne.* xx.d.pour liure. | *Champagne.* xxiii.d.pour liu. |
|---|---|---|---|
| L | | | |
| LAcis, le cent peſant cy deuant eſtimé vnze liures, & à preſent quinze liures, payera pour l'ancien droict, | xiiii. ſ. viii. d. | xviii. ſ. iiii. d. | xxi. ſ. i. d. |
| Et pour la nouuelle reapreciation. | v. ſ. iiii. d. | v. ſ. iiii. d. | v. ſ. iiii. d. |
| Lacque de Veniſe pour teinture, le cent peſant cy deuant eſtimé deux cens cinquãte liu. payera pour l'ancien droict, | xvi. l. xiii. ſ. iv. d. | xx. l. xvi. ſ. viii. d | xxiii. l. xix. ſ. ii. d. |
| Et pour la nouuelle reapreciation, | neant. | neant. | neant. |
| Laines d'Eſpagne, Languedoc, Prouence, Vigognes, Sigouie, d'Angleterre, fines & moyennes, groſſes ou non appreſtees, eſtimee l'vn portant l'autre, trente ſept liures dix ſols, & à preſent ſoixante liures, qui ſeroit pour l'ancien droict, | l. ſ. | iii. l. ii. ſ. vi. d. | iii. l. xii. ſ. |
| Et pour la nouuelle reapreciation, | xxx. ſ. | xxx. ſ. | xxx. ſ. |
| Laines d'aignelin en ſuin, le cent peſant cy deuant eſtimé quinze liures, & à preſent trente liures, payera pour l'ancien droict, | xx. ſ, | xxv. ſ. | xxviii. ſ. ix. d. |
| Et pour la nouuelle reapreciation, | xx. ſ. | xx. ſ. | xx. ſ. |
| Laines d'Auſtriche, le cent peſant cy deuant eſtimé dix liures, & à preſent vingt liures, payera pour l'ancien droict, | xiii. ſ. iiii. d. | xvi. ſ. viii. d. | xix. ſ. ii. d. |

| *Marchandises.* | *Norman. Picardie. Berry & Poictou.* xvi.d.pour liure. | *Bourgongne.* xx.d.pour liu. | *Champagne.* xxiii.d.pour l. |
|---|---|---|---|
| Et pour la nouuelle reapreciation, | xiii. ſ. iiii. d. | xiii. ſ. iv. d. | xiii. ſ. iiii. d. |
| Pour la Traicte Domanialle des laines de toutes ſortes pour chacun cent peſant, | iii. l. | iii. l. | iii. l. |
| Et pour la nouuelle reapreciation, | xxx. ſ. | xxx. ſ. | xxx. ſ. |
| Laines fines filées de toutes couleurs, voyez fil de laine. | | | |
| Laines moyennes & groſſes filçes, voyez fil de laine. | | | |
| Lames & gardes d'eſpees, la douzaine, voyez mercerie. | | | |
| Lames & dagues, la douzaine voyez mercerie. | | | |
| Et pour la nouuelle reapreciation, idem. | | | |
| Landiers de cuiure ou airain, le cent peſant, voyez chenets ou landiers. | | | |
| Lanternes, la douzaine cy deuant eſtimée quinze ſols, & à preſent quarante ſols, paiera pour l'ancien droict, | i. ſ. | i. ſ. iii. d. | i. ſ. iiii. d. ob. |
| Et pour la nouuelle reapreciation, | i. ſ. viii. d. | i. ſ. viii. d. | i. ſ. viii. d. |
| Lard de toutes ſortes, le cent peſant cy deuant eſtimé dix liures, & à preſent vingt liures, payera pour l'ancien droict, | xiii. ſ. iiii. d. | xvi. ſ. viii. d. | xix. ſ. ii. d. |
| Et pour la nouuelle reapreciation | x. ſ. | x. ſ. | x. ſ. |
| Laſſets de ſoye, la liure cy de- | | | |

| Marchandises. | Normand. Picardie Berry & Poictou. xvi. d. pour liure: | Bourgongne. xx. d. pour l. | Champagne. xxiii. pour li. |
|---|---|---|---|
| uant estimée six liures, & à present douze liures, payera pour l'ancien droict, | viii. s. | x. s. | xi. s. vi. d. |
| Et pour la nouuelle reapreciation, | viii. s. | viii. s. | viii. s. |
| Lassets de laine, le cent pesant, voyez mercerie. | | | |
| Lassets de fil, idem. | | | |
| Et pour la nouuelle reapreciation, idem. | | | |
| Lattes, le millier cy deuant estimé sept liures dix sols, & à present dix liures, payera pour l'ancien droict, | x. s. | xii. s. vi. d. | xiiii. s. iv. d. |
| Et pour la nouuelle reapreciation, | iii. s. iiii. d. | iii. s. iiii. d. | iii. s. iiii. d. |
| Latton, le cent pesant cy deuant estimé quinze liures, & à present trente liures, payera pour l'ancien droict, | xx. s. | xxv. s. | xxviii. s. ix. d. |
| Et pour la nouuelle reapreciation, | xx. s. | xx. s. | xx. s. |
| Legumes de toutes sortes, où sont compris poix chiches, vesses, lentilles, cheneuis, nauette, scenée, millet, panis, pilley, bled de Turquie, & autres semblables grains & legumes, le muid mesure de Paris, contenant deux tonneaux, & le tonneau six septiers cy deuant estimé vingt quatre liures, & à present quarante liures, payera pour l'ancien droict, | xxxii. s. | xl. s. | xlvi. s. |
| Et pour la nouuelle reapreciation, | xxi. s. iiii. d. | xxi. s. iiii. d. | xxi. s. iiii. d. |

| *Marchandiſes.* | *Norman. Picardie Berry & Poictou* xvi.d. pour liure | *Bourgongne.* xx.d. pour li. | *Champagne.* xxiii.d. pour l. |
|---|---|---|---|
| Pour la Traicte Domanialle pour tonneau. | iii. l. | iii.l. | iii. l. |
| Et pour la nouuelle reapreciation. | xx. ſ. | xx. ſ. | xx. ſ. |
| Librairie meſlée auec mercerie, payera comme mercerie. | | | |
| Liege, le cent peſant cy deuant eſtimé cinquante ſols, & à preſent dix liures, payera pour l'ancien droict, | iii.ſ.iiii.d. | iiii.ſ.ii.d. | iiii.ſ. ix.d. |
| Et pour la nouuelle reapreciation, | x.ſ. | x. ſ. | x. ſ. |
| Ligatures de ſoye, le cent peſant cy deuant eſtimé lv. liures, & à preſent cent liures, payera pour l'ancien droict, | iii.l. xiii.ſ. iiii.d. | iiii.l.xi.ſ.viii. d. | v. l. v.ſ. v. d. |
| Et pour la nouuelle reapreciation, | iii. l. | iii.l. | iii.l. |
| Ligatures de ſoye & fil, le cent peſant cy deuant eſtimé idem, & à preſent ſoixante & dix liures, payera pour l'ancien droict, | iii.l. xiii. ſ. iiii.d. | iiii.l.xi.ſ.viii. d. | v.l. v. ſ. v.d. |
| Et pour la nouuelle reapreciat. | xx. ſ. | xx. ſ. | xx. ſ. |
| Ligatures communes, le cent peſant cy deuant eſtimé vingt cinq liures, & à preſent quarante cinq liures, payera pour l'ancien droict, | xxxiii.ſ.iiii.d. | xli. ſ. viii. d. | xlvii.ſ. xi. d. |
| Et pour la nouuelle reapreciat. | xxvi.ſ.viii.d. | xxvi ſ.viii.d. | xxvi.ſ.viii.d. |
| Limailles d'eſpingles ſeruans à plomber pots de terre, le cent peſant cy deuant eſtimé lx. ſols, & à preſent vingt liures, payera pour l'ancien droict, | iiii. ſ. | v. ſ. | v.ſ. ix. d. |
| Et pour la nouuelle reapreciation. | xxii. ſ. viii. d. | xxii.ſ.viii. d. | xxii.ſ.viii. d. |

| *Marchandises.* | *Normand. Picard. Berri & Poictou,* xvi.d.pour liure | *Bourgongne.* xx.d.pour liu. | *Champagne.* xxiii.d.pour li. |
|---|---|---|---|
| Limaille de cuiure, le cent pesant, idem. | | | |
| Et pour la nouuelle reapreciation, idem. | | | |
| Limaille de fer, le cent pesant cy deuant estimé trente sols, & à present trois liures, paiera pour l'ancien droict, | ii. s. | ii. s. vi. d. | ii s. x. d. |
| Et pour la nouuelle reapreciat. | ii. s. | ii. s. | ii. s. |
| Lingeries de toutes sortes de lin ou de chanure, excepté dentelles ou autres especes de passement de fil, le cent pesant cy deuant estimé deux cens liures, & à present quatre cens soixante quinze liures, payera pour l'ancien droict, | xiii. l. vi. s. viii. d. | xvi. l. xiii. s. iv. d. | xix. l. iii. s. iiii. d. |
| Et pour la nouuelle reapreciation, la liure. | iii. s. viii. d. | iii. s. viii. d. | iii. s. viii. d. |
| Linge de table fait de fil de lin, ouuré & non ouuré de toutes sortes, le cent pesant, voyez toille de lin. | | | |
| Et pour la Domanialle, voyez idem, | | | |
| Linge de table fait de fil de chanure, ouuré & non ouuré, moyen & gros, voyez toilles de chanure. | | | |
| Et pour la Domanialle, idem. | | | |
| Linge vieil, le cent pesant cy deuant estimé dix liures, & à present vingt liures, paiera pour l'ancien droict, | xiii. s. iiii. d. | xvi. s. viii. d. | xix. s. ii. d. |
| Et pour la nouuelle reapreciat. | xiii. s. iiii. d. | xiii. s. iiii. d. | xiii. s. iiii. d. |
| Pour la Traicte Domanialle, pour cent pesant, | xxii. s. vi. d. | xxii. s. vi. d. | xxii. s. vi. d. |

| *Marchandises.* | *Norman. Picardie, Berry & Poictou.* xvi.d. pour liure. | *Bourgongne.* xx.d. pourliu. | *Champagne.* xxiii.d. pour l. |
|---|---|---|---|
| Et pour la nouuelle reapreciation, | x.s. | x.s. | x.s. |
| Lin prest à filer, le cent pesant cy deuant estimé vingt liures, & à present quarante liures, payera pour l'ancien droict, | xxvi.s. viii.d. | xxxiii.s. iv.d. | xxxviii.s. iv.d. |
| Et pour la nouuelle reapreciation, | xxvi.s. viii.d. | xxvi.s. viii.d. | xxvi.s. viii.d. |
| Lin crud sans apprester, le cent pesant cy deuãt estimé sept. liu. dix sols, & à present quinze liu. payera pour l'ancien droict, | x.s. | xii.s. vi.d. | xiiii.s. iiii.d. |
| Et pour la nouuelle reapreciation, | x.s. | x.s. | x.s. |
| Lizieres de draps, le cent pesant cy deuant estimé douze liures, & à present quinze liures, payera pour l'ancien droict, | xvi.s. viii.d. | xx.s. x.d. | xx iii.s. xi.d. |
| Et pour la nouuelle reapreciation, | iii.s. iiii.d. | iii.s. iiii.d. | iii.s. iiii.d. |
| Loudiers & coutepoinctes, le cent pesant cy deuant estimé dix liu. & à present dix huict liu. payera pour l'ancien droict, | xiii.s. iiii.d. | xvi.s. viii.d. | xix.s. ii.d. |
| Et pour la nouuelle reapreciation. | x.s. viii.d. | x.s. viii.d. | x.s. viii.d. |
| Loups ceruiers de Leuant, la piece cy deuant estimé trente liu. paiera pour l'ancien droict, | xl.s. | l.s. | lvii.s. vi.d. |
| Et pour la nouuelle reapreciation. | neant. | neant. | neant. |
| Loups ceruiers d'Espagne, & autres pays, la piece cy deuant estimee six liures, paiera pour l'ancien droict, | viii.s. | x.s. | xi.s. vi.d. |
| Et pour la nouuelle reapreciation, idem. | neant. | neant. | neant. |

| Marchandises. | Normand. Picard. Berry & Poictou. xvi. d. pour liur. | Bourgongne. xx. d. pour li. | Champagne. xxiii. d. pour li. |
|---|---|---|---|
| Loutres pour fourrures, voyez pelleteries. | | | |
| Luth & autres instruments, la caisse cy deuant estimée trente deux liures, payera pour l'ancien droict, | xlii. s. viii. d. | liii. s. iiii. d. | iii. l. i. s. iiii. d. |
| Et pour la nouuelle reapreciation. | neant. | neant. | neant. |

| Drogueries & Espiceries. | Norman. Picardie. Berry & Poictou. xvi. d. pour liure. | Bourgongne. xx. d. pour li. | Champagne. xxiii. d. pour li. |
|---|---|---|---|
| **L** | | | |
| LAcoa, le cent pesant cy deuant estimé cinquante liures, & à present soixante liures, payera pour l'ancien droict, | iii. l. vi. s. viii. d. | iiii. l. iii. s. iv. d | iiii. l. xv. s. x. d. |
| Et pour la nouuelle reapreciation. | xiii. s. iiii. d. | xiii. s. iiii. d. | xiii. s. iiii. d. |
| Lacque de Venise, le cent pesant cy deuant estimé trois cens liures, payera pour l'ancien droict, | xx. l. | xxv. l. | xxviii. l. xv. s. |
| Et pour la nouuelle reapreciation. | neant. | neant. | neant. |
| Lacque de Venise pour teinture, le cent pesant, voyez cy deuant aux marchandises. | | | |
| Lacque ronde, le cent pesant | | | |

cy

| *Marchandises.* | *Norman. Picardie Berry & Poictou* xvi.d. pour liure | *Bourgongne.* xx.d. pour li. | *Champagne.* xxiii.d. pour l. |
|---|---|---|---|
| cy deuant estimé sept vingts dix liures, & à present cent soixante & dix liures, payera pour l'ancien droict, | x. l. | xii.l,x.s. | xiv.l.vii.s.vi.d. |
| Et pour la nouuelle reapreciation, idem. | xxvi.s.viii.d. | xxvi s.viii.d. | xxvi.s.viii.d. |
| Lacque plate, le cent pesant idem, idem. | | | |
| Et pour la nouuelle reapreciation, | | | |
| Lacre, autrement cire à cacheter, le cent pesant cy deuant estimé quarante liures, & à present cinquante liures, payera pour l'ancien droict, | liii.s.iiii.d. | iii.l.vi.s. viii. d. | iii.l.xvi.s.viii.d. |
| Et pour la nouuelle reapreciation, | xiii.s.iiii.d. | xiii. s.iiii.d. | xiii. s.iiii.d. |
| Lapdanum, le cent pesant cy deuant estimé vingt liures, & à present vingt-huict liures, paiera pour l'ancien droict, | xxvi. s.viii.d. | xxxiii. s. iiii. d. | xxxviii.s. iv. d. |
| Et pour la nouuelle reapreciation, | x.s. viii.d. | x. s. viii.d. | x.s. viii. d. |
| Lapis entalis, le cent pesant cy deuãt estimé sept vingts dix liures, & à present cẽt soixante liures, payera pour l'ancien droict, | x. l. | xii.l.x.s. | xiiii.l.vii.s.vi.d |
| Et pour la nouuelle reapreciation, | xiii. s. iiii.d. | xiii. s. iiii. d. | xiii.s.iiii.d. |
| Lapis entalis, idem. | | | |
| Et pour la nouuelle reapreciation, idem. | | | |
| Lapis hematites, le cent pesant cy deuant estimé cent vingt cinq liures, & à present cent | | | |

| *Marchandises.* | *Norman. Picardie, Berry & Poictou.* xvi.d. pour liure. | *Bourgongne.* xx.d.pourliu. | *Champagne.* xxiii.d. pour l. |
|---|---|---|---|
| trente cinq liures, payera pour l'ancien droict, | viii.l. vi. ſ. viii.d. | x.l.viii.ſ.iv.d. | xi.l.xix.ſ.vii.d |
| Et pour la nouuelle reapreciation. | xiii.ſ.iiii.d. | xiii. ſ.iiii.d. | xiii. ſ. iiii .d. |
| Lapis Iudaicus, le cent peſant cy deuant eſtimé cent liures, & à preſent ſix vingts liures, payera pour l'ancien droict, | vi. l. xiii. ſ. iiii.d. | viii.l.vi.ſ.viii. d. | ix. l. xi. ſ. viii. d. |
| Et pour la nouuelle reapreciation, | xxvi. ſ. viii. d. | xxvi. ſ. viii.d. | xxvi.ſ. viii.d. |
| Lapis lazulis, idem. | | | |
| Et pour la nouuelle reapreciation, idem. | | | |
| Lapis calaminaris, le cent peſant cy deuant eſtimé quinze liures, & à preſent vingt quatre liures, paiera pour l'ancien droict, | xx.ſ. | xxv. ſ. | xxviii. ſ. ix. d. |
| Et pour la nouuelle reapreciation. | xii.ſ. | xii. ſ. | xii. ſ. |
| Lapis magnes, le cent peſant cy deuant eſtimé cent douze liures, & à preſent cent vingt quatre liures, payera pour l'ancien droict, | vii.l.ix.ſ.iiii.d. | ix.l.vi.ſ.viii.d | x.l. xiii. ſ.viii. d. |
| Et pour la nouuelle reapreciation, | xvi. ſ. | xvi. ſ. | xvi. ſ. |
| Lierre, le cent peſant cy deuant eſtimé dix liures, & à preſent quinze liures, paiera pour l'ancien droict, | xiii.ſ. iiii. d. | xvi.ſ. viii.d. | xix. ſ. ii. d. |
| Et pour la nouuelle reapreciat. | vi.ſ. viii.d. | vi.ſ. viii.d. | vi.ſ. viii. d. |
| Lignum aloës fin, le cẽt peſant cy deuant eſtimé quatre cens liures, & à preſent quatre cens cinquante liures, payera pour l'ancien droict, | xxvi.l.xiii.ſ.iv.d. | xxxiii.l. vi. ſ. viii.d. | xxxviii. l. vi.ſ. viii. d. |

| Marchandises. | Norman. Picardie. Berry & Poictou. xvi.d.pour liure. | Bourgongne. xx.d.pour liu. | Champagne. xxiii.d.pour l. |
|---|---|---|---|
| Et pour la nouuelle reapreciation. | iii.l.vi.ſ.viii.d. | iii.l.vi.ſ.viii.d. | iii.l.vi.ſ.viii.d |
| Lignum aloës, moyen, le cent peſant cy deuant eſtimé cinquante liures, & à preſent ſoixante cinq liures, payera pour l'ancien droict, | iii.l.vi.ſ.viii.d. | iiii.l.iii.ſ.iiii.d. | iiii.l.xv.ſ.x.d |
| Et pour la nouuelle reapreciation, | xx.ſ. | xx.ſ. | xx.ſ. |
| Lignum balſamy, le cent peſant idem. | | | |
| Et pour la nouuelle reapreciation, idem. | | | |
| Lignum Caſſié, le cent peſant cy deuant eſtimé trente ſept liures dix ſols, & à preſent quarante cinq liures, payera pour l'ancien droict, | l.ſ. | iii.l.ii.ſ.vi.d. | iii.l. xi.ſ.x.d. obol |
| Et pour la nouuelle reapreciation, | x.ſ. | x.ſ. | x.ſ. |
| Litarge d'or, le cent peſant cy deuant eſtimé cent ſols, & à preſent dix liures, payera pour l'ancien droict, | vi.ſ.viii.d. | viii.ſ.iiii.d. | ix.ſ.vii.d. |
| Et pour la nouuelle reapreciation, | vi.ſ.viii.d. | vi.ſ.viii.d. | vi.ſ.viii.d. |
| Litarge d'argent, le cent peſant, cy deuant eſtimé cinquante ſols, & à preſent cinq liures, payera pour l'ancien droict, | iii.ſ.iiii.d. | iiii.ſ.ii.d. | iiii.ſ.ix.d. |
| Et pour la nouuelle reapreciation, | iii.ſ.iiii.d. | iii.ſ.iiii.d. | iii.ſ.iiii.d. |

| *Marchandises.* | *Normand. Picardie Berry & Poictou.* xvi. d. pour liure. | *Bourgongne.* xx. d. pour l. | *Champagne.* xxiii. pour li. |
|---|---|---|---|
| **M** | | | |
| Macquereaux, le leth, chargé pour sortir par mer, cy deuant estimé vingt liures, & à present trente liures, payera pour l'ancien droict, | xxvi. s. viii. d. | xxxiii. s. iiii. d. | xxxviii. s. iiii. d. |
| Et pour la nouuelle reapreciation. | xiii. s. iiii. d. | xiii. s. iiii. d. | xiii. s. iiii. d. |
| Macquereaux le leth, chargé en terre ou riuiere, cy deuant estimé quarante liures, & à present soixante liures, payera pour l'ancien droict, | liii. s. iiii. d. | iii. l. vi. s. viii. d | iii. l. xvi. s. viii. d. |
| Et pour la nouuelle reapreciation. | xxvi. s. viii. d. | xxvi. s. viii. d. | xxvi. s. viii. d. |
| Malles, mallettes & bougettes, le cent pesant cy deuant estimé dix liures, & à present vingt liures, payera pour l'ancien droict, | xiii. s. iiii. d. | xvi. s. viii. d. | xix. s. ii. d. |
| Et pour la nouuelle reapreciation, | xiii. s. iiii. d. | xiii s. iiii. d. | xiii. s. iv. d. |
| Et auec mercerie comme mercerie. | | | |
| Manteaux vieux, le cent pesant cy deuant estimé trente vne liures cinq sols, & à present quarante cinq liures, payera pour l'ancien droict, | xli. s. viii. d. | lii. s. ii. d. | iii. l. |
| Et pour la nouuelle reapreciation, | xviii. s. iiii. d. | xviii. s. iiii. d. | xviii. s. iiii. d. |
| Marbre le pied en quarré, cy deuant estimé quinze sols, & à | | | |

| Marchandises. | Normand. Picard. Berry & Poictou. xvi. d. pour liur. | Bourgongne. xx. d. pour liu. | Champagne. xxiii.d.pour l. |
|---|---|---|---|
| present vingt cinq sols, payera pour l'ancien droict, | i. s. | i.s. iii. d. | i. s. iv. d. ob. |
| Et pour la nouuelle reapreciation, | viii. d. | viii. d. | viii.d. |
| Marrons, le cent pesant cy-deuant estimé soixante sols, & à present quatre liures, payera pour l'ancien droict, | iiii. s. | v. s. | v.s. ix.d. |
| Et pour la nouuelle reapreciation, | i.s.iiii. d. | i. s. iiii. d. | i.s.iiii. d. |
| Marroquins de Leuant, la douzaine cy deuant estimee trente liures, & à present trente six liures, payera pour l'ancien droict, | xl. s. | l.s. | lvii.s. vi. d. |
| Et pour la nouuelle reapreciation. | vi. s. viii. d. | vi. s. viii. d. | vi.s. viii. d. |
| Marroquins d'Espagne, de Flãdres, Gordouans, & autres marroquins, non passez en tan, ny en sommac & autres, la douzaine, cy deuant estimée l'vn portant l'autre, quatorze liures, & à present vingt quatre liures, qui est pour l'ancien droict, | xviii. s. viii. d. | xxiii. s. iiii. d. | xxvi. s. x. d. |
| Et pour la nouuelle reapreciation, | xiii. s. iiii. d. | xiii. s. iiii. d. | xiii.s.iiii.d. |
| Marçoin, le cent pesant cy deuant estimé sept liures, dix sols, & à present dix liures, payera pour l'ancien droict, | x. s. | xii.s.vi. d. | xiiii. s. iiii. d. |
| Et pour la nouuelle reapreciat. | iii.s. iiii. d. | iii.s.iiii. d. | iii.s.iiii.d. |
| Martres sublimes excellentes, le timbre cy deuãt estimé quatre cens cinquante liures, payera pour l'ancien droict, | xxx. l. | xxxvii.l.x.s. | xliii.l.ii. s. vi. d. |

| *Marchandises.* | *Norman. Picardie. Berry & Poictou.* xvi. d. pour liure. | *Bourgongne.* xx. d. pour liure. | *Champagne.* xxiii. d. pour liu. |
|---|---|---|---|
| Et pour la nouuelle reapreciation, | neant. | neant. | neant. |
| Martres sublimes moyennes, le timbre cy deuant estimé sept vingt dix liures, ~~payera~~ payera pour l'ancien droict, | x. l. | xii. l. x. s. | xiiii. l. vii. s. vi. d. |
| Et pour la nouuelle reapreciation, | neant. | neant. | neant. |
| Martres sublimes moindres, le timbre cy deuant estimé soixante liures, payera pour l'ancien droict, | iiii. l. | v. l. | v. l. xv. s. |
| Et pour la nouuelle reapreciation, | neant. | neant. | neant. |
| Martres du pays, la douzaine grandes & moyennes, cy deuant estimées vingt liures, & à present trente liures, payera pour l'ancien droict, | xxvi. s. viii. d. | xxxiii. s. iiii. d. | xxxviii. s. iiii. d. |
| Et pour la nouuelle reapreciation. | xiii. s. iiii. d. | xiii. s. iiii. d. | xiii. s. iiii. d. |
| Masts de sapin, de douze paumes & au dessus, la piece cy deuant estimée quinze liures, & à present vingt liures, payera pour l'ancien droict, | xx. s. | xxv. s. | xxviii. s. ix. d. |
| Et pour la nouuelle reapreciation, | vi. s. viii. d. | vi. s. viii. d. | vi. s. viii. d. |
| Masts de sapin de sept paumes de grosseur & au dessus, iusques à douze paumes la piece, cy deuant estimée sept liures dix sols, & à present dix liures, payera pour l'ancien droict, | x. s. | xii. s. vi. d. | xiiii. s. iiii. d. |

| *Marchandises.* | *Normand. Picard. Berri & Poictou,* xvi.d.pour liure | *Bourgongne.* xx.d.pour liu. | *Champagne* xxiii.d.pour li. |
|---|---|---|---|
| Et pour la nouuelle repreciation. | iii.ſ.iiii.d. | iii. ſ. iiii. d. | iii.ſ.iiii.d. |
| Maſts de ſapin de ſix paumes de groſſeur & au deſſous, la piece cy deuant eſtimee trois liures quinze ſols, & à preſent ſix liures, payera pour l'ancien droict, | v. ſ. | vi. ſ.iiii.d. | vii ſ. ii. d. |
| Et pour la nouuelle reapreciation, | iii. ſ. | iii. ſ. | iii. ſ. |
| Matelats pour coucher, le cent peſant cy deuant eſtimé quinze liures, & à preſent vingt liures, payera pour l'ancien droict, | xx. ſ. | xxv. ſ. | xxviii.ſ.ix.d. |
| Et pour la nouuelle reapreciation, | vi. ſ. viii. d. | vi. ſ. viii. d. | vi.ſ. viii.d. |
| Melaſſes ſortans du ſucre, le tonneau cy deuant eſtimé quarante liures, & à preſent ſoixante liures, payera pour l'ancien droict, | liii. ſ. iiii. d. | iii.l.vi.ſ.viii.d. | iii.l.xvi.ſ.viii.d |
| Et pour la nouuelle reapreciation, | xxvi. ſ. viii. d. | xxvi. ſ. viii. d. | xxvi.ſ.viii.d. |

| *Marchandises.* | *Normand. Picard. Berry & Poictou.* xvi. d. pour liur. | *Bourgongne.* xx. d. pour li. | *Champagne.* xxiii. d. pour li. |
|---|---|---|---|

## *MERCERIES MESLEES EN LAQVELLE sont comprises les especes des* Marchandi*ses qui ensuiuent.*

### ASSCAVOIR.

| | | | |
|---|---|---|---|
| ESguilles, allumelles, armes, harquebuses, pistolets & autres armes, bãdolieres bassins & couppes de cristallin, de Venise & d'ailleurs, bombasins, boucassins, bougrans d'Allemagne & d'ailleurs, cabinets d'Allemagne & autres bois peints, caniuets, caffarts de village, carelets, castallongnes & mantes, chappeaux & feustres de toutes sortes & façons, cizeaux, clouds à Sellier, cordes de boyaux, cordons de toutes sortes, hors or & soye, chaussons de laine, cornes de lanternes, boëttes de sapin peintes, cabinets d'Allemagne, Flandres & autres lieux, sans esbeine, bource de cuir & laine, bouttons de crin, de verre & rocaille, cousteaux, courstils, campannes, deaux, detz à joüer, demy ceints, descrottoires, escouuettes, escritoires, | | | |

| *Marchandiſes.* | *Normand. Picard. Berry & Poictou.* xvi. d. pour liur. | *Bourgongne.* xx. d. pour li. | *Champagne.* xxiii. d. pour li. |
|---|---|---|---|
| res, Eſguillettes de fil & laine, Eſperons, Eſpingles, Eſpouſſettes, Eſteufs, Eſtriers, Eſpinettes, Manicordions, & autres inſtruments, Fil d'albaleſtre, Fil deſpinay, de lin, d'eſtoupes & de chanure de toutes ſortes blanc & teint de Paris, Lyon ou d'ailleurs, fuſtaines communes & damaſquinées, Filatrice, Gans, Gettons Maules, Mezelaines, Miroirs, Mitaines & Moufles de laines, Mocades, Mors de Bride, Fuſtaines à gros grains, Picotes, Plunettes, & autres ſemblables eſtoffes, orpeau & tout autre petit cuir chargé d'or, Patenoſtre ſás orpheureries, peaux de cuir blanches & teintes, peignes de buis, Plumes d'Holãde & autres lieux pour eſcrire, féuſtres pour Scelliers, Pouppées d'eauë, Raquettes, Rozettes ou clouds à Sellier, Ramonettes racouſtrez en vergettes, Sangles, Seringues pour Appotiquaires, Sonnettes, Sonnars deporé, Allaines, Eſtuits, toilles rayees de ſoye, Tapis de Tournay, Tabourets ou plottons, Taſſes & verres de criſtalin, toilles de cotton, treillis, toilles peintes, tableaux, verges à eſterdres, Eſpingles, Meulles & generalement toutes ſortes de Mercerie de Paris, Roüen, | | | |

| *Marchandises.* | *Norman. Picardie, Berry & Poictou.* xvi.d. pour liure. | *Bourgongne.* xx.d. pour liu. | *Champagne.* xxiii.d. pour l. |
|---|---|---|---|
| Lyon, Limoges & autres lieux & endroicts de ce Royaume, estimé cy deuant le cent pesant à vingt cinq liures, & à present quarante cinq liures, & qui seroit pour l'imposition, vingt cinq sols, & pour le droict huict sols quatre deniers, cy pour lesdits droicts de chacun cent pesant pour l'ancien droict, | xxxiii. s. iiii. d. | xli. s. viii. d. | xlvii. s. xi. d. |
| Et pour la nouuelle reapreciation. | xxvi. s. viii. d. | xxvi. s. viii. d. | xxvi. s. viii. d. |
| Merlus de toutes sortes, le millier cy deuant estimé soixante liures, & à present quatrevingts liures, payera pour l'ancien droict, | iiii. l. | v. l. | v. l. xv. s. |
| Et pour la nouuelle reapreciation, | xxvi. s. viii. d. | xxvi. s. viii. d. | xxvi. s. viii. d. |
| Mesquin, le cent pesant cy deuant estimé trente sept liures dix sols, & à present cinquante liures, payera pour l'ancien droict, | l. s. | iii. l. ii. s. vi. d. | iii. l. xi. s. viii. d. ob. |
| Et pour la nouuelle reapreciation, | xvi. s. viii. d. | xvi. s. viii. d. | xvi. s. viii. d. |
| Mesteil le muid pour l'imposition foraine, voyez bled. | | | |
| Et pour la Domanialle, idem, | | | |
| Meulardes au dessoubs de quatre pieds, la piece cy deuant estimee dix liures, & à present vingt liures, payera pour l'ancien droict, | xiii. s. iiii. d. | xvi. s. viii. d. | xix. s. ii. d. |
| Et pour la nouuelle reapreciation, | xiii. s. iiii. d. | xiii. s. iiii. d. | xiii. s. iiii. d. |

| *Marchandiſes.* | *Normand. Picard. Berri & Poictou,* xvi.d.pour liure | *Bourgongne.* xx.d.pour liu. | *Champagne* xxiii.d.pour li. |
|---|---|---|---|
| Meuleaux ou œuillards, la piece cy deuant eſtimee ſoixante ſols, & à preſent neuf liures, payera pour l'ancien droict, | iiii.ſ. | v.ſ. | v.ſ. ix.d. |
| Et pour la nouuelle reapreciation. | viii.ſ. | viii.ſ. | viii.ſ. |
| Meulles à Moulin de ſix à ſept pieds de diamettre, la piece cy deuant eſtimee cinquante liures, & à preſent cent liures, payera pour l'ancien droict, | iii.l.vi.ſ.viii.d. | iiii.l.iii.ſ.iv.d. | iiii.l.xv.ſ.x.d. |
| Et pour la nouuelle reapreciation. | iii.l.vi.ſ.viii.d. | iii.l.vi.ſ.viii.d. | iii.l.vi.ſ.viii.d. |
| Meulles de quatre à cinq pieds de diamettre, la piece cy deuant eſtimee vingt liures, & à preſent quarante liures, payera pour l'ancien droict, | xxvi.ſ.viii.d. | xxxiii.ſ.iiii.d. | xxxviii.ſ.iiii.d. |
| Et pour la nouuelle reapreciation, | xxvi.ſ.viii.d. | xxvi.ſ.viii.d. | xxvi.ſ.viii.d. |
| Meulles à Taillandier & gaigne petit, cy deuant eſtimee la piece vingt ſols, & à preſent trente ſols, payera pour l'ancien droict, | xvi.d. | xx.d. | xxiii.d. |
| Et pour la nouuelle reapreciation, | viii.d. | viii.d. | viii d. |
| Miel de toutes ſortes, le cent peſant cy deuant eſtime douze liures dix ſols, & à preſent quinze liures, payera pour l'ancien droict, | xvi.ſ.viii.d. | xx.ſ.x.d. | xxiii.ſ.xi.d. |
| Et pour la nouuelle reapreciation; | iii.ſ.iiii.d. | iii.ſ.iiii.d. | iii.ſ.iiii.d. |
| Mil ou millet, voyez legumes. | | | |

| *Marchandises.* | *Norman. Picardie Berry & Poictou* xvi.d. pour liure | *Bourgongne.* xx.d. pour li. | *Champagne.* xxiii.d. pour l. |
|---|---|---|---|
| Et pour la Domanialle, voyez legumes, | | | |
| Miroüers voyez mercerie. | | | |
| Miroüers d'esbeines enrichis auec leur glace, payeront selon l'estimation qui en sera faite. | | | |
| Mitraille ou batterie, compris sous l'espece d'airain ouuré & non ouuré, le cent pesant cy deuant estimé quinze liures, & à present trente liures, payera pour l'ancien droict, | xx.s. | xxv. s. | xxviii.s.ix.d. |
| Et pour la nouuelle reapreciation, | xx.s. | xx. s. | xx. s. |
| Moluë, le leth qui est de douze barils chargé, pour sortir par mer, cy deuant estimé vingt cinq liures, & à present soixante liures, payera pour l'ancien droict, | xxxiii.s.iiii.d. | xli. s. viii. d. | xlvii.s.xi.d. |
| Et pour la nouuelle reapreciation, | xlvi. s. viii. d. | xlvi s. viii. d. | xlvi. s. viii. d. |
| Moluë, le leth qui est de douze barils, chargé en riuiere, & par terre, cy deuant estimé cinquante liures, & à present six vingts liures, payera pour l'ancien droict, | iii. l. vi. s. viii. d. | iiii. l. iii. s. iv. d. | iiii. l. xv. s. x. d. |
| Et pour la nouuelle reapreciation, | iiii. l. xiii. s. iiii. d. | iv. l. xiii. s. iiii. d. | iiii. l. xiii. s. iv. d. |
| Moluë, le millier en pille, chargé pour sortir par mer, cy deuant estimé vingt liures, & à present soixante liures, payera pour l'ancien droict, | xxvi. s. viii. d. | xxxiii. s. iv. d. | xxxviii. s. iv. d. |
| Et pour la nouuelle reapreciation. | liii. s. iiii. d. | liii. s. iiii. d, | liii. s. iiii. d. |

| Marchandises. | Normand. Picard. Berry & Poictou. xvi. d. pour liur. | Bourgongne. xx. d. pour liu. | Champagne. xxiii.d.pour l. |
|---|---|---|---|
| Moluë, le milier en pille, chargé en terre ou riuiere, cy-deuant estimé quarante liures, & à present six vingts liures, payera pour l'ancien droict, | iiii.s.iiii. d. | iii. l.vi. s. viii.d. | iii.l.xvi. s.viii. d. |
| Et pour la nouuelle reapreciation, | v. l. vi. s. viii. d. | v.l.vi.s.viii. d. | v.l.vi.s.viii.d. |
| Moluë seiche, le millier cy-deuant estimé cinquante liur. & à present quatre vingts liures, payera pour l'ancien droict, | iii. l. vi. s. viii. d. | iiii.l.iii. s.iiii. d. | iiii.l.xv.s.x. d |
| Et pour la nouuelle reapreciation, | xl. s. | xl.s. | xl.s. |
| Morfil, ou yuoire le cent pesant cy-deuant estimé vingt quatre liures, & à present quarante liures, payera pour l'ancien droict, | xxxii.s. | xl.s. | xlvi.s. |
| Et pour la nouuelle reapreciation. | xxi. s. iiii.d. | xxi. s. iiii. d. | xxi.s.iiii. d. |
| Moucades, le cent pesant, cy deuant estimé vingt cinq liures, & à present quarante-cinq liures, payera pour l'ancien droict, | xxxiii. s. iiii. d. | xli.s.viii. d. | xlvii.s.xi.d. |
| Et pour la nouuelle reapreciation, | xxvi. s. viii. d. | xxvi.s. viii.d. | xxvi.s.viii. d. |
| Moncayards, le cent pesant, voyez camelots. | | | |
| Moulee pour teindre, le baril, cy deuant estimé cinquante sols, à present quatre liures, payera pour l'ancien droict, | iii. s. iiii. d. | iiii. s. ii. d. | iiii. s. ix. d. |
| Et pour la nouuelle reapreciation. | ii. s. | ii.s. | ii. s. |
| Moutons & chevreaux accoustrez en chamois, la douzaine | | | |

| *Marchandises.* | *Norman. Picardie. Berry & Poictou.* xvi. d. pour liure. | *Bourgongne.* xx. d. pour liure. | *Champagne.* xxiii. d. pour liu. |
|---|---|---|---|
| cy deuant estimee six liures, & à present neuf liures, payera pour l'ancien droict, | viii. s. | x. s. | xi. s. vi. d. |
| Et pour la nouuelle reaprecia-tion. | iiii. s. | iiii. s. | iiii. s. |
| Moutons & brebis, grands, pe-tits ou maigres, la piece cy de-uant estimee quarante sols, & à present cinquante sols, payera pour l'ancien droict, | ii. s. viii. d. | iii. s. iiii. d. | iii. s. x. d. |
| Et pour la nouuelle reaprecia-tion, | viii. d. | viii. d. | viii. d. |
| Mulles & Mullets, tant à selle qu'à porter charge, la piece cy deuant estimee soixante liures, & à present soixante & dix liures, payera pour l'ancien droict, | iiii. l. | v. l. | v. l. xv. s. |
| Et pour la nouuelle reaprecia-tion, voyez cy deuant cheuaux & mulets. | xiii. s. iiii. d. | xiii. s. iiii. d. | xiii. s. iiii. d. |
| Mulles & Mullets jeunes, au dessus de deux ans, la piece cy deuant estimee vingt liures, & à present trente liures, payera pour l'ancien droict, | xxvi. s. viii. d. | xxxiii. s. iiii. d. | xli. s. |
| Et pour la nouuelle reaprecia-tion. | xiii. s. iiii. d. | xiii. s. iiii. d. | xiii. s. iiii. d. |
| Mulles, Mullets & Iumens, pour seruir à labourer, la pie-ce cy deuant estimee quinze liures, & à present trente liures, payera pour l'ancien droict, | xx. s. | xxv. s. | xxviii. s. ix. d. |
| Et pour la nouuelle reaprecia-tion, | xx. s. | xx. s. | xx. s. |

| *Drogueries & Espiceries.* | *Norman. Picardie. Berry & Poictou.* xvi.d. pour liure. | *Bourgongne.* xx.d. pour liu. | *Champagne.* xxiii.d. pour l. |
|---|---|---|---|
| **M** | | | |
| MAcis, le cent pesant cy deuant estimé trois cens liures, & à present trois cens cinquante liures, payera pour l'ancien droict, | xx.l. | xxv.l. | xxviii. l. xv. s. |
| Et pour la nouuelle reapreciation, | iii.l.vi.s.viii.d. | iii.l.vi.s.viii.d. | iii.l.vi.s.viii.d. |
| Mandragore, le cent pesant cy deuant estimé vingt liures, & à present trente liures, paiera pour l'ancien droict, | xxvi.s. viii.d. | xxxiii.s.iiii. d. | xxxviii.s.iiii.d. |
| Et pour la nouuelle reapreciation. | xiii.s.iiii.d. | xiii.s. iiii. d. | xiii.s.iv.d. |
| Maniquette ou graine de Paradis, le cent pesant cy deuant estimé quarante liures, & à present cinquante liures, payera pour l'ancien droict, | liii.s. iiii.d. | iii. l. vi. s. viii. d. | iii. l. xvi. s. viii. d. |
| Et pour la nouuelle reapreciation, | xiii. s. iiii. d. | xiii. s. iiii. d. | xiii. s. iiii. d. |
| Mannes de Calabre, le cent pesant cy deuãt estimé trois cens liures, & à present trois cens cinquante liures, payera pour l'ancien droict, | xx. l. | xxv. l. | xxviii.l.xv.s. |
| Et pour la nouuelle reapreciat. | iii.l.vi.s.viii.d. | iii.l.vi.s.viii.d. | iii.l.vi.s.viii.d. |
| Manne de Prouence, & Dauphiné, le cent pesant cy deuant estimé cent liures, & à present six vingts liures, paiera pour l'ancien droict, | vi.l. xiii.s.iiii.d. | viii.l.vi.s. viii. d. | ix.l.xi.s. viii.d. |
| Et pour la nouuelle reapreciation. | xxvi. s. viii. d. | xxvi. s. viii. d. | xxvi. s. viii. d. |

| Drogueries & Eſpiceries. | Normand. Picardie Berry & Poictou. xvi. d. pour liure. | Bourgongne. xx. d. pour l. | Champagne. xxiii. pour li. |
|---|---|---|---|
| Manne de toutes ſortes, idem, Et pour la nouuelle reapreciation. idem. | | | |
| Marcadoſſin, le cent peſant, cy deuant eſtimé ſept cens cinquante liures, & à preſent huict cens liures, payera pour l'androict, | l. l. | lxii. l. x. ſ. | lxxi. l. xvii. ſ. vi. d. |
| Et pour la nouuelle reapreciation, | iii. l. vi. ſ. viii. d- | iii. l. vi. ſ. viii. d | iii. l. vi. ſ. viii. d |
| Marcaſites la bute, cy deuant eſtimée ſept vingts dix liures, & à preſent cent ſoixante & dix liures, payera pour l'ancien droict, | x. l. | xii. l. x. ſ. | xiiii. l. vii. ſ. vi. d. |
| Et pour la nouuelle reapreciation, | xxvi. ſ. viii. d. | xxvi. ſ. viii. d | xxvi. ſ. viii. d. |
| Marmelades, compriſes ſoubs l'eſpece de confitures, le cent peſant cy deuant eſtimé cinquante liures & à preſent ſoixante liures, payera pour l'ancien droict, | iii. l. vi. ſ. viii. d. | iiii. l. iii. ſ. iiii. d | iiii. l. xv. ſ. x. d |
| Et pour la nouuelle reapreciation.. | xiii. ſ. iiii. d. | xiii. ſ. iiii. d. | xiii. ſ. iiii. d. |
| Maſcicot, le cent peſant, cy-deuant eſtimé cent ſols, & à preſent dix liures, payera pour l'ancien droict. | vi. ſ. viii. d. | viii. ſ. iiii. d. | ix ſ. vii. d. |
| Et pour la nouuelle reapreciation, | vi. ſ. viii. d. | vi. ſ. viii. d. | vi. ſ. viii. d. |
| Maſtich, le cent peſant, cy deuant eſtimé cent vingt-cinq liures, & à preſent cent cinquante liures, payera pour l'ancjen droict. | viii. l. vi. ſ. viii. d. | x. l. viii. ſ. iiii. d. | xi. l. xix. ſ. viii. d. |
| Et pour la nouuelle reapreciat. | xxxiii. ſ. iiii. d. | xxxiii. ſ. iiii. d | xxxiii. ſ. iiii. d. |

Mach-

| *Drogueries & Espiceries.* | *Normand. Picard. Berry & Poictou.* xvi. d. pour liur. | *Bourgongne.* xx. d. pour li. | *Champagne.* xxiii. d .pour li. |
|---|---|---|---|
| Machnacam, le cent pesant, cy deuant estimé sept vingts dix liures, & à present cent quatre vingts liures, payera pour l'ancien droict, | x.l. | xii.l.x.s. | xiiii.l.vii s.vi.d. |
| Et pour la nouuelle reapreciation, | xl.s. | xl.s. | xl.s. |
| Melons, voyez cy deuant aux marchandises, | | | |
| Molasses, sortant du sucre, idem, | | | |
| Mesquin, le cent pesant, voyez gimgembre, | | | |
| Miel de toutes sortes, voyez aux marchandises, | | | |
| Mil, ou millet, voyez idem. | | | |
| Mirabolans emblez, rebus, bellerics, & indez secs, chacun cent en nombre cy deuant estimé vingt cinq liures, payera pour l'ancien droict, | xxxiii.s.iiii. d. | xli.s.viii.d. | xlvii.s. xi.d. |
| Et pour la nouuelle reapreciation, | neant. | neant. | neant. |
| Mirabolans, emblicques, & citrons confits, le cent pesant cy deuant estimé quatre cens liures & à present quatre cens cinquante liures, payera pour l'ancien droict, | xxvi.l.xiii.s.iv.d. | xxxiii. l. vi. s. viii.d. | xxxviii. l. vi. s. viii. d. |
| Et pour la nouuelle reapreciation, | iii.l.vi.s.viii.d. | iii.l.vi.s.viii.d | iii.l.vi.s. viii. d. |
| Mirthes, le cent pesant, cy deuant estimé quinze liures, & à present vingt cinq liures, payera pour l'ancien droict. | xx. s. | xxv. s. | xxviii. s. ix. d. |
| Et pour la nouuelle reapreciation, | xiii.s.iiii.d. | xiii. s.iiii.d. | xiii. s. iiii.d. |

| *Drogueries & Espiceries.* | *Normand. Picard. Berri & Poictou,* xvi.d.pour liure | *Bourgongne.* xx.d.pour liu. | *Champagne* xxiii.d.pour li. |
|---|---|---|---|
| Mirthilles, le cent pesant cy deuant estimé dix liures, & à present quinze liures, payera pour l'ancien droict, | xiii.s. iiii. d. | xxvi. s. viii. d. | xix.s. ii.d. |
| Et pour la nouuelle reapreciation, | vi.s.viii.d. | vi. s. viii. d. | vi.s.viii.d. |
| Mitridat, le cent pesant cy deuant estimé cinquante liures, & à present soixante cinq liures, paiera pour l'ancien droict, | iii. l. vi. s. viii. d. | iiii.l.iii.s.iiii.d. | iiii. l. xv s. x. d. |
| Et pour la nouuelle reapreciation. | xx. s. | xx. s. | xx.s. |
| Momie, le cent pesant cy deuant estimé soixante liures, & à present quatre vingts liures, payera pour l'ancien droict, | iiii. l. | v. l. | v. l. xv. s. |
| Et pour la nouuelle reapreciation, | xxvi. s. viii. d. | xxvi. s. viii. d. | xxvi.s.viii.d. |
| Morfil, voyez cy deuant aux marchandises. | | | |
| Muscades, le cent pesant cy deuant estimé cent liures, & à present deux cens liures, payera pour l'ancien droict, | vi.l. xiii.s. iiii. d. | viii.l.vi.s.viii.d | ix.l.xi.s. viii.d. |
| Et pour la nouuelle reapreciation. | vi.l. xiii. s.iiii. d. | vi.l.xiii.s. iiii.d | vi.l.xiii.s.iiii.d. |
| Muscades rompuës, le cent pesant cy deuant estimé soixante liu. & à presẽt quatre vingts dix liu. paiera pour l'ancien droict, | iiii.l. | v. l. | v.l.xv.s. |
| Et pour la nouuelle reapreciat. | xl.s. | xl. s. | xl. s. |
| Muscq, la liure cy deuant estimée deux cens cinquãte liures, & à present trois cens liures, payera pour l'ancien droict, | xvi.l.xiii.s.iiii. d. | xx.l.xvi.s.viii. d. | xxiii.l.xix. s.ii. d. |
| Et pour la nouuelle reapreciation, | iii.l.vi.s. viii.d. | iii.l.vi.s.viii.d. | iii.l.vi.s.viii. d. |

| *Marchandises.* | *Norman.Picardie. Berry & Poictou.* xvi.d.pour liure. | *Bourgongne.* xx.d.pour liure. | *Champagne.* xxiii.d.pour liu. |
|---|---|---|---|
| **N** | | | |
| NAuette, le muid mesure de Paris, voyez legumes. | | | |
| Et pour la nouuelle reapreciation, idem. | | | |
| Nappes & seruiettes, voyez linge de table. | | | |
| Et pour la Domanialle, idem. | | | |
| Nappes & seruiettes vieilles, voyez linge vieil, | | | |
| Et pour la Domanialle, idem. | | | |
| Noix le muid ou poinçon, cy deuant estimé soixante sols, & à present quatre liures, payera pour l'ancien droict, | iiii. s. | v.s. | v.s. ix. d. |
| Et pour la nouuelle reapreciation, | xvi.d. | xvi. d. | xvi. d. |
| Et pour la Domanialle, voyez Legumes, | | | |
| Noir à noircir, le baril cy deuant estimé quinze liures, payera pour l'ancien droict, | xx.s. | xxv.s. | xxviii. s. ix. d. |
| Et pour la nouuelle reapreciation, | neant. | neant. | neant. |
| Noix de Galle, le cent pesant cy deuant estimé quinze liures, & à present trente liures, payera pour l'ancien droict, | xx. s. | xxv. s. | xxviii. s. ix. d. |
| Et pour la nouuelle reapreciation, | xx.s. | xx.s. | xx.s. |

| *Drogueries & Espiceries.* | *Normand. Picardie Berry & Poictou.* xvi. d. pour liure. | *Bourgongne.* xx. d. pour l. | *Champagne.* xxiii. pour li. |
|---|---|---|---|
| **N.** | | | |
| NAture de balaine, le cent pesant cy deuant estimé deux cens liures, & à present deux cens cinquante liures, payera pour l'ancien droict, | xiii. l. vi. s. viii. d. | xvi. l. xiii. s. iiii. d. | xix. l. iii. s. iv. d |
| Et pour la nouuelle reapreciation. | iii. l. vi. s. viii. d. | iii. l. vi. s. viii. d | iii. l. vi. s. viii. d. |
| Nigella grise, le cent pesant, cy deuant estimé cinquante liures, & à present soixante liures, payera pour l'ancien droict, | iii. l. vi. s. viii. d. | iiii. l. iii. s. iiii. d | iiii. l. xv. s. x. d. |
| Et pour la nouuelle reapreciation, | xiii. s. iiii. d. | xiii. s. iiii. d. | xiii. s. iiii. d. |
| Nigella noire, le cent pesant cy deuant estimé quinze liures, & à present vingt cinq liures, payera pour l'ancien droict, | xx. s. | xxv. s. | xxviii. s. ix. d. |
| Et pour la nouuelle reapreciation, | xiii. s. iiii. d. | xiii. s. iiii. d. | xiii. s. iiii. d. |
| Noix muscade, voyez muscades, | | | |
| Noix muscades rompuës, voiez idem, | | | |
| Noix de galle, voyez galle, | | | |
| Noix d'Inde, le cent en nombre & compte cy deuant estimé quinze liures, & à present vingt cinq liures, payera pour l'ancien droict, | xx. s. | xxv. s. | xxviii. s. ix. d |
| Et pour la nouuelle reapreciation. | xiii. s. iiii. d. | xiii. s. iiii. d. | xiii. s. iiii. d. |
| Noix de Cypre, le cent en | | | |

| *Drogueries & Espiceries.* | *Norman. Picardie Berry & Poictou* xvi.d. pour liure | *Bourgongne.* xx.d. pour li. | *Champagne.* xxiii.d. pour l. |
|---|---|---|---|
| nombre & compte cy deuant estimé cinquante sols, & à present cinq liures, payera pour l'ancien droict, | iii. s. iiii. d. | iiii. s. ii. d. | iiii. s. ix. d. |
| Et pour la nouuelle reapreciation, | iii. s. iiii. d. | iii. s. iiii. d. | iii. s. iiii. d. |
| Noix vomiques, idem. | | | |
| Et pour la nouuelle reapreciation. idem. | | | |

| *Marchandises.* | *Norman. Picardie. Berry & Poictou.* xvi. d. pour liure. | *Bourgongne.* xx. d. pour li. | *Champagne.* xxiii. d. pour l. |
|---|---|---|---|
| **O** | | | |
| OCre ou croye blanche, iaune, noire ou rouge, le baril cy deuant estimé trente sols, & à present trois liures cinq sols, payera pour l'ancien droict, | ii. s. | ii. s. i. d. | ii. s. iiii. d. ob. |
| Et pour la nouuelle reapreciation, | iii. s. iiii. d. | iii s. iiii. d. | iii. s. iiii. d. |
| Oeillards ou meulleaux à moulin, la piece, voyez meulles de moulin, | | | |
| Et pour la nouuelle reapreciation, idem. | | | |
| Oeufs, le cent en nombre, cy deuant estimé cinq sols, & à present dix sols, payera pour l'ancien droict, | v. d. | v. d. obol. | vi. d. |

| *Marchandises.* | *Norman. Picardie, Berry & Poictou.* xvi.d. pour liure. | *Bourgongne.* xx.d. pourliu. | *Champagne.* xxiii.d. pour l. |
|---|---|---|---|
| Et pour la nouuelle reapreciation. | v.d. | v.d. | v.d. |
| Oignons, le cent de bottes, cy deuant estimée cent sols, & à present sept liures dix sols, payera pour l'ancien droict, | vi.s. viii.d. | viii.s. iiii.d. | ix.s.vii.d. |
| Et pour la nouuelle repreciation, | iii.s. iiii.d. | iii.s. iiii.d. | iii.s.iiii.d. |
| Ollonnes ou caneuas le cent pesant, voyez toilles de chanure, | | | |
| Et pour la Domanialle, idem, | | | |
| Or battu, le millier de fueillets, cy deuant estimé douze liures dix sols, & à present vingts liures, payera pour l'ancien droict, | xvi.s. viii.d. | xx.s.x.d. | xxiii.s. xi.d. |
| Et pour la nouuelle reapreciation. | x.s. | x.s. | x.s. |
| Or & argent traict & filé fin, la liure cy deuant estimée vingt six liures, & à present trente liures, payera pour l'ancien droict, | xxxiiii s. viii.d. | xliii. s. iiii.d. | xlix.s.x.d. |
| Et pour la nouuelle repreciat. | v s. iiii.d. | v.s.iiii.d. | v.s. iiii.d. |
| Or & argent traict & filé faux, la liure, cy deuant estimee cent sols, payera pour l'ancié droict, | vi.s. viii.d. | viii.s. iiii.d. | ix.s.viii.d. |
| Et pour la nouuelle reapreciation, | neant. | neant. | neant. |
| Oreillons de toutes bestes à faire colle, le cent pesant cy deuant estimé vingt s. & à present cinquante sols, payera pour l'ancien droict, | i.s.iiii.d. | xx.d. | xxiii.d. |
| Et pour la nouuelle reapreciation, | ii.s. | ii.s. | ii.s. |

| Marchandises. | Norman. Picardie. Berry & Poictou. xvi.d. pour liure. | Bourgongne. xx.d. pour liu. | Champagne. xxiii.d. pour l. |
|---|---|---|---|
| Orge le muid mesure de Paris, cy deuant estimé seize liures, & à present trente six liures, payera pour l'ancien droict, | xxi.s.iiii.d. | xxvi. s. viii. d. | xxx.s. viii.d. |
| Et pour la nouuelle reapreciation. | xxvi. s. viii. d. | xxvi. s. viii. d. | xxvi. s. viii. d. |
| Pour la Traicte Domanialle pour tonneau, | iii. l. | iii. l. | iii. l. |
| Et pour la nouuelle reapreciation. | xxx. s. | xxx. s. | xxx. s. |
| Orpeaux & tous autres petits cuirs chargez d'or, voyez mercerie. | | | |
| Orseille en herbe mise en balle & nõ accoustree, le cent pesant cy deuant estimé douze liures dix sols, & à present vingt liures, payera pour l'ancien droict, | xvi. s. viii. d. | xx. s. x. d. | xxii. s. xi. d. |
| Et pour la nouuelle reapreciation, | x. s. | x. s. | x. s. |
| Orseille en balle preste & accoustree, le cent pesant cy deuant estimé vingt cinq liures, & à present quarante liures, payera pour l'ancien droict, | xxxiii. s. iiii. d. | xli. s. viii. d. | xlvii. s. xi. d. |
| Et pour la nouuelle reapreciation, | xx. s. | xx. s. | xx. s. |
| Os de bœuf & vache, le millier en nombre cy deuant estimé cinquante sols, & à present sept liures dix sols, payera pour l'ancien droict, | iii. s. iiii. d. | iiii. s. ii. d. | iiii. s. ix. d. |
| Et pour la nouuelle reapreciation, | vi. s. viii. d. | vi. s. viii. d. | vi. s. viii. d. |
| Ostades, voyez Camelots. | | | |
| Ostades d'Angleterre de tou- | | | |

| *Marchandises.* | *Normand. Picard. Berry & Poictou.* xvi. d. pour liur. | *Bourgongne.* xx. d. pour liu. | *Champagne.* xxiii.d.pour l. |
|---|---|---|---|
| tes sortes, le cent pesant, cy deuant estimé soixante & dix liures, payera pour l'ancien droict. | iiii.l. xiii. s.iiii. d. | v.l.xvi. s.viii.d | vi.l.xiiii.s. ii.d. |
| Et pour la nouuelle reapreciation. | neant. | neant. | neant. |
| Ostades demies, le cent pesant, cy deuant estimé trente liures, & à present quarante cinq liures, payera pour l'ancien droict. | xl. s. | l.s. | lvii.s.vi. d. |
| Et pour la nouuelle reapreciation, | xx.s. | xx. s. | xx. s. |
| Ouurages fins de Flandres sur toille, la liure cy deuãt estimee six liures quinze sols, & à present quinze liures, payera pour l'ancien droict, | ix. s. | xi.s. iii.d. | xii.s.x. d.ob. |
| Et pour la nouuelle reapreciation, | xi. s. | xi.s. | xi.s. |
| Ouurages de Flandres faits d'osier, le cent pesant cy deuant estimé vingt cinq liures, & à present quarante cinq liures, payera pour l'ancien droict, | xxxiii. s. iiii. d. | xli.s.viii. d. | xlvii.s.xi.d. |
| Et pour la nouuelle reapreciation. | xxvi. s. viii. d. | xxvi.s.viii.d. | xxvi.s. viii. d. |
| Osier, le cent de bottes, idem. | | | |
| Et pour la nouuelle reapreciation, idem. | | | |

Oliban

| *Drogueries & Espiceries.* | *Normand. Picard. Berry & Poictou.* xvi. d. pour liur. | *Bourgongne.* xx. d. pour liu. | *Champagne.* xxiii.d.pour l. |
|---|---|---|---|
| **O** | | | |
| OLiban, le cent pesant, voyez encens fin, | | | |
| Olliues du creu de France, le cent pesant, cy deuant estimé quinze liures, & à present vingt liures, payera pour l'ancien droict, | xx.s. | xxv. s. | xxviii. s. ix. d. |
| Et pour la nouuelle reapreciation, | vi. s. viii. d. | vi. s. viii. d. | vi. s. viii. d. |
| Olliues d'Espagne, le cent pesant, cy deuant estimé douze liures, & à present vingt liures, payera pour l'ancien droict, | xvi. s. | xx. s. | xxiii. s. |
| Et pour la nouuelle reapreciation, | x. s. viii. d. | x. s. viii. d. | x. s. viii. d. |
| Olliues de Gennes, Prouence, & Languedoc, le cent pesant, cy deuant estimé quinze liures, & à present vingt quatre liures, payera pour l'ancien droict, | xx. s. | xxv. s. | xxviii. s. ix. d. |
| Et pour la nouuelle reapreciation, | xiii. s. | xiii. s. | xiii. s. |
| Oppiman, le cent pesant, cy deuant estimé vingt cinq liures, & à present trente six liures, payera pour l'ancien droict, | xxxiii. s. iiii. d. | xli. s. viii. d. | xlvii. s. xi. d. |
| Et pour la nouuelle reapreciation. | xiiii. s. viii. d. | xiiii. s. viii. d. | xiiii. s. viii. d. |
| Oppiman, le cent pesant cy deuant estimé soixante & quinze liures, & à present cent | | | |

| *Drogueries & Espiceries.* | *Norman. Picardie. Berry & Poictou.* xvi.d pour liure. | *Bourgongne.* xx.d.pour liure. | *Champagne.* xxiii.d.pour liu. |
|---|---|---|---|
| trente six liures, payera pour l'ancien droict, | viii. l.vi. s. viii.d. | x.l. viii. s.iiii. d. | xi.l. xix.s. vii. d. |
| Et pour la nouuelle reaprecia-tion, | xiiii.s.viii.d. | xiiii. s. viii. d. | xiiii. s. viii. d. |
| Oppoponax, le cent pesant cy deuant estimé soixante liures, & à present soixante dix liures, payera pour l'ancien droict, | iiii.l. | v.l. | 6.l.xv.s. |
| Et pour la nouuelle reaprecia-tion, | xiii. s. iiii. d. | xiii, s.iiii.d. | xiii.s. iiii. d. |
| Oranges, le millier en nombre cy deuant estimé vingt sols, & à present quarante sols, payera pour l'ancien droict, | i.s.iiii. d. | xx. d. | xxiii. d. |
| Et pour la nouuelle reaprecia-tion, | i. s. iiii. d. | i.s. iiii. d. | i. s. iiii. d. |
| Orcanetes, voyez Arcanet-tes. | | | |
| Orbes, le cent pesant cy de-uant estimé quinze liures, & à present vingt cinq liures, paye-ra pour l'ancien droict, | xx. s. | xxv. s. | xxviii. s.ix. d. |
| Et pour la nouuelle reapreacia-tion, | xiii.s.iiii.d. | xiii.s.iiii.d, | xiii.s.iiii. d. |
| Orpin, le cent pesant cy de-uant estimé cent vingt cinq liures, & à present cent cin-quante liures, payera pour l'ancien droict, | viii.l. vi.s. viii. d. | x.l.viii. s. iiii. d. | xi. l. xix. s.vii. d. |
| Et pour la nouuelle reaprecia-tion, | xxxiii.s. iiii. d. | xxxiii.s. iiii.d. | xxxiii. s.iiii. d. |
| Orseille, voyez cy deuant aux marchandises. | | | |
| Os de cœur de cerf, le cent pesant cy deuant estimé douze liures, & à present vingt liures, payera pour l'ancien droict, | xvi.s. | xx.s. | xxiii. s. |

| *Drogueries & Espiceries.* | *Norman. Picardie, Berry & Poictou.* xvi. d. pour liure. | *Bourgongne.* xx. d. pourliu. | *Champagne.* xxiii. d. pour l. |
|---|---|---|---|
| Et pour la nouuelle reapreciation, | x[illegible]. viii. d. | x. s. viii. d. | x. s. viii. d. |
| Os de seiche, le cent pesant cy deuant estimé cinquante sols, & à present cinq liures, payera pour l'ancien droict, | iii. s. iiii. d. | iiii. s. iii. d. | iiii. s. ix. d. |
| Et pour la nouuelle reapreciation, | iii. s. iiii. d. | iii. s. iiii. d. | iii. s. iiii. d. |

| *Marchandises.* | *Norman. Picardie. Berry & Poictou.* xvi. d. pourliure. | *Bourgongne.* xx. d. pour li. | *Champagne.* xxiii. d. pour li. |
|---|---|---|---|
| P | | | |
| PAille, le char cy deuant estimé vingt sols, & à present trente sols, payera pour l'ancien droict, | xvi. d. | xx. d. | xxiii. d. |
| Et pour la nouuelle reapreciation. | viii. d. | viii. d. | viii. d. |
| Pain d'espice, le cent pesant cy deuant estimé sept liures dix sols, payera pour l'ancien droict. | x. s. | xii. s. vi. d. | xiiii. s. iiii. d. |
| Et pour la nouuelle reapreciation, | neant. | neant. | neant. |
| Papier blanc & noir à escrire ou à imprimer, le cent | | | |

| Marchandises. | Normand. Picardie Berry & Poictou. xvi. d. pour liure. | Bourgongne. xx. d. pour l. | Champagne. xxiii. pour li. |
|---|---|---|---|
| pesant cy deuant estimé huict liures, & à present quinze liliures, payera pour l'ancien droict, | x. s. viii. d. | xiii. s. iiii. d. | xv. s. iiii. d. |
| Et pour la nouuelle reapreciation, | ix. s. iiii. d. | ix. s. iiii. d. | ix. s. iiii. d. |
| Parchemin de Bretagne, Normandie, & d'ailleurs, la grosse de peaux cy deuant estimee vingt liures, & à present trente six liures, payera pour l'ancien droict, | xxvi. s. viii. d. | xxxiii. s. iiii. d. | xxxviii. s. iv. d |
| Et pour la nouuelle reapreciation, | xiii. s. iiii. d. | xiii. s. iiii. d. | xiii. s. iiii. d. |
| Parchemin vieil, le cent pesant cy deuant estimé cent sols, payera pour l'ancien droict, | vi. s. viii. d. | viii. s. iiii. d. | ix. s. vii. d. |
| Et pour la nouuelle reapreciation. | neant. | neant. | neant. |
| Passements, & tous autres ouurages & tissures d'or & d'argent fin, y compris les boutons, la liure, cy deuant estimée dix huict liures, & à present vingt quatre liures, payera pour l'ancien droict, | xxiiii. s. | xxx. s. | xxxiiii. s. vi. d. |
| Et pour la nouuelle reapreciation. | x. s. viii. d. | x. s. viii. d. | x. s. viii. d. |
| Passements meslez d'or & d'argent, idem, | | | |
| Et pour la nouuelle reapreciation, idem. | | | |
| Passements d'or & d'argent faux, la liure, cy deuant estimee six liures, & à present douze liures, payera pour l'an- | | | |

| *Marchandiſes.* | *Normand. Picard. Berry & Poictou.* xvi. d. pour liur. | *Bourgongne.* xx. d. pour li. | *Champagne.* xxiii. d .pour li. |
|---|---|---|---|
| cien droict, | viii. ſ. | x. ſ. | xi. ſ. vi. d. |
| Et pour la nouuelle reapreciation. | viii. ſ. | viii. ſ. | viii. ſ. |
| Paſſements de ſoye, de toutes ſortes & couleurs la liure, cy deuant eſtimee huict liures, & à preſent ſeize liures, payera pour l'ancien droict, | x. ſ. viii. d. | xiii. ſ. iiii. d. | xv. ſ. iiii. d. |
| Et pour la nouuelle reapreciation, | x. ſ. viii. d. | x. ſ. viii. d. | x. ſ. viii. d. |
| Paſſements & dentelles de fil, de toutes ſortes, voyez dentelles de fil, | | | |
| Paſſements de capiton de bourre de ſoye, de rubans, & ceintures de filozelles, de capiton, ſayette ou fil, le cent peſant cy deuant eſtimé trente ſix liures, & à preſent cent liures, payera pour l'ancien droict, | xlviii. ſ. | iii. l. | iii. l. ix. ſ. |
| Et pour la nouuelle reapreciation, | iiii. l. v. ſ. iiii. d. | iiii. l. v. ſ. iv. d. | iiii. l. v. ſ. iiii. d. |
| Paſtel, ou pouldre de guelde, le cent peſant cy deuant eſtimé cent ſols, & à preſent dix liures, payera pour l'ancien droict, | vi. ſ. viii. d. | viii. ſ. iiii. d. | ix. ſ. vii. d. |
| Et pour la nouuelle reapreciation, | vi. ſ. viii. d. | vi. ſ. viii. d. | vi. ſ. viii. d. |
| Pour la Traicte Domanialle, de chacune balle de paſtel guelde ou voide, peſant deux cens liures ou enuiron, payera pour l'ancien droict, | xxx. ſ. | xxx. ſ. | xxx. ſ. |
| Et pour la nouuelle reapreciation. | xv. ſ. | xv. ſ. | xv. ſ. |

| *Marchandises.* | *Norman. Picardie. Berry & Poictou.* xvi.d.pour liure. | *Bourgongne.* xx.d.pour liu. | *Champagne.* xxiii.d.pour l. |
|---|---|---|---|
| Patenostres de bois, moulles de boutons, chiflets, manches d'alenes, peignes, cuillieres, & ouurages de bois, le cent pesant cy deuant estimé quinze liures, & à present vingt cinq liures, payera pour l'ancien droict, | xx. s. | xxv. s. | xxviii. s. ix. d. |
| Et pour la nouuelle reapreciation. | xiii. s. iiii. d. | xiii. s. iiii. d. | xiii. s. iiii. d. |
| Et auec la mercerie, payera comme mercerie, | | | |
| Peaux de veaux à poil, la douzaine, cy deuant estimee trente sols, & à present quarante sols, payera pour l'ancien droict, | ii. s. | ii. s. vi. d. | ii. s. x. d. |
| Et pour la nouuelle reapreciation, | viii. d. | viii. d. | viii. d. |
| Peaux de moutons, ou chevreaux accoustrez en façon de chamois, voyez moutons ou cheureaux, | | | |
| Peaux d'aigneaux auec la laine, la douzaine, cy deuant estimee douze sols, & à present quinze sols, payera pour l'ancien droict, | ix. d. | i. s. | i. s. ii. d. |
| Et pour la nouuelle reapreciation, | iii. d. | iii. d. | iii. d. |
| Peaux de moutons, de bouc & de cheures en laine, la douzaine cy deuant estimee soixante sols, & à present quatre liures, payera pour l'ancien droict, | iii. s. | v. s. | v. s. ix. d. |
| Et pour la nouuelle reapreciation. | xvi. d. | xvi. d. | xvi. d. |

| *Marchandises.* | *Normand. Picard. Berri & Poictou,* xvi.d. pour liure | *Bourgongne.* xx.d. pour liu. | *Champagne* xxiii.d. pour li. |
| --- | --- | --- | --- |
| Peaux de bouc & de cheure, auec le poil, idem, | | | |
| Et pour la nouuelle reapreciation, idem, | | | |
| Peaux de cuir blanches & teintes, voyez mercerie, | | | |
| Peaux de veaux tannez la douzaine, voyez bazannes, | | | |
| Peaux de veaux corroyees, la douzaine cy deuant estimée dix liures, & à present douze liures, payera pour l'ancien droict, | xiii.s. iiii. d. | xvi.s. viii.d. | xix.s. ii.d. |
| Et pour la nouuelle reapreciat. | ii.s. viii. d. | ii.s. viii. d. | ii.s. viii.d. |
| Peaux de bœufs & vaches, auec le poil de toutes sortes, la douzaine, cy deuant estimée dixhuict liures, & à present quarante liures, payera pour l'ancien droict, | xxiiii.s. | xxx. s. | xxxiiii.s. vi. d. |
| Et pour la nouuelle reapreciat. | xxix. s. iiii. d. | xxix.s. iiii.d. | xxix.s. iiii.d. |
| Peaux de cheure tãnees, la douzaine cy deuant estimée quatre liure dix sols, & à present six liu. payera pour l'ancien droict, | vi. s. | vii.s. vi. d. | viii.s. vii. d. ob. |
| Et pour la nouuelle reapreciat. | ii. s. | ii. s. | ii. s. |
| Peaux d'orignac & ellant, estãt en poil, la piece cy deuant estimée trois liures quinze sols, payera pour l'ancien droict, | v. s. | vi. s. iii. d. | vii. s. ii. d. |
| Et pour la nouuelle reapreciation, | neant, | neant. | neant. |
| Peaux de Nices & Romaines, noires, la douzaine, cy deuant estimée douze liures, payera pour l'ancien droict, | xvi. s. | xx s. | xxiii. s. |
| Et pour la nouuelle reapreciat. | neant. | neant. | neant. |

| *Marchandises.* | *Norman. Picardie Berry & Poictou* xvi.d.pour liure | *Bourgongne.* xx.d.pour li. | *Champagne.* xxiii.d. pour l. |
|---|---|---|---|
| Peaux de Nices, & Romaines, blanches la douzaine, cy deuant estimee cinquante sols, payera pour l'ancien droict. | iii.s. iiii. d. | iiii. s. ii. d. | iiii.s. ix. d. |
| Et pour la nouuelle reapreciation. | neant. | neant. | neant. |
| Peaux d'ours, la douzaine, cy deuant estimee douze liures, payera pour l'ancien droict. | xvi. s. | xx. s. | xxiii. s. |
| Et pour la nouuelle reapreciation, | neant. | neant. | neant. |
| Peaux d'ours marins accoustrees auec le poil passez en megins de toutes sortes, le cent pesant, cy deuant estimé vingt liures, & à present vingt cinq liures, payera pour l'ancien droict, | xxvi. s. viii. d. | xxxiii s. iv. d | xxxviii. s. iiii. d. |
| Et pour la nouuelle reapreciation, | vi. s. viii. d. | vi. s. viii. d. | vi. s. viii. d. |
| Peaux d'ours marins non accoustrez, tant grandes que petites, la douzaine, cy deuant estimee quatre liures dix sols, & à present dix liures, payera pour l'ancien droict, | vi. s. | vii. s. vi. d. | viii. s. vii. d. ob. |
| Et pour la nouuelle reapreciation, | vii. s. ii. d. | vii. s. ii. d. | vii. s. ii. d. |
| Peaux de loups, la piece cy deuant estimee trente sols, payera pour l'ancien droict, | ii. s. | ii. s. vi. d. | ii. s. x. d. |
| Et pour la nouuelle reapreciation, | neant. | neant. | neant. |
| Peaux de loups marins, la douzaine, cy deuant estimee six liures cinq sols, & à present dix liures, payera pour l'ancien | | | |

| Marchandises. | Norman. Picardie Berry & Poictou xvi.d. pour liure | Bourgongne. xx.d. pour li. | Champagne. xxiii.d. pour l. |
|---|---|---|---|
| cien droict, | viii.s.iiii. d. | x.s.v.d. | xi.s.xi. d.ob. |
| Et pour la nouuelle reaprecia-tion, | v. s. | v.s. | v.s. |
| Peaux de loups ceruiers de Leuant, la piece, cy deuant estimée trente liures, payera pour l'ancien droict, | xl. s. | l.s. | lvii.s.vi.d. |
| Et pour la nouuelle reaprecia-tion, | neant. | neant. | neant. |
| Peaux de loups ceruiers d'Espagne, & autres pays, la piece cy deuant estimee six liures, paiera pour l'ancien droict, | viii. s. | x.s. | xi.s.vi.d. |
| Et pour la nouuelle reaprecia-tion. | neant. | neant. | neant. |
| Peaux de pourceaux, non apprestees, la douzaine cy deuant estimee trente sols, & à present trois liures, payera pour l'ancien droict, | ii.s. | ii.s.vi. d. | ii. s. x. d. |
| Et pour la nouuelle reaprecia-tion, | ii. s. | ii. s. | ii. s. |
| Peaux de pourceaux tannez, la douzaine, cy deuant estimee quatre liures, & à present huict liures, payera pour l'ancien droict, | v. s.iiii. d. | vi.s.viii.d. | vii. s. viii. d. |
| Et pour la nouuelle reaprecia-tion. | v.s.iiii. d. | v.s.iiii.d. | v.s. iiii. d. |
| Peaux de chien, le cent pesant cy deuant estimé dix liures, payera pour l'ancien droict, | xiii. s.iiii.d. | xvi.s.viii.d. | xix.s.ii.d. |
| Et pour la nouuelle reaprecia-tion, | neant. | neant. | neant. |
| Peaux de chien de mer, le cent pesant cy deuant estimé cent liures, payera pour l'ancien | | | |

| Marchandises. | Norman. Picardie. Berry & Poictou. xvi. d. pour liure. | Bourgongne. xx. d. pour liu. | Champagne. xxiii. d. pour l. |
|---|---|---|---|
| droict, | vi. l. xiii. s. iiii. d. | viii. l. vi. s. viii. d. | ix. l. xi. s. viii. d. |
| Et pour la nouuelle reapreciation, | neant. | neant. | neant. |
| Peaux de bœufs ou vaches accoustrees en couleurs à faire ceintures, la piece cy deuant estimee cent sols, & à present sept liures dix sols, payera pour l'ancien droict, | vi. s. viii. d. | viii. s. iiii. d. | ix. s. vii. d. |
| Et pour la nouuelle reapreciation, | iii. s. iiii. d. | iii. s. iiii. d. | iii. s. iiii. d. |
| Peaux de vasches de Roussy, la piece, cy deuant estimee cent sols, payera pour l'ancien droict, idem, | | | |
| Et pour la nouuelle reapreciation, idem, | | | |
| Peaux de cerfs & cheureux, tant grandes que petites, l'vne portant l'autre, estant auec le poil, cy deuant estimee trente sols, & à present trois liures, payera pour l'ancien droict, | ii. s. | ii. s. vi. d. | ii. s. ix. d. |
| Et pour la nouuelle reapreciation, | ii. s. | ii. s. | ii. s. |
| Peaux de senteurs, les droicts se payeront à l'estimation selon les prouinces, par où elles sortiront. | | | |
| Peaux de castor & bieure, le cét pesant cy deuant estimé soixãte liures, & à present cinq cens liures, payera pour l'ancien droict, | iiii. l. | v. l. | v. l. xv. s. |
| Et pour la nouuelle reapreciation, payera pour chacun cent, | xxix. l. vi. s. viii. d | xxix. l. vi. s. viii. d. | xxix. l. vi. s. viii. d. |

| *Marchandises.* | *Norman. Picardie, Berry & Poictou.* xvi.d. pour liure. | *Bourgongne.* xx.d. pour liu. | *Champagne.* xxiii.d. pour l. |
|---|---|---|---|
| Pelleteries, de toutes autres sortes, comme regnards, loutres, foines, patris, connils, cruds & ouurez, & doubleaux, le cent pesant cy deuant estimé vingt liures, & à present quarante cinq liures, payera pour l'ancien droict, | xxvi. s. viii. d. | xxxiii. s. iiii. d. | xxxviii. s. iv. d. |
| Et pour la nouuelle reapreciation. | xxxiii. s. iiii. d. | xxxiii. s. iiii. d. | xxxiii. s. iiii. d. |
| Pelles de bois & poulies, le cent en nombre cy deuant estimé cinquante sols, & à present cinq liures, payera pour l'ancien droict, | iii. s. iiii. d. | iiii. s. ii. d. | iiii. s. ix. d. |
| Et pour la nouuelle reapreciation, | iii. s. iiii. d. | iii. s. iiii. d. | iii. s. iiii. d. |
| Pelissons, la piece cy deuant estimee cent sols, payera pour l'ancien droict, | vi. s. viii. d. | viii. s. iiii. d. | ix. s. vii. d. |
| Et pour la nouuelle reapreciat. | neant. | neant. | neant. |
| Perolle en teinture, le cent pesant cy deuant estimé cent sols, & à present cinq liures, payera pour l'ancien droict, idem, | | | |
| Et pour la nouuelle reapreciation, idem, | | | |
| Picques ferrees & non ferrees, le cent cy deuant estimé cent sols, & à present douze liu. x. s. payera pour l'ancien droict, | vi. s. viii. d. | viii. s. iiii. d. | ix. s. viii. d. |
| Et pour la nouuelle reapreciation. | x. s. | x. s. | x. s. |
| Piennes ou coupures de fil de laine, de toutes sortes, le cent pesant cy deuant estimé x. liur. payera pour l'ancien droict, | xiii. s. iiii. d. | xvi. s. viii. d. | xix. s. ii. d. |

| Marchandises. | Normand. Picard. Berry & Poictou. xvi. d. pour liur. | Bourgongne. xx. d. pour liu. | Champagne. xxiii.d.pour l. |
|---|---|---|---|
| Et pour la nouuelle reapreciation, | neant. | neant. | neant. |
| Pierre d'ayman, le cent pesant cy deuant estimé vingt liures, & à present trente liures, payera pour l'ancien droict, | xxvi.s.viii.d. | xxxiii. s. iiii. d. | xxxviii.s.iv.d. |
| Et pour la nouuelle reapreciation. | xiii. s.iiii. d. | xiii. s. iiii. d. | xiii. s. iiii.d. |
| Pierreries & perles sortans par passeports, payeront suiuant l'estimation qui en sera faite. | | | |
| Picottes, le cent pesant cy deuant estimé vingt cinq liures, & à present quarante cinq liures, payera pour l'ancien droict, | xxxiii.s. iiii. d. | xli.s. viii. d. | xlvii. s. x.d. |
| Et pour la nouuelle reapreciation. | xxxiii. s. iiii. d. | xxxiii. s. iiii. d. | xxxiii. s.iiii.d. |
| Pierres à faucheur, le cent pesant cy deuant estimé cent sols, & à present sept liures dix sols, payera pour l'ancien droict, | vi s.viii.d. | viii.s.iiii.d. | ix.s.viii.d. |
| Et pour la nouuelle reapreciation, | iii.s. iiii.d. | iii.s. iiii. d. | iii.s. iiii.d. |
| Pierres à affiller, le cent pesant cy deuant estimé vingt cinq sols, & à present quarante sols, paiera pour l'ancien droict, | xx. d. | ii.s.i.d. | ii.s.iiii. d. obo |
| Et pour la nouuelle reapreciation, | i.s. | i. s. | i. s. |
| Pierre de faux ou daille, la douzaine cy deuant estimée quinze sols & à present vingt sols, paiera pour l'ancien droict, | i. s. | i.s.iii.d. | i. s. iiii. d. obo. |
| Et pour la nouuelle reapreciation, | iiii.d. | iiii.d. | iiii. d. |

| *Marchandiſes.* | *Normand. Picard. Berry & Poictou.* xvi. d. pour liur. | *Bourgongne.* xx. d. pour li. | *Champagne.* xxiii. d .pour li. |
|---|---|---|---|
| Pierre d'Emery, le cent peſant cy deuant eſtimé cent ſols, & à preſent dix liures, payera pour l'ancien droict, | vi.ſ. viii. d. | viii.ſ.iiii.d. | ix. ſ. vii. d. |
| Et pour la nouuelle reapreciation, | vi.ſ. viii. d. | vi.ſ. viii. d. | vi. ſ.viii.d. |
| Pierre à baſtir, le tonneau qui eſt de deux mil peſant, cy deuant eſtimé quarante ſols, & à preſent quatre liures dix ſols, payera pour l'ancien droict, | iiii.ſ. | v.ſ. | v.ſ.ix. d. |
| Et pour la nouuelle reapreciation, | ii. ſ. | ii. ſ. | ii. ſ. |
| Pierre d'arquebuſes le cent peſant cy deuant eſtimé quinze liures, payera pour l'ancien droict, | xx. ſ. | xxv.ſ. | xxviii. ſ. ix. d. |
| Et pour la nouuelle reapreciat. | neant. | neant. | neant. |
| Peigne de buys, voyez Merc. | | | |
| Planches de ſapin, de toutes ſortes de longueurs, le cent en nombre, cy deuant eſtimé vingt cinq liures, & à preſent trente liures, payera pour l'ancien droict, | xxxiii.ſ.iiii. d. | xli.ſ.viii.d. | xlvi. ſ. xi. d. |
| Et pour la nouuelle reapreciation' | vi.ſ.viii. d. | vi. ſ. viii. d. | vi.ſ. viii. d. |
| Planches de cheſne, bois de bord, le cent de pied de deux poulces d'eſpaiſſeur, & vn pied de large à douze poulces pour pied, cy deuant eſtimé dix liures, & à preſent vingt liures, payera pour l'ancien droict, | xiii. ſ.iiii.d. | xvi. ſ. viii. d. | xix.ſ. ii. d. |
| Et pour la nouuelle reapreciation, | xiii. ſ. iiii. d. | xiii. ſ.iiii.d. | xiii. ſ. iiii. d. |

| *Marchandises.* | *Normand. Picard. Berri & Poictou,* xvi.d.pour liure | *Bourgongne.* xx.d.pour liu. | *Champagne* xxiii.d.pour li. |
|---|---|---|---|
| Plastre le mont, cy deuant estimé vingt sols, & à present quarante sols, payera pour l'ancien droict, | i.s. iiii. d. | xx.d. | xxiii. d. |
| Et pour la nouuelle reapreciation, | i.s. iiii.d. | i.s. iiii.d. | i.s. iiii. d. |
| Platte ou rozette de cuiure, le cent pesant cy deuant estimé quinze liures, & à present trente sept liures dix sols, payera pour l'ancien droict, | xx.s. | xxv. s. | xxviii. s.ix.d. |
| Et pour la nouuelle reapreciation, | xxx. s. | xxx. s. | xxx. s. |
| Platte ou grand batteaux cy deuant estimé cent douze liures dix sols payera pour l'ancien droict, | vii. l. x. s. | ix.l. vii.s.vi. d. | x.l. xv.s.vii.d. |
| Et pour la nouuelle reapreciation, | neant. | neant. | neant. |
| Platte moyenne, cy deuant estimé soixante & quinze liures, payera pour l'ancien droict, | cent sols. | vi.l.v.s. | vii.l. iii.s. ix. d. |
| Et pour la nouuelle reapreciation, | neant, | neant. | neant. |
| Ploc, ou fil de poil de vaches, le cent pesant cy deuant estimé cent sols, & à present dix liures, payera pour l'ancien droict, | vi. s. viii. d. | viii. s. iiii. d. | ix.s.vii.d. |
| Et pour la nouuelle reapreciation, | vi.s.viii.d. | vi.s.viii.d. | vi.s. viii. d. |
| Plomb ouuré & non ouuré, le cent pesant cy deuant estimé cent sols, & à present six liures, payera pour l'ancien droict, idem. | | | |

| *Marchandises.* | *Norman, Picardie, Berry & Poictou.* xvi.d.pour liure. | *Bourgongne.* xx.d.pour liure. | *Champagne.* xxiii.d.pour liu. |
|---|---|---|---|
| Et pour la nouuelle reapreciation, | i. f. iiii. d. | i.f. iiii. d. | i. f. iiii. d. |
| Plottons, ou tabourets, voyez mercerie, | | | |
| Plumes d'Autruches en caisses non apprestees, y compris les bouts de plumes, le millier en nombre, cy deuant estimé cent liures, payera pour l'ancien droict, | vi. l. xiii. f. iiii. d. | viii. l. vi. f. viii. d. | ix. l. xi. f. viii. d. |
| Et pour la nouuelle reapreciation, | neant. | neant. | neant. |
| Plumes d'autruches, apprestees, le cent pesant cy deuant estimées six vings liures & à present deux cens liures, payera pour l'ancien droict, | viii. l. | x. l. | xi. l. x. f. |
| Et pour la nouuelle reapreciation, | v. l. vi. f. viii. d. | v. l. vi. f. viii. d. | v. l. vi. f. viii. d. |
| Plumes à faire licts, le cent pesant cy deuant estimé dix liures, & à present vingt liures, payera pour l'ancien droict, | xiii. f. iiii. d. | xvi. f. viii. d. | xix. f. ii. d. |
| Et pour la nouuelle reapreciation, | xiii. f. iiii. d. | xiii. f. iiii. d. | xiii. f. iiii. d. |
| Plumes de Hollandes à escrire, le cent, voyez mercerie, | | | |
| Plumes d'oye à escrire, le cent en nombre, voyez mercerie, | | | |
| Poids de marc de cuiure ou lethon, le cent pesant cy deuant estimé quinze liures, & à present cinquante liures, payera pour l'ancien droict, | xx. f. | xxv. f. d. | xxviii. f. ix. d. |
| Et pour la nouuelle reapreciation, | xlvi. f. viii. d. | xlvi. f. viii. d. | xlvi. f. viii. d. |

| Marchandises. | Normand. Picardie Berry & Poictou. xvi. d. pour liure. | Bourgongne. xx. d. pour l. | Champagne. xxiii. pour li. |
|---|---|---|---|
| Poils de castor & bieure, le cẽt pesant cy deuant estimé sept vingts liures, & à present quinze cens liures, payera pour l'ancien droict, | x. l. | xii. l. x. s. | xiiii. l. vii. s. vi. d. |
| Et pour la nouuelle reapreciation, sera payez pour chacune liure, | xvii. s. | xvii. s. | xvii. s. |
| Poil de cheure, le cent pesant cy deuant estimé cent sols, & à present sept liures dix sols, payera pour l'ancien droict, | vi. s. viii. d. | viii. s. iiii. d. | ix. s. vii. d. |
| Et pour la nouuelle reapreciat. | iii. s. iiii. d. | iii. s. iiii. d. | iii. s. iiii. d. |
| Poil de chien, idem, | | | |
| Et pour la nouuelle reapreciation, idem, | | | |
| Poil, ou crin de cheual, idem, | | | |
| Et pour la nouuelle reapreciation, idem, | | | |
| Poil de vache, idem, | | | |
| Et pour la nouuelle reapreciation idem, | | | |
| Poil de connils, le cent pesant cy deuant estimé vingt liures, & à present soixante liures, payera pour l'ancien droict, | xxvi. s. viii. d. | xxxiii. s. iiii. d. | xxxviii. s. iv. d. |
| Et pour la nouuelle reapreciation, | liii. s. iiii. d. | liii. s. iiii. d. | liii. s. iiii. d. |
| Poisles à frire, le cent pesant cy deuant estimé dix liures, & à present quinze liures, payera pour l'ancien droict, | xiii. s. iiii. d. | xvi. s. viii. d. | xix. s. ii. d. |
| Et pour la nouuelle reapreciation, | vi. s. viii. d. | vi. s. viii. d. | vi. s. viii. d. |
| Poisson salé de mer, dont n'est icy fait particuliere declaration, voyez cy deuant, | | | |

Et

| Marchandises. | Normand. Picard. Berry & Poictou. xvi. d. pour liur. | Bourgongne. xx. d. pour li. | Champagne. xxiii. d. pour li. |
|---|---|---|---|
| Et pour la nouuelle reapreciation, idem, | | | |
| Poisson nourrain, autrement fillette, le millier en compte voyez cy deuant, | | | |
| Et pour la nouuelle reapreciation idem, | | | |
| Pois & febues, le muid mesure de Paris, cy deuant estimé trente liures, & à present soixante liures, payera pour l'ancien droict, | xl. s. | l. s. | lvii. s. vi. d. |
| Et pour la nouuelle reapreciation, | xl. s. | xl. s. | xl. s. |
| Et pour la Domanialle, voyez legumes. | | | |
| Et pour la nouuelle reapreciation idem, | | | |
| Poix blanche & noire, le cent pesant, cy deuant estimé cent sols, & à present dix liures, payera pour l'ancien droict, | vi. s. viii. d. | viii. s. iiii. d. | ix. s. vii. d. |
| Et pour la nouuelle reapreciation, | vi. s. viii. d. | vi. s. viii. d. | vi. s. viii. d. |
| Poix resine, idem, | | | |
| Et pour la nouuelle reapreciation, idem, | | | |
| Pommes, poires, & autres fruicts, la charge de cheual, cy deuant estimée vingt sols, & à present quarante sols, payera pour l'ancien droict, | xvi. d. | xx. d. | xxiii. d. |
| Et pour la nouuelle reapreciation, | i. s. iiii. d. | i. s. iiii. d. | i. s. iiii. d. |

| Marchandises. | Normand. Picard. Berri & Poictou, xvi.d.pour liure | Bourgongne. xx.d.pour liu. | Champagne xxiii.d.pour li. |
|---|---|---|---|
| Pommes de lict de toutes sortes, le cent en nombre cy deuant estimé sept liures dix sols, payera pour l'ancien droict, | x. s. | xii. s. vi. d. | xiii.s.iiii. d. |
| Et pour la nouuelle reapreciation, | neant. | neant. | neant. |
| Porc & truye, la piece cy deuant estimée quatre liures, & à present huict liur. payera pour l'ancien droict, | v. s.iiii.d. | vi.s.viii.d. | vii.s.viii. d. |
| Et pour la nouuelle reapreciation, | v.s. iiii. d. | v.s. iiii.d. | v. s. iiii. d. |
| Pourcelets de six mois, la piece cy deuant estimée trente sols & à present trois liures, payera pour l'ancien droict, | ii. s. | ii.s.vi.d. | ii.s. x. d. ob. |
| Et pour la nouuelle reapreciation, | ii. s. | ii.s. | ii. s. |
| Pots & chaudieres de fer, le cent pesant cy deuant estimé cinquante sols, & à present six liures, payera pour l'ancien droict, | iii.s. iiii. d. | iiii. s. ii.d. | iiii.s.ix.d. |
| Et pour la nouuelle reapreciation, | iiii. s. viii. d. | iiii.s.viii.d. | iiii. s. viii. d. |
| Pots de terre grands & petits portez en charrettes, la douzaine cy deuant estimée cinq sols & à present dix sols, payera pour l'ancien droict, | iiii.d. | v. d. | v.d. ob. |
| Et pour la nouuelle reapreciat | iiii. d. | iiii. d, | iiii.d. |
| Poulains & Iumens, Mullets & Mulles au dessus de deux ans la piece cy deuant estimée vingt liures, & à present trente liures, payera pour l'ancien droict, | xxvi. s. viii. d. | xxxiii. s.iiii. d. | xxxviii.s.iiii.d. |

| *Marchandiſes.* | *Norman. Picardie, Berry & Poictou.* xvi.d. pour liure. | *Bourgongne.* xx.d.pourliu. | *Champagne.* xxiii.d, pour l. |
|---|---|---|---|
| Et pour la nouuelle reapreciation, | xiii.ſ.iiii.d. | xiii.ſ. iiii.d. | xiii. ſ. iiii. d. |
| Poulains maſles & femelles de trois à quatre ans propre à la ſelle, la piece, cy deuant eſtimée quarante cinq liures, & à preſent quatre vingts liures, payera pour l'ancien droict, | iii.l. | iii.l.xv.ſ. | iiii.l.vi. ſ.iiii.d. |
| Et pour la nouuelle reapreciation. | xlvi. ſ. viii. d. | xlvi.ſ. viii. d. | xlvi.ſ.viii. d. |
| Poulains d'vn an à dix-huict mois, la piece cy deuant eſtimee quinze liures, & à preſent vingt cinq liures, payera pour l'ancien droict, | xx. ſ. | xxv.ſ. | xxviii. ſ. ix. d. |
| Et pour la nouuelle reapreciation. | xiii.ſ.iiii. d. | xiii.ſ.iiii.d. | xiii. ſ. iiii. d. |
| Poulains de laict iuſques à ſix mois, la piece cy deuant eſtimee ſept liures dix ſols, & à preſent dix liures, payera pour l'ancien droict, | x.ſ. | xii. ſ. vi. d. | xiii. ſ. iiii. d. |
| Et pour la nouuelle reapreciation, | iii.ſ. iiii. d. | iii.ſ.iiii.d. | iii.ſ.iiii.d. |
| Plats de terre grands & petits, la douzaine cy deuant eſtimee trois ſols, & à preſent cinq ſols, payera pour l'ancien droict, | ii.d. | ii. d. ob. | iii. d. |
| Et pour la nouuelle reapreciation, | ii. d. | ii. d. | ii. d. |
| Poudre à canon & autres, le cent peſant cy deuant eſtimé trente ſix liures, payera pour l'ancien droict, | xlviii. ſ. | iii. l. | iii.l.ix.ſ. |

| *Marchandises.* | *Norman. Picardie Berry & Poictou* xvi.d.pour liure | *Bourgongne.* xx.d.pour li. | *Champagne.* xxiii.d. pour l. |
|---|---|---|---|
| Et pour la nouuelle reapreciation. | neant. | neant. | neant. |
| Poupées d'eauë, voyez Mercerie. | | | |
| Prunes ou pruneaux de toutes sortes, le cent pesant cy deuant estimé soixante six sols huict d. & à present cinq liures, payera pour l'ancien droict, | iiii.s. iiii. d. | v. s. vii. d. | vi. s. iii. d. |
| Et pour la nouuelle reapreciation, | ii. s.iiii.d. | ii.s.iiii.d. | ii. s.iiii. d. |

| *Drogueries & Espiceries.* | *Norman. Picardie. Berry & Poictou.* xvi.d.pourliure. | *Bourgongne.* xx.d.pour li. | *Champagne.* xxiii.d.pour li. |
|---|---|---|---|
| **P** | | | |
| PAnse d'asne, le cent pesant cy deuant estimé quinze liures, & à present vingt quatre liures, payera pour l'ancien droict, | xx.s. | xxv. s. | xxviii.s.ix.d. |
| Et pour la nouuelle reapreciation, | xii.s. | xii. s. | xii. s. |
| Passepierre, le cent pesant cy deuant estimé cinquante sols, & à present cinq liures, payera pour l'ancien droict, | iii.s.iiii.d. | iiii.s.ii.d. | iiii. s. ix.d. |
| Et pour la nouuelle reapreciation, | iii.s.iiii.d. | iii. s. iiii. d. | iii, s.iiii. d. |

| *Drogueries & Espiceries.* | *Normand. Picardie Berry & Poictou.* xvi. d. pour liure. | *Bourgongne.* xx. d. pour l. | *Champagne.* xxiii. pour li. |
|---|---|---|---|
| Pastel ou pouldre d'escarlatte voyez cy deuant aux marchandises, | | | |
| Panelle de toute sorte, autrement sucre en pouldre voyez sucre de toutes sortes. | | | |
| Perles, voyez pierreries, aux marchandises cy dessus. | | | |
| Perelles en terre, le cent pesant cy deuant estimé cinquante sols, & à present trois liures, payera pour l'ancien droict, | iii. s. iiii. d. | iiii. s. ii. d. | iiii. s. ix. d. |
| Et pour la nouuelle reapreciation, | viii. d. | viii. d. | viii. d. |
| Perelle en teinture du pays, voyez aux marchandises. | | | |
| Petun ou Tabac, le cent pesant cy deuant estimé cinquante liures, & à present soixante liures, payera pour l'ancien droict, | iii. l. vi. s. viii. d. | iiii. l. iii. s. iv. d. | iiii. l. xv. s. x. d. |
| Et pour la nouuelle reapreciation, | xiii. s. iiii. d. | xiii. s. iiii. d. | xiii. s. iiii. d. |
| Pierre ponce, le cent pesant cy deuant estimé dix liures, & à present quinze liures, payera pour l'ancien droict, | xiii. s. iiii. d. | xvi. s. viii. d. | xix. s. ii. d. |
| Et pour la nouuelle reapreciation, | vi. s. viii. d. | vi. s. viii. d. | vi. s. viii. d. |
| Pignons, le cent pesant cy deuant estimé vingt liures, & à present trente liures, payera pour l'ancien droict, | xxvi. s. viii. d. | xxxiii. s. iiii. d. | xxxviii. s. iv. d. |
| Et pour la nouuelle reapreciation, | xiii. s. iiii. d. | xiii. s. iiii. d. | xiii. s. iiii. d. |

| Drogueries & Espiceries. | Norman. Picardie. Berry & Poictou. xvi. d. pour liure. | Bourgongne. xx. d. pour liure. | Champagne. xxiii. d. pour liu. |
|---|---|---|---|
| Pirette, le cent pesant cy deuant estimé dix liures, & à present vingt liures, payera pour l'ancien droict, | xiii. s. iiii. d. | xvi. s. viii. d. | xix. s. ii. d. |
| Et pour la nouuelle reapreciation, | xiii. s. iiii. d. | xiii. s. iiii. d. | xiii. s. iiii. d. |
| Pistaches, le cent pesant cy deuant estimé vingt liures, & à present cinquante liures, payera pour l'ancien droict, | xxvi. s. viii. d. | xxxiii. s. iiii. d. | xxxviii. s. iiii. d. |
| Et pour la nouuelle reapreciation, | xl. s. | xl. s. | xl. s. |
| Poiure de toutes sortes, le cent pesant cy deuant estimé soixante & quinze liures, & à present quatre vingts liures, payera pour l'ancien droict, | c. s. | vi l. v. s. | vii. l. iii. s. ix. d. |
| Et pour la nouuelle reapreciation, | vi. s. viii. d. | vi. s. viii. d. | vi. s. viii. d. |
| Poix blanche & noire, voyez aux marchandises, | | | |
| Poix raisine, voyez idem, | | | |
| Poudre de violette, le cent pesant cy deuant estimé soixante & quinze liures, & à present quatre vingt dix liures, payera pour l'ancien droict, | c. s. | vi. l. v. s. | vii. l. iii. s. ix. d. |
| Et pour la nouuelle reapreciation, | xx. s. | xx. s. | xx. s. |
| Poudre de Cypre, le cent pesant, cy deuant estimé cent douze liures, & à present deux cens liures, payera pour l'ancien droict, | vii. l. ix. s. iiii. d. | ix. l. vi. s. viii. d. | x. l. xiiii. s. viii. d. |
| Et pour la nouuelle reapreciation, | v. l. xvii. s. iiii. d. | v. l. xvii. s. iiii. d. | v. l. xvii. s. iiii. d. |
| Pourcelaine, le cent pesant, cy | | | |

| *Marchandises.* | *Norman. Picardie. Berry & Poictou.* xvi.d.pour liure. | *Bourgongne.* xx.d.pour liu. | *Champagne.* xxiii.d.po ur l. |
| --- | --- | --- | --- |
| deuant estimé cinquante liures, & à present soixante dix liures, payera pour l'ancien droict, | iii.l.vi.s.viii.d. | iv.l.iii.s.iiii.d. | iiii.l.xv.s.x. d. |
| Et pour la nouuelle reapreciation. | xxvi. s. viii. d. | xxvi. s. viii. d. | xxvi.s. viii. d. |

| *Marchandises.* | *Norman. Picardie Berry & Poictou.* xvi.d. pour liure | *Bourgongne.* xx. d. pour li. | *Champagne.* xxiii.d.pour li. |
| --- | --- | --- | --- |
| **Q** | | | |
| QVeuë de Martre sublime, voyez cordons. | | | |
| Et pour la nouuelle reapreciation, idem. | | | |
| Queuë de cheual, le cent pesant cy deuant estimé cent sols, payera pour l'ancien droict, | vi. s. viii. d. | viii. s.iiii. d. | ix.s. vii. d. |
| Et pour la nouuelle reapreciation, | neant. | neant. | neant. |
| Queuche, le cent pesant cy deuant estimé soixante sols, payera pour l'ancien droict, | iiii. s. | v. s. | v. s. ix. d. |
| Et pour la nouuelle reapreciation, | neant. | neant. | neant. |

| Marchandises. | Normand. Picard. Berry & Poictou. xvi. d. pour liur. | Bourgongne. xx. d. pour liu. | Champagne. xxiii.d.pour l. |
|---|---|---|---|
| Quinquaillerie de cuiure, le cent pesant cy deuant estimé quinze liures, & à present quarante cinq liures, payera pour l'ancien droict, | xx. s. | xxv. s. | xxviii. s. ix. d. |
| Et pour la nouuelle reapreciation, | xl. s. | xl. s. | xl. s. |
| Quinquaillerie de fer & acier, le cent pesant, cy deuant estimé sept liures dix sols, & à present vingt liures, payera pour l'ancien droict, | x. s. | xii. s. vi. d. | xiiii. s. iiii. d. |
| Et pour la nouuelle reapreciation, | xvi. s. viii. d. | xvi. s. viii. d. | xvi. s. viii. d. |
| Quingraue seruant à faire peinture, le cent pesant, cy deuant estimé trois liures quinze s. & à present six liures, payera pour l'ancien droict, | v. s. | vi. s. iii. d. | vii. s. ii. d. |
| Et pour la nouuelle reapreciation, | iii. s. | iii. s. | iii. s. |

| Marchandises. | Norman. Picardie. Berry & Poictou. xvi. d. pour liure. | Bourgongne. xx. d. pour liu. | Champagne. xxiii. d. pour l. |
|---|---|---|---|
| R | | | |
| Rapatelle ou toilles faictes de queuë de cheual, pour faire | | | |

| *Marchandises.* | *Norman. Picardie Berry & Poictou* xvi.d. pour liure | *Bourgongne.* xx.d. pour li. | *Champagne.* xxiii.d. pour l. |
|---|---|---|---|
| faire sacqs, le cent pesant cy deuant estimé cens sols, & à present douze liures dix sols, payera pour l'ancien droict, | vi.s. viii. d. | viii.s.iiii.d. | ix.s. vii. d. |
| Et pour la nouuelle reapreciation, | x.s. | x. s. | x.s. |
| Raquettes, voyez mercerie, | | | |
| Raymonnettes accoustrées en vergettes, le cent pesant cy deuant estimé quinze liures, & à present quarante cinq liures, payera pour l'ancien droict, | xx.s. | xxv. s. | xxviii.s.ix.d. |
| Et pour la nouuelle reapreciation, de chacun cent, | xl. s. | xl. s. | xl.s. |
| Regnards pour fourrures, le cent pesant, voyez pelleterie. | | | |
| Rechaux ou eschauffettes de fer, le cent pesant cy deuant estimé cinquante sols, & à present dix liures, payera pour l'ancien droict, | iii.s.iiii. d. | iiii.s.ii. d. | iiii. s. ix. d. |
| Et pour la nouuelle reapreciation, | x.s. | x.s. | x. s. |
| Rets à pescher faits de fil de chanure ou estouppes de lin, le cent pesant cy deuant estimé quinze liures, & à present vingt cinq liures, payera pour l'ancien droict, | xx.s. | xxv. s. | xxviii.s.ix. d. |
| Et pour la nouuelle reapreciation, | xiii.s. iiii. d. | xiii.s.iiii.d. | xiii. s. iiij. d. |
| Rets de charuë le millier en nombre cy deuant estimé quatre liures dix sols, & à present six liures, payera pour l'ancien droict, | vi. s. | vii.s.vi.d. | viii.s.vii.d. |

| Marchandises. | Norman. Picardie, Berry & Poictou. xvi.d. pour liure. | Bourgongne. xx.d. pourliu. | Champagne. xxiii.d. pour l. |
|---|---|---|---|
| Et pour la nouuelle reapreciation, | ii.s. | ii. s. | ii. s. |
| Reuesches ou bayettes de Flãdres & autres semblables estoffes, le cent pesant cy deuant estimé vingt vne liures, & à present cinquante liures, payera pour l'ancien droict, | xxviii.s. | xxxv.s. | xl. s. iii. d. |
| Et pour la nouuelle reapreciation, voyez draps petits pour doubleures. | | | |
| Roigneures de cartes, le cent pesant cy deuant estimé trente trois sols iiij. d. & à present quarante sols, payera pour l'ancien droict, | ii.s.ii. d. | ii.s.viii.d. | iii. s. ob. |
| Et pour la nouuelle reapreciation, | vi.d. | vi. d. | vi. d. |
| Roigneures de letton, le cent pesant cy deuant estimé dix liures, & à present vingt liures payera pour l'ancien droict, | xiii.s.iiii. d. | xvi.s. viii.d. | xix.s.ii.d. |
| Et pour la nouuelle reapreciation, | xiii.s.iiii.d. | xiii.s. iiii.d. | xiii. s. iiii. d. |
| Roigneures de peau le cent pesant cy deuant estimé cinquante sols, payera pour l'ancien droict. | iii.s. iiii. d. | iiii. s. ii.d. | iiii.s. ix. d. |
| Et pour la nouuelle reapreciation, | neant. | neant. | neant. |
| Rozes du creu de France, le cent pesant cy deuant estimé quarante liures, & à present cinquante liures, payera pour l'ancien droict, | liii.s.iiii. d. | iii.l.vi.s.viii.d | iii.l. xvi. s. viii. d. |
| Et pour la nouuelle reapreciation | xiii. s. iiii. d. | xiii.s. iiii.d. | xiii. s. iiii. d. |

| *Marchandises.* | *Normand. Picard. Berri & Poictou,* xvi.d.pour liure | *Bourgongne.* xx.d.pour liu. | *Champagne* xxiii.d.pour li. |
|---|---|---|---|
| Rozettes ou clouds à Sellier, voyez mercerie. | | | |
| Rozette ou cuiure, le cent pesant cy deuant estimé quinze liures, & à present trente sept liures dix sols, payera pour l'ancien droict, | xx.s. | xxv.s. | xxviii. s. ix. d. |
| Et pour la nouuelle reapreciation, | xxx.s. | xxx.s. | xxx.s. |
| Rubans meslez d'or & d'argẽt la liure cy deuant estimée dix huict liures, & à present vingt quatre liures, payera pour l'ancien droict, | xxiiii. s. | xxx.s. | xxxiiii.s.vi.d. |
| Et pour la nouuelle reapreciation, voyez passemens d'or & d'argent. | x.s. viii.d. | x.s. viii.d. | x.s.viii.d. |
| Rubans de soye de toutes sortes & couleurs, voyez passemens. | | | |
| Rubans & ceintures de filoselle & de capiton, le cent pesant, voyez passement de capiton. | | | |
| Rubans de laine, le cent pesant voyez Mercerie. | | | |
| Rubens de fil, idem. | | | |
| Et pour la nouuelle reapreciation, idem. | | | |

| *Drogueries & Espiceries.* | *Normand. Picard. Berry & Poictou.* xvi. d. pour liur. | *Bourgongne.* xx. d. pour li. | *Champagne.* xxiii. d .pour li. |
|---|---|---|---|
| **R** | | | |
| RAdix dictamny, le cent pesant cy deuant estimé cinquante liures, & à present soixante dix liures, paiera pour l'ancien droict, | iii.l.vi.s.viii. d. | iv.l.iii. s.iv.d. | iiii. l. xv.s. x. d. |
| Et pour la nouuelle reapreciation. | xxvi. s. viii. d. | xxvi.s.viii.d. | xxvi.s. viii.d. |
| Raisine, voyez poix raisine. | | | |
| Raisins & figues du creu de France, le cent pesant cy deuant estimé cent sols, & à present dix liures, payera pour l'ancien droict, | vi.s. viii. d. | viii.s.iiii.d. | ix.s. vii. d. |
| Et pour la nouuelle reapreciation, | vi.s. viii. d. | vi.s. viii. d. | vi. s.viii.d. |
| Raisins de damas & de corinthe, le cent pesant cy deuant estimé vingt liures, & à present vingt cinq liures, payera pour l'ancien droict, | xxvi. s. viii. d. | xxxiii. s.iiii.d | xxxviii. s. iv. d. |
| Et pour la nouuelle reapreciation, | vi.s. viii. d. | vi.s. viii.d. | vi.s. viii. d. |
| Rosura Eboris, autrement raclure d'yuoire, le cent pesant cy deuant estimé dix liures, & à present quinze liures, payera pour l'ancien droict, | xiii.s.iiii.d. | xvi. s. viii. d. | xix. s. ii. d. |
| Et pour la nouuelle reapreciation, | vi.s.viii.d. | vi.s. viii. d. | vi.s. viii. d. |

| *Drogueries & Espiceries.* | *Normand. Picard. Berry & Poictou.* xvi. d. pour liur. | *Bourgongne.* xx. d. pour liu. | *Champagne.* xxiii.d.pour l. |
|---|---|---|---|
| Reagal, le cent pesant cy deuãt estimé vingt liures, & à present trente liures, payera pour l'ancien droict, | xxvi.s.viii.d. | xxxiii.s.iiii.d. | xxxviii.s.iv.d. |
| Et pour la nouuelle reapreciation, | xiii. s. iiii. d. | xiii.s.iiii.d. | xiii. s. iiii.d. |
| Reglisse, le cent pesant cy deuant estimé cent sols, & à present dix liures, payera pour l'ancien droict, | vi.s.viii.d. | viii.s.iiii.d. | ix.s.vii.d. |
| Et pour la nouuelle reapreciat. | vi.s. viii. d. | vi.s. viii. d. | vi. s. viii. d. |
| Responti, la liure cy deuant estimee six liures cinq sols, & à present douze liures, payera pour l'ancien droict, | viii. s. iiii. d. | x. s. v. d. | xi.s.xi.d.ob. |
| Et pour la nouuelle reapreciation, | vii. s. viii. d. | vii.s.viii. d. | vi. s. viii. d. |
| Ris, le cent pesant cy deuant estimé cent sols, & à present dix liures, payera pour l'ancien droict, | vi. s. viii. d. | viii. s. iiii. d. | ix. s. vii. d. |
| Et pour la nouuelle reapreciation, | vi.s.viii. d. | vi.s.viii. d. | vii.s. viii. d. |
| Roche de borax, le cent pesant cy deuant estimé deux cens liu. & à present deux cẽs vingt liu. payera pour l'ancien droict. | xvi.l.xiii. s. iv. d. | xx.l.xvi.s. viii. d. | xxiii. l. xix. s. ii. d. |
| Et pour la nouuelle reapreciation, | xxvi. s. viii. d. | xxvi.s.viii.d. | xxvi. s. viii. d. |
| Romarin, le cent pesant cy deuant estimé cent sols, & à present dix liures, payera pour l'ancien droict, | vi.s. viii. d. | viii.s.iiii.d. | ix.s.vii. d. |
| Et pour la nouuelle reapreciation, | vi. s. viii. d. | vi.s. viii.d. | vi. s. viii. d. |
| Roucou, le cent pesant cy deuant estimé trente cinq | | | |

| *Marchandises.* | *Norman. Picardie. Berry & Poictou.* xvi. d. pour liure. | *Bourgongne.* xx. d. pour liure. | *Champagne.* xxiii. d. pour liu. |
|---|---|---|---|
| liures, & à present cinquante liures, payera pour l'ancien droict, | xlvi. ſ. viii. d. | lviii. ſ. iiii. d. | iii. l. vii. ſ. i. d. |
| Et pour la nouuelle reapreciation, | xx. ſ. | xx. ſ. | xx. ſ. |
| Roſes, le cent peſant cy deuant eſtimé quarante liures, & à preſent cinquante liures payera pour l'ancien droict, | liii. ſ. iiii. d. | iii. l. vi. ſ. viii. d. | iii. l. xvi. ſ. viii. d. |
| Et pour la nouuelle reapreciation, | xiii. ſ. iiii. d. | xiii. ſ. iiii. d. | xiii. ſ. iiii. d. |
| Rozes de Prouins, idem, | | | |
| Et pour la nouuelle reapreciation idem, | | | |
| Rozelle, le cent peſant cy-deuant eſtimé cinq cens liures, & à preſent ſix cens liures, payera pour l'ancien droict, | xxxiii. l. vi. ſ. iv. d. | xli. l. xiii. ſ. iiii. d. | xlvii. l. xviii. ſ. iv. d. |
| Et pour la nouuelle reapreciation, | vi. l. xiii. ſ. iiii. | vi. l. xiii. ſ. iiii. d. | vi. l. xiii. ſ. iiii. d. |
| Rozette de borax, le cent peſant, cy deuant eſtimé deux cens cinquante liures, & à preſent deux cens quatre vingts liures, payera pour l'ancien droict, | xvi. l. xiii. ſ. iiii. d. | xx. l. xvi. ſ. viii. d | xxiii. l. xix. ſ. ii. d. |
| Et pour la nouuelle reapreciation, | xl. ſ. | xl. ſ. | xl. ſ. |
| Rubarbe, la liure cy deuant eſtimée douze liures dix ſols, & à preſent vingt liures, payera pour l'ancien droict, | xvi. ſ. viii. d. | xx. ſ. x. d. | xxiii. ſ. xi. d. |
| Et pour la nouuelle reapreciation, | x. ſ. | x. ſ. | x. ſ. |
| Rupontique, le cent peſant cy deuant eſtimé cent ſols, & à | | | |

| *Drogueries & Espiceries.* | *Norman. Picardie. Berry & Poictou.* xvi.d. pour liure. | *Bourgongne.* xx.d. pour liu. | *Champagne.* xxiii.d. pour l. |
|---|---|---|---|
| present dix liures, payera pour l'ancien droict, | vi. ſ. viii. d. | viii. ſ. iiii. d. | ix. ſ. vii. d. |
| Et pour la nouuelle reapreciation, | vi. ſ. viii. d. | vi. ſ. viii. d. | vi. ſ. viii. d. |

| *Marchandiſes.* | *Norman. Picardie Berry & Poictou.* xvi.d. pour liure | *Bourgongne.* xx. d. pour li. | *Champagne.* xxiii.d. pour li. |
|---|---|---|---|
| S | | | |
| SAbots, le chariot chargé, cy deuant eſtimé douze liures dix ſols, & à preſent vingt liures, payera pour l'ancien droict, | xvi. ſ. viii. d. | xx. ſ. x. d. | xxiii. ſ. xi. d. |
| Et pour la nouuelle reapreciation, | x. ſ. | x. ſ. | x. ſ. |
| Sabots, la charette chargee cy deuant eſtimee ſix liures cinq ſols, & à preſent douze liures, payera pour l'ancien droict, | viii. ſ. iiii. d. | x. ſ. v. d. | xi. ſ. xi. d. |
| Et pour la nouuelle reapreciation. | vii. ſ. viii. d. | vi. ſ. viii. d. | vii. ſ. viii. d. |
| Saſſe, le cent peſant cy deuant eſtimé cinquante ſols, payera pour l'ancien droict, | iii. ſ. iiii. d. | iiii. ſ. ii. d. | iiii. ſ. ix. d. |

| *Marchandiſes.* | *Normand. Picardie Berry & Poictou.* xvi. d. pour liure. | *Bourgongne.* xx. d. pour l. | *Champagne.* xxiii. pour li. |
|---|---|---|---|
| Et pour la nouuelle reapreciation, | neant. | neant. | neant. |
| Salpeſtre, le cent peſant cy deuant eſtimé trente ſix liures quinze ſols payera pour l'ancien droict, | xlix. ſ. | iii. l. i. ſ. iii. d. | iii. l. x. ſ. v. d. |
| Et pour la nouuelle reapreciation, | neant. | neant. | neant. |
| Samilis, voyez camelots, | | | |
| Sangles voyez mercerie. | | | |
| Sapins, le cent en nombre cy deuant eſtimé dix liures, & à preſent quinze liures, payera pour l'ancien droict, | xiii. ſ. iiii. d. | xvi. ſ. viii. d. | xix. ſ. ii. d. |
| Et pour la nouuelle reapreciation, | vi. ſ. viii. d. | vi. ſ. viii. d. | vi. ſ. viii. d. |
| Sapins petits, le cent en nombre cy deuant eſtimé cent ſols, & à preſent ſept liures dix ſols, payera pour l'ancien droict, | vi. ſ. viii. d. | viii. ſ. iiii. d. | ix. ſ. vii. d. |
| Et pour la nouuelle reapreciation, | iii. ſ. iiii. d. | iii. ſ. iiii. d. | iii. ſ. iiii. d. |
| Sarge de ſoye, voyez draps de ſoye. | | | |
| Sarges de laine de toutes ſortes, excepté les drappees, le cent peſant cy deuant eſtimé quarante cinq liures, & à preſent ſoixante & quinze liures, payera pour l'ancien droict, | iii. l. | iii. l. xv. ſ. | iiii. l. vi. ſ. iii. d. |
| Et pour la nouuelle reapreciation, | xl. ſ. | xl. ſ. | xl. ſ. |
| Sarges drappees d'Italie, Lombardie & d'ailleurs de toutes couleurs le cent peſant cy deuant eſtimé cinquante | | | |

| Marchandiſes. | Normand. Picard. Berry & Poictou. xvi. d. pour liur. | Bourgongne. xx. d. pour li. | Champagne. xxiii. d. pour li. |
|---|---|---|---|
| te cinq liures, & à preſent ſoixante & quinze liures, payera pour l'ancien droict, | iii. l. xiii. ſ. iiii. d. | iv.l.xi.ſ.viii.d | v. l. v. ſ. v. d. |
| Et pour la nouuelle reapreciation. | xxvi. ſ. viii. d. | xxvi.ſ.viii.d. | xxvi.ſ. viii.d. |
| Satins brochez, la liure, voyez draps d'or. | | | |
| Satins à fleur d'or la liure, voyez draps d'or. | | | |
| Satins de ſoye la liure, voyez draps de ſoye, | | | |
| Satins de Burges, le cent peſant cy deuant eſtimé cinquante cinq liures, & à preſent cent cinquante liures, payera pour l'ancien droict, | iii.l.xiii.ſ. iiii.d. | iv.l. xi.ſ. viii. d. | v.l.v.ſ.v.d. |
| Et pour la nouuelle reapreciation. | vi.l.vi.ſ. viii.d. | vi.l.vi. ſ. viii. d. | vi. l. vi. ſ.viii.d. |
| Saumon, le leth qui eſt de douze hambourgs, chargé en mer, cy deuant eſtimé quatre vingts dix liures, & à preſent ſix vingts liures, payera pour l'ancien droict, | vi. l. | vii.l.x.ſ. | viii.l.xii.ſ.vi.d. |
| Et pour la nouuelle reapreciation, | xl.ſ. | xl. ſ. | xl. ſ. |
| Saumon le leth qui eſt de douze hambourgs, chargé en terre, cy deuant eſtimé huict vingts liures, & à preſent deux cens liures, payera pour l'ancien droict, | x.l.xiii.ſ. iiii.d. | xiii.l.vi.ſ.viii. d. | xv.l.vi.ſ.viii.d. |
| Et pour la nouuelle reapreciation, | liii.ſ.iiii, d. | liii. ſ. iiii. d | liii.ſ.iiii.d. |
| Seiches & hadots, le millier chargé en mer, voyez hadots. | | | |

| *Marchandises.* | *Norman. Picardie. Berry & Poictou.* xvi.d. pour liure. | *Bourgongne.* xx.d. pour liure. | *Champagne.* xxiii.d. pour liu. |
|---|---|---|---|
| Seiches & hados, le millier chargé en terre, cy deuant estimé seize liures, & à present vingtquatre liures, payera pour l'ancien droict, | xxi. ſ. iiii. d. | xxvi. ſ. viii. d. | xxx. ſ. viii. d. |
| Et pour la nouuelle reapreciation, | x. ſ. viii. d. | x. ſ. viii. d. | x. ſ. viii. d. |
| Seilles, la douzaine cy deuant estimee quinze sols, & à present quarante sols, payera pour l'ancien droict, | i. ſ. | i. ſ. iii. d. | i. ſ. v. d. |
| Et pour la nouuelle reapreciation, | i. ſ. viii. d. | i. ſ. viii. d. | i. ſ. viii. d. |
| Seigle le muid mesure de Paris, cy deuant estimé vingt liures, & à present cinquāte liures, payera pour l'ancien droict, | xxvi. ſ. viii. d. | xxxiii. ſ. iiii. d. | xxxviii. ſ. iiii. d. |
| Et pour la nouuelle reapreciation, | xl. ſ. | xl. ſ. | xl. ſ. |
| Pour la Traicte Domanialle pour chacun tonneau, | iiii. l. x. ſ. | iiii. l. x. ſ. | iiii. l. x. ſ. |
| Et pour la nouuelle reapreciation. | xl. ſ. | xl. ſ. | xl. ſ. |
| Seintures & baudroyers en broderies & galōs d'or & d'argent fin, la piece cy deuant estimée soixante sols l'vn portant l'autre, & à present cinq liures, payera pour l'ancien droict, | iiii. ſ. | v. ſ. | v. ſ. ix. d. |
| Et pour la nouuelle reapreciation, | ii. ſ. viii. d. | ii. ſ. viii. d. | ii. ſ. viii. d. |
| Seintures en broderies, & gallonnées d'argent & de soye, la piece cy deuant estimée auec les baudroyers vingt cinq sols, & à present xxxv. sols, payera pour l'ancien droict, | i. ſ. viii. d. | ii. ſ. i. d. | ii. ſ. iiii. d. |

| *Marchandises.* | *Norman. Picardie, Berry & Poictou.* xvi. d. pour liure. | *Bourgongne.* xx. d. pour liu. | *Champagne.* xxiii. d. pour l. |
|---|---|---|---|
| Et pour la nouuelle reapreciation, | viii. d. | viii. d. | viii. d. |
| Sel, le muid mesure de Paris, cy deuant estimé quinze liures, payera pour l'ancien droict. | xx. s. | xxv. s. | xxviii. s. ix. d. |
| Et pour la nouuelle reapreciation, | neant. | neant. | neant. |
| Selles de cheual garnies de velours, la piece cy deuant estimée dix liures, & à present quinze liures, payera pour l'ancien droict, | xiii. s. iiii. d. | xvi. s. viii. d. | xix. s. ii. d. |
| Et pour la nouuelle reapreciation, | vi. s. viii. d. | vi. s. viii. d. | vi. s. viii. d. |
| Selles pour cheual garnies de velours en broderies d'or & d'argent fin, les droicts ce payeront à l'estimation selon les Prouinces par où elles sortiront. | | | |
| Selles simples pour cheual, la piece cy deuant estimee cent sols, payera pour l'ancien droict, | vi. s. viii. d. | viii. s. iiii. d. | ix. s. vii. d. |
| Et pour la nouuelle reapreciation, | neant. | neant. | neant. |
| Sendres, voyez cy dessus cendres. | | | |
| Sendres grauelées, voyez idem. | | | |
| Sendres de plomb, voyez idem. | | | |
| Serains de Canarie & autres lieux, tāt masles que femelles, le cent en nombre cy deuant estimé trente sept liur. dix sols, | | | |

| *Marchandises.* | *Norman. Picardie Berry & Poictou* xvi.d.pour liure | *Bourgongne.* xx.d.pour li. | *Champagne.* xxiii.d. pour l. |
|---|---|---|---|
| l'vn portant l'autre,& à present cinquante liures, payera pour l'ancien droict, | l. ſ. | iii. l. ii. ſ. i. d. | iii.l.xi. ſ.x. d. |
| Et pour la nouuelle reapreciation dudit cent en nombre, | xvi.ſ.viii.d. | xvi. ſ. viii. d. | xvi. ſ. viii. d. |
| Sercles, le millier en nõbre cy deuant estimé cinquante ſols, & à preſent ſept liures dix ſols, payera pour l'ancien droict, | iii.ſ.iiii. d. | iiii. ſ.ii. d. | iiii. ſ. ix. d. |
| Et pour la nouuelle reapreciation, | vi.ſ. viii. d. | vi. ſ.viii. d. | vi.ſ. viii.d. |
| Seruiettes & nappes, voyez linge de table. | | | |
| Et pour la Domanialle, idem, | | | |
| Seruiettes & nappes vieilles, voyez vieil linge. | | | |
| Et pour la Domanialle, idem. | | | |
| Sidre & poirey, le tonneau cy deuant estimé ſept liures dix ſols, & à preſent quinze liures, payera pour l'ancien droict, | x.ſ. | xii. ſ. vi. d. | xiiii. ſ.iiii. d. |
| Et pour la nouuelle reapreciation, | x.ſ. | x.ſ. | x. ſ. |
| Soufflets petits, la douzaine cy deuant estimee quinze ſols, & à preſent trois liures, payera pour l'ancien droict, | i. ſ. | i. ſ.iii. d. | i.ſ. iiii. d. ob. |
| Et pour la nouuelle reapreciation, | iii. ſ. | iii.ſ. | iii.ſ. |
| Soufflets de Mareſchal, la paire cy deuant eſtimée cinquante ſols, & à preſent quatre liures, payera pour l'ancien droict, | iii.ſ.iiii. d. | iiii. ſ. ii. d. | iiii.ſ. ix.d. |
| Et pour la nouuelle reapreciation, | ii. ſ. | ii.ſ. | ii.ſ. |
| Soulde ou ſouldure, le cent | | | |

| *Marchandises.* | *Normand. Picardie Berry & Poictou.* xvi. d. pour liure. | *Bourgongne.* xx. d. pour l. | *Champagne.* xxiii. pour li. |
|---|---|---|---|
| pesant cy deuant estimé vingt cinq sols, & à present cinq liures, payera pour l'ancien droict, | xx. d. | ii. s. i. d. | ii. s. iiii. d. obo. |
| Et pour la nouuelle reapreciation, | v. s. | v. s. | v. s. |
| Soulliers neufs, la douzaine de paires cy deuãt estimee cẽt sols & à present sept liures dix sols, payera pour l'ancien droict, | vi. s. viii. d. | viii. s. iiii. d. | ix. s. vii. d. |
| Et pour la nouuelle reapreciation. | iii. s. iiii. d. | iii. s. iiii. d. | iii. s. iiii. d. |
| Souliers vieux, voyez vieux soulliers. | | | |
| Soyes cuittes, creuës & teintes de toutes sortes & couleurs, cy deuant estimees la liure cent sols, & à present huict liures, payera pour l'ancien droict, | vi. s. viii. d. | viii. s. iiii. d. | ix. s. vii. d. |
| Et pour la nouuelle reapreciation. | iiii. s. | iiii. s. | iiii. s. |
| Stocfix la balle contenant vn millier, cy deuant estimé trẽte six liures, & à present quarante liures, payera pour l'ancien droict, | xlviii. s. | iii. l. | iii. l. ix. s. |
| Et pour la nouuelle reapreciation, | v. s. iiii. d. | v. s. iiii. d. | v. s. iiii. d. |
| Suif de toute sorte, le cent pesant cy deuãt estimé sept liures dix sols, & à present quinze liures, payera pour l'ancien droict, | x. s. | xii. s. vi. d. | xiiii. s. iiii. d. |
| Et pour la nouuelle reapreciation, | x. s. | x. s. | x. s. |
| Sumac creu de France à faire teintures, le cent pesant cy | | | |

| *Marchandises.* | *Norman. Picardie. Berry & Poictou.* xvi.d.pour liure. | *Bourgongne.* xx.d.pour liu. | *Champagne.* xxiii.d.pour l. |
|---|---|---|---|
| deuant estimé cent sols, & à present dix liures, payera pour l'ancien droict, | vi. s. viii. d. | viii. s. iiii.d. | ix. s. vii. d. |
| Et pour la nouuelle reapreciation, | vi. s. viii. d. | vi. s. viii. d. | vi. s. viii. d. |
| Saffran du creu de France, de toutes sortes, le cent pesant cy deuant estimé quatre cens liures, & à present six cẽs liures, payera pour l'ancien droict, | xxvi. l. xiii. s. iv. d. | xxxiii. l. vi. s. viii. d. | xxxviii. l. vi. s. viii. d. |
| Et pour la nouuelle reapreciation, | xiii. l. vi. s. viii. d. | xiii. l. vi. s. viii. d | xiii. l. vi. s. viii. d. |

| *Drogueries & Espiceries.* | *Norman. Picardie Berry & Poictou.* xvi. d. pour liure | *Bourgongne.* xx. d. pour li. | *Champagne.* xxiii. d. pour li. |
|---|---|---|---|
| S | | | |
| Saffran bastard, le cent pesant cy deuant estimé trente sept liures dix sols, & à present quarante cinq liures, payera pour l'ancien droict, | l. s. | iii. l. ii. s. vi. d. | iii. l. xi. s. x. d. obo. |
| Et pour la nouuelle reapreciation, | x. s. | x. s. | x. s. |
| Saffran de toutes sortes, le cent pesant cy deuant estimé huict cens liures, & à present huict cens cinquante liures, payera pour l'ancien droict, | liii. l. vi. s. viii. d. | lxvi. l. xiii. s. iv. d. | lxxvi. l. xiii. s. iiii. d. |

| *Drogueries & Espiceries.* | *Normand. Picard. Berri & Poictou,* xvi.d.pour liure | *Bourgongne.* xx.d.pour liu. | *Champagne* xxiii.d.pour li. |
|---|---|---|---|
| Et pour la nouuelle reapreciation, | iii.l. vi. ſ. viii. d. | iii.l.vi.ſ.viii.d. | iii.l.vi.ſ.viii.d. |
| Sacapin, le cent peſant ci deuāt eſtimé cent dix liures, & à preſent cent trente liures, payera pour l'ancien droict, | vii. l.vi. ſ.viii. d. | ix.l.iii. ſ. iiii.d. | x.l.x. ſ.x. d. |
| Et pour la nouuelle reapreciation, | xxvi. ſ. viii. d. | xxvi. ſ. viii. d. | xxvi. ſ. viii. d. |
| Sel armoniac, le cent peſant cy deuant eſtimé cent liures, & à preſent ſixvingts liures, payera pour l'ancien droict, | vi.l. xiii. ſ.iiii. d. | viii.l.vi.ſ. iv.d. | ix.l.xi.ſ. viii.d. |
| Et pour la nouuelle reapreciation, | xxvi. ſ. viii. d. | xxvi. ſ. viii. d. | xxvi. ſ. viii. d. |
| Sel nitre, le cent peſant cy deuant eſtimé quinze liures, & à preſent vingt cinq liur. payera pour l'ancien droict, | xx. ſ. | xxv. ſ. | xxviii.ſ. ix.d. |
| Et pour la nouuelle reapreciation, | xiii.ſ. iiii. d. | xiii.ſ. iiii. d. | xiii.ſ.iiii.d. |
| Sel gemme, le cent peſant, idem. | | | |
| Et pour la nouuelle reapreciation, idem, | | | |
| Sel de verre le cent peſant cy deuant eſtimé dix liures, & à preſent quinze liures, payera pour l'ancien droict, | xiii.ſ.iiii, d. | xvi. ſ.viii. d. | xix.ſ. ii. d. |
| Et pour la nouuelle reapreciation, | vi. ſ. viii. d. | vi.ſ.viii.d. | vi.ſ.viii. d. |
| Sang de dragon fin, le cent peſant cy deuant eſtimé cent cinquante liures, & à preſent cent quatre vingts liur. payera pour l'ancien droict, | x. l. | xii.l.x. ſ. | xiiii.l.vii.ſ. vii. d. |
| Et pour la nouuelle reapreciation, | xl.ſ. | xl.ſ. | xl.ſ. |

| *Drogueries & Espiceries.* | *Normand. Picard. Berry & Poictou.* xvi. d. pour liur. | *Bourgongne.* xx. d. pour liu. | *Champagne.* xxiii.d.pour l. |
|---|---|---|---|
| Sang de dragon moyen, le cent pesant cy deuant estimé soixante deux liures dix sols, & à present soixante quinze liures, payera pour l'ancien droict, | iiii.l.iii. s. iv.d. | v.l.iiii.s.ii.d. | v.l.xix.s.ix. d. |
| Et pour la nouuelle reapreciation, | xvi.s. viii.d. | xvi. s. viii. d. | xvi.s. viii.d. |
| Sang d'arac, le cent pesant cy deuant estimé douze liures dix sols, & à present vingt liures, payera pour l'ancien droict, | xvi. s. viii. d. | xx. s. x. d. | xxiii. s.xi.d. |
| Et pour la nouuelle reapreciation, | x.s. | x. s. | x. s. |
| Sandal, le cent pesant cy deuant estimé trente liures, & à present quarante liures, payera pour l'ancien droict, | xl. s. | l.s. | lvii. s. vi. d. |
| Et pour la nouuelle reapreciation, | xiii. s. iiii. d. | xiii.s.iiii.d. | xiii. s. iiii.d. |
| Sandal blanc, idem. | | | |
| Et pour la nouuelle reapreciation, idem. | | | |
| Sandal rouge, le cent pesant cy deuant estimé trente sept liures dix sols, & à present cinquante liures, payera pour l'ancien droict, | l. s. | iii. l.ii.s.vi. d. | iii.l. xi. s. x. d. obo. |
| Et pour la nouuelle reapreciation, | xvi.s.viii.d. | xvi.s. viii. d. | xvi.s. viii.d. |
| Sandal citrin, le cent pesant cy deuant estimé soixante & deux liures dix sols, & à present quatre vingts liures, payera pour l'ancien droict, | iiii.l.iii. s.iiii.d. | v.l. iiii.s.ii. d. | v.l.xix. s. ix.d. |
| Et pour la nouuelle reapreciation, | xxiii. s. iiii. d. | xxiii.s.iiii. d. | xxiii. s. iiii. d. |

| Drogueries & Espiceries. | Norman. Picardie, Berry & Poictou. xvi. d. pour liure. | Bourgongne. xx. d. pour liu. | Champagne. xxiii. d. pour l. |
|---|---|---|---|
| Sarcocolle, le cent pesant cy deuant estimé soixante liures, & à present soixante & dix liures, payera pour l'ancien droict, | iiii. l. | v. l. | v. l. xv. s. |
| Et pour la nouuelle reapreciation, | xiii. s. iiii. d. | xiii. s. iiii. d. | xiii. s. iiii. d. |
| Sauon blanc façon de France le cent pesant cy deuant estimé douze liures dix sols, & à present vingt liures, payera pour l'ancien droict, | xvi. s. viii. d. | xx. s. x. d. | xxiii. s. xi. d. |
| Et pour la nouuelle reapreciation, | x. s. | x. s. | x. s. |
| Sauon de Castres, & de Gayet, & autres lieux, le cent pesant cy deuant estimé dix liures, & à present quarante liures, payera pour l'ancien droict, | xiii. s. iiii. d. | xvi. s. viii. d. | xix. s. ii. d. |
| Et pour la nouuelle repreciat. | xl. s. | xl. s. | xl. s. |
| Sauon noir, liquide de toutes sortes, le cent pesant cy deuant estimé cent sols, & à present vingt liures, payera pour l'ancien droict, | vi. s. viii. d. | viii. s. iiii. d. | ix. s. vii. d. |
| Et pour la nouuelle reapreciat. | xx. s. | xx. s. | xx. s. |
| Saxafrá, le cent pesant cy deuant estimé deux cens vingt cinq liures, & à present deux cens cinquante liures, payera pour l'ancien droict, | xv. l. | xviii. l. xv. s. | xxi. l. xi. s. iii. d. |
| Et pour la nouuelle reapreciat. | xxxiii. s. iiii. d. | xxxiii. s. iiii. d. | xxxiii. s. iiii. d. |
| Saxefrage, le cent pesant cy deuant estimé cinquante liures, & à present soixante liures, payera pour l'ancien droict, | iii. l. vi. s. viii. d. | iv. l. iii. s. iiii. d. | iiii. l. xv. s. x. d. |

| *Drogueries & Espiceries.* | *Normand. Picardie Berry & Poictou.* xvi. d. pour liure. | *Bourgongne.* xx. d. pour l. | *Champagne.* xxiii. pour li. |
|---|---|---|---|
| Et pour la nouuelle reapreciation, | xiii. ſ. iiii. d. | xiii. ſ. iiii. d. | xxiii. ſ. iiii. d. |
| Scamonée, la liure cy deuant estimee six liures, & à present douze liures, payera pour l'ancien droict, | viii. ſ. | x. ſ. | xi. ſ. vi. d. |
| Et pour la nouuelle reapreciation, | viii. ſ. | viii. ſ. | viii. ſ. |
| Scauciſſons de toutes ſortes, le cent peſant cy deuant eſtimé ſoixante & quinze liures, & à preſent cent liures, payera pour l'ancien droict, | v. l. | vi. l. v. ſ. | vii. l. iii. ſ. ix. d. |
| Et pour la nouuelle reapreciation, | xxxiii. ſ. iiii. d. | xxxiii. ſ. iiii. d. | xxxiii. ſ. iiii. d. |
| Scœnanth en paille, le cent peſant cy deuant eſtimé vingt cinq liures, & à preſent trente cinq liures, payera pour l'ancien droict, | xxxiii. ſ. iiii. d. | xli. ſ. viii. d. | xlvii. ſ. xi. d. |
| Et pour la nouuelle reapreciation, | xiii. ſ. iiii. d. | xiii. ſ. iiii. d. | xiii. ſ. iiii. d. |
| Scorticum caparis, le cent peſant cy deuant eſtimé vingt liures, & à preſent trente liures, payera pour l'ancien droict, | xxvi. ſ. viii. d. | xxxiii. ſ. iiii. d. | xxxviii. ſ. iv. d |
| Et pour la nouuelle reapreciation, | xiii. ſ. iiii. d. | xiii. ſ. iiii. d. | xiii. ſ. iiii. d. |
| Sebeſtes, le cent peſant cy deuant eſtimé trente ſept liu. x. ſ. & à preſent quarante cinq liu. payera pour l'ancien droict, | l. ſ. | iii. l. ii. ſ. vi. d. | iii. l. xi. ſ. x. d. obo. |
| Et pour la nouuelle reapreciation, | x. ſ. | x. ſ. | x. ſ. |
| Selſe pareille, idem. | | | |
| Et pour la nouuelle reapreciation idem, | | | |

| *Drogueries & Espiceries.* | *Norman. Picardie Berry & Poictou* xvi.d.pour liure | *Bourgongne.* xx.d.pour li. | *Champagne.* xxiii.d. pour l. |
|---|---|---|---|
| Semen cartamy, le cent pesant cy deuãt estimé sept liures dix sols, & à present quinze liures, payera pour l'ancien droict, | x.s. | xii. s. vi. d. | xiiii. s. iiii.d. |
| Et pour la nouuelle reapreciation, | x.s. | x.s. | x. s. |
| Semen dossy, le cent pesant, cy deuant estimé quinze liures, & à present vingt cinq liures, payera pour l'ancien droict, | xx.s. | xxv. s. | xxviii.s.ix.d. |
| Et pour la nouuelle reapreciation, | xiii.s.iiii. d. | xiii.s.iiii.d. | xiii. s. iiii. d. |
| Semen contract, voyez barbotine. | | | |
| Semen de carin voyez Caruy. | | | |
| Semence de sauge, le cent pesant cy deuant estimé cent sols, & à present dx liures, payera pour l'ancien droict, | vi.s. viii. d. | viii.s.iiii. d. | ix. s. vii. d. |
| Et pour la nouuelle reapreciation. | vi. s. viii. d. | vi. s.viii.d. | vi.s.viii.d. |
| Semence devenic, le cent pesant cy deuant estimé trente sept liures dix sols, & à present quarante cinq liures, payera pour l'ancien droict, | l. s. | iii. l. ii.s.vi.d. | iii.l.xi.s.x.d.ob |
| Et pour la nouuelle reapreciation, | x. s. | x.s. | x.s. |
| Semence de perle, la liure, cy deuant estimee vingt cinq liures, & à present cinquante liures, payera pour l'ancien droict, | xxxiii.s.iiii. d. | xli.s. viii. d. | xlvii.s. xi. d. |
| Et pour la nouuelle reapreciation. | xxxiii.s. iiii. d. | xxxiii.s. iiii.d | xxxiii. s. iiii. d. |
| Semencine, voyez barbotine. | | | |

| *Drogueries & Espiceries.* | *Normand. Picard. Berri & Poictou,* xvi.d.pour liure | *Bourgongne.* xx.d.pour liu. | *Champagne* xxiii.d.pour li. |
|---|---|---|---|
| Semorac, le cent pesant cy deuant estimé cent sols, & à present dix liures, payera pour l'ancien droict, | vi. s. viii. d. | viii.s. iiii. d. | ix. s. vii.d. |
| Et pour la nouuelle reapreciation, | vi. s. viii. d. | vi.s.viii.d. | vi.s.viii. d. |
| Senegré du creu de France, le cent pesant cy deuant estimé vingt cinq sols, & à present trente cinq sols, payera pour l'ancien droict, | xx. d. | ii.s.i. d. | ii.s. iiii.d. obo. |
| Et pour la nouuelle reapreciation, | viii. d. | viii. d. | viii. d. |
| Sené du Leuant, le cent pesant cy deuant estimé soixante liures, & à present cent liures, payera pour l'ancien droict, | iiii. l. | v. l. | v.l. xv. s. |
| Et pour la nouuelle reapreciation, | liii. s. iiii. d. | liii.s.iiii.d. | liii.s. iiii.d. |
| Sercooble, idem. | | | |
| Et pour la nouuelle reapreciation, idem. | | | |
| Sipery, le cent pesant cy deuant estimé cent sols, & à present dix liures, payera pour l'ancien droict, | vi. s. viii. d. | viii. s. iiii. d. | ix.s. vii. d. |
| Et pour la nouuelle reapreciation, | vi.s.viii. d. | vi. s. viii. d. | vi.s.viii.d. |
| Soulphre vif, idem. | | | |
| Et pour la nouuelle reapreciation, idem. | | | |
| Soulphre commun ou noir, le cent pesant cy deuant estimé cinquãte sols, & à present cinq liu. payera ponr l'ancien droict | iii.s. iiii.d. | iiii.s. ii.d. | iiii.s. ix. d. |
| Et pour la nouuelle reapreciation, | iii.s.iiii, d. | iii.s.iiii. d. | iii. s. iiii. d. |

| *Drogueries & Espiceries.* | *Norman. Picardie. Berry & Poictou.* xvi. d. pour liure. | *Bourgongne.* xx. d. pour liure. | *Champagne.* xxiii. d. pour liu. |
|---|---|---|---|
| Spermarcety, le cent pesant cy deuant estimé cent vingt cinq liures, & à present cent cinquante liures, payera pour l'ancien droict, | viii. l. vi. s. viii. d. | x. l. viii. s. iiii. d. | xi. l. xix. s. vii. d. |
| Et pour la nouuelle reapreciation, | xxxiii. s. iiii. d. | xxxiii. s. iiii. d. | xxxiii. s. iiii. d. |
| Sperme de Balaine, le cent pesant cy deuãt estimé sept vingts dix liures, & à present deux cens liures, payera pour l'ancien droict. | x. l. | xii. l. x. s. | xiiii. l. vii. s. vi. d. |
| Et pour la nouuelle reapreciation, | iii. l. vi. s. viii. d. | iii. l. vi. s. viii. d. | iii. l. vi. s. viii. d. |
| Spica celtica, le cent pesant cy deuant estimé trente liures, & à present quarante cinq liures, payera pour l'ancien droict, | xl. s. | l. s. | lvii. s. vi. d. |
| Et pour la nouuelle reapreciation. | xx. s. | xx. s. | xx. s. |
| Spica Nardy, le cent pesant cy deuant estimé sept vingts dix liures, & à present cent quatre vingts dix liures, payera pour l'ancien droict, | x. l. | xii. l. x. s. | xiiii. l. vii. s. vi. d. |
| Et pour la nouuelle reapreciation, | liii. s. iiii. d. | liii. s. iiii. d. | liii. s. iiii. d. |
| Spica semẽce, le cent pesant cy deuant estimé trente liures, & à present quarante liures, payera pour l'ancien droict, | xl. s. | l. s. | lvii. s. vi. d. |
| Et pour la nouuelle reapreciation. | xiii. s. iiii. d. | xiii. s. iiii. d. | xiii. s. iiii. d. |
| Spodes, idem. | | | |
| Et pour la nouuelle reapreciation, idem. | | | |

| Drogueries & Espiceries. | Normand. Picard. Berry & Poictou. xvi. d. pour liur. | Bourgongne. xx. d. pour liu. | Champagne. xxiii.d.pour l. |
|---|---|---|---|
| Sequille marine, le cent pesant cy deuant estimé dix liures, & à present vingt liures, payera pour l'ancien droict, | xiii. s. iiii. d. | xvi. s. viii. d. | xix.s.ii.d. |
| Et pour la nouuelle reapreciation, | xiii. s. iiii.d. | xiii.s.iiii.d. | xiii. s. iiii.d. |
| Squinants, le cent pesant cy deuant estimé vingt liures, & à present trente liures, payera pour l'ancien droict, | xxvi. s. viii. d. | xxxiii. s. iiii. d. | xxxviii.s.iv. d. |
| Et pour la nouuelle reapreciation, | xiii. s. iiii. d. | xiii.s.iiii.d. | xiii. s. iiii. d. |
| Stafizaigre, le cent pesant cy deuant estimé dix liures & à present quinze liures, payera pour l'ancien droict, | xiii. s. iiii.d. | xvi. s. viii. d. | xix. s.ii.d. |
| Et pour la nouuelle reapreciation, | vi. s. viii. d. | vi.s. viii. d. | vi. s. viii. d. |
| Sticades sucrin le cent pesant cy deuant estimé vingt liures, & à present trente liures, payera pour l'ancien droict, | xxvi.s. viii. d. | xxxiii. s. iiii. d. | xxxviiii. s.iv.d |
| Et pour la nouuelle reapreciat. | xiii.s. iiii. d. | xiii.s.iiii.d. | xiii. s. iiii. d. |
| Sticades, idem, | | | |
| Et pour la nouuelle reapreciation, idem. | | | |
| Sticade Arabic, le cent pesant cy deuant estimé trente liures, & à present quarante liures, payera pour l'ancien droict, | xl. s. | l.s. | lvii. s. vi. d. |
| Et pour la nouuelle reapreciat. | xiii.s.iiii. d. | xiii.s.iiii.d. | xiii. s. iiii. d. |
| Stuix le cent pesant cy deuant estimé cent liures, & à present six vingts liures, payera pour l'ancien droict, | vi. l. xiii.s. iiii. d. | viii.l.vi.s.viii.d. | ix.l.xi.s. viii.d. |
| Et pour la nouuelle reapreciation. | xxvi. s. viii. d. | xxvi.s.viii.d. | xxvi. s. viii. d. |

| Drogueries & Espiceries. | Normand. Picard. Berry & Poictou. xvi. d. pour liur. | Bourgongne. xx. d. pour li. | Champagne. xxiii. d. pour li. |
|---|---|---|---|
| Stuics, idem. | | | |
| Et pour la nouuelle repreciation, idem, | | | |
| Storax calanis, le cent pesant cy deuant estimé soixante & quinze liures, & à present cent liures, payera pour l'ancien droict, | cent sols, | vi. l. v. s. | vii. l. iii. s. ix. d. |
| Et pour la nouuelle reapreciation, | xxxiii. s. iiii. d. | xxxiv. s. iv. d. | xxxiii. s. iiii. d. |
| Storax liquide, le cent pesant cy deuant estimé vingt cinq liures, & à present trente cinq liures, payera pour l'ancien droict, | xxxiii. s. iiii. d. | xli. s. viii. d. | xlvii. s. xi. d. |
| Et pour la nouuelle reapreciation, | xiii. s. iiii. d. | xiii. s. iiii. d | xiii. s. iiii. d. |
| Storax rouge, le cent pesant cy deuant estimé cinquante liures, & à present soixante liures, payera pour l'ancien droict, | iii. l. vi. s. viii. d. | iiii. l. iii. s. iiii. d. | iiii. l. xv. s. x. d. |
| Et pour la nouuelle reapreciation, | xiii. s. iiii. d. | xiii s. iiii. d. | xiii. s. iiii. d. |
| Storcade Arabus le cent pesant cy deuant estimé trente liures, & à present quarante liures, payera pour l'ancien droict, | xl. s. | l. s. | lvii. s. vi. d. |
| Et pour la nouuelle repreciat. | xiii. s. iiii. d. | xiii. s. iiii. d. | xiii. s. iiii. d. |
| Storcas citrin, le cent pesant cy deuant estimé vingt liures, & à present trente liures, paiera pour l'ancien droict, | xxvi. s. viii. d. | xxxiii. s. iv. d. | xxxviii. s. iiii. d. |
| Et pour la nouuelle reapreciation, | xiii. s. iiii. d. | xiii. s. iiii. d. | xiii. s. iiii. d. |
| Sublimé idem, | | | |

| *Drogueries & Espiceries,* | *Norman. Picardie. Berry & Poictou.* xvi.d.pour liure. | *Bourgongne.* xx.d.pour liu. | *Champagne.* xxiii.d.pour l. |
|---|---|---|---|
| Et pour la nouuelle reapreciation, idem, | | | |
| Sucreries de toutes sortes, le cent pesant cy deuant estimé tren e liures, & à present soixante liures, payera pour l'ancien droict, | xl.s. | l.s. | lvii.s. vi.d. |
| Et pour la nouuelle reapreciation, | xl.s. | xl.s. | xl.s. |
| Suif, voyez cy deuant aux marchandises, | | | |
| Sumac & sumax à faire teintures, voyez idem, | | | |
| Sumac, idem | | | |

| *Marchandises.* | *Norman. Picardie Berry & Poictou.* xvi.d. pour liure | *Bourgongne.* xx. d. pour li. | *Champagne.* xxiii.d.pour li. |
|---|---|---|---|
| **T** | | | |
| TAbis, voyez draps de soye, | | | |
| Tableaux de toutes sortes, le cent pesant cy deuant estimé vingt cinq liures, & à present quarante cinq liures, payera pour l'ancien droict, | xxxiii.s.iiii.d. | xli.s. viii. d. | xlvii.s.xi. d. |
| Et pour la nouuelle reapreciation, | xxvi.s. viii. d. | xxvi.s.viii.d. | xxvi.s. viii. d. |

Tabou-

| *Marchandises.* | *Normand. Picard. Berry & Poictou.* xvi. d. pour liur. | *Bourgongne.* xx. d. pour liu. | *Champagne.* xxiii.d.pour l. |
|---|---|---|---|
| Tabourets ou plotons, voyez Mercerie. | | | |
| Taffetas, voyez draps de soye, | | | |
| Tapis de soye, voyez draps de soye. | | | |
| Tapis velus de Turquie, ou d'ailleurs, le cent pesant cy deuant estimée soixante liures, & à present cent liures, payera pour l'ancien droict, | iiii.l. | v. l. | v. l. xv.s. |
| Et pour la nouuelle reapreciation, | liii. s. iiii. d. | liii.s.iiii.d. | liii. s. iiii. d. |
| Tapis de Moucade, le cent pesant cy deuant estimé vingt cinq liures, & à present quarante cinq liures, paiera pour l'ancien droict, | xxxiii. s. iiii. d. | xli.s.viii. d. | xlvii.s.xi.d. |
| Et pour la nouuelle reapreciation, | xxvi. s. viii. d. | xxvi.s.viii.d. | xxvi. s. viii. d. |
| Tapis de Tournay, idem. | | | |
| Et pour la nouuelle reapreciation, idem, | | | |
| Tapis & couuerture de Roüen le cent pesant cy deuant estimé dix liures, & à present quinze liures, payera pour l'ancien droict, | xiii. s. iiii. d. | xvi. s. viii. d. | xix. s.ii.d. |
| Et pour la nouuelle reapreciation, | vi. s. viii. d. | vi.s. viii. d. | vi. s. viii. d. |
| Tapisseries de Flandres, & de Marche, ou de haute lice, estoffee d'or & d'argent, selon l'estimation des lieux par où elles sortiroit. | | | |
| Tapisseries fine de Marche ou de haute lice sans or, de la va- | | | |

| *Marchandises.* | *Norman. Picardie. Berry & Poictou.* xvi. d. pour liure. | *Bourgongne.* xx. d. pour liure. | *Champagne.* xxiii. d. pour liu. |
|---|---|---|---|
| leur de cent sols l'aune de Paris, & au dessus, le cent pesant cy deuant estimé deux cens liures, & à present trois cens liures, payera pour l'ancien droict, | xiii. l. vi. s. viii. d. | xvi. l. xiii. s. iv. d. | xix. l. xiii. s. iiii. d. |
| Et pour la nouuelle reapreciation, | vi. l. vi. s. viii. d. | vi. l. vi. s. viii. d. | vi. l. vi. s. viii. d. |
| Tapisseries de Flandre, ou d'ailleurs, excepté de Felletin, au dessus de cent sols l'aulne, de Paris, le cent pesant cy deuant estimé soixante & quinze liu. & à present cent cinquante liu. payera pour l'ancien droict, | v. l. | vi. l. v. s. | vii. l. iii. s. ix. d. |
| Et pour la nouuelle reapreciation, | v. l. | v. l. | v. l. |
| Tapisseries ou tapis dudit Felletin, d'Auuergne, de Lorraine & autres semblables, le cent pesant, cy deuant estimé cinquante liures, & à present soixante & quinze liures, payera pour l'ancien droict, | iii. l. vi. s. viii. d. | iiii. l. iii. s. iiii. d. | iiii. l. xv. s. x. d. |
| Et pour la nouuelle reapreciation, | xxxiii. s. iiii. d. | xxxiii. s. iiii. d. | xxxiii. s. iiii. d. |
| Tapisserie de Roüen, le cent pesant cy deuant estimé vingt cinq liures, & à present quarante cinq liures, payera pour l'ancien droict, | xxxiii. s. iiii. d. | xli. s. viii. d. | xlvii. s. xi. d. |
| Et pour la nouuelle reapreciat. | xxvi. s. viii. d. | xxvi. s. viii. d. | xxvi. s. viii. d. |
| Tapisserie de Bergame, le cent pesant cy deuant estimé cinquante liures, & à present soixante liures, payera pour l'ancien droict, | iii. l. vi. s. viii. d. | iiii. l. iii. s. iiii. d. | iiii. l. xv. s. x. d. |

| Marchandises. | Norman. Picardie Berry & Poictou xvi.d. pour liure | Bourgongne. xx.d.pour li. | Champagne. xxiii.d. pour l. |
|---|---|---|---|
| Et pour la nouuelle reapreciation, | xiii. ſ. iiii.d. | xiii.ſ. iv.d. | xiii. ſ. iiii. d. |
| Tapiſſerie de cuir doré, | iii. l. vi. ſ. viii. d. | iv.l.iii.ſ.iv.d. d. | iiii. l. xv.ſ. x. d. |
| Et pour la nouuelle reapreciation, | iii. l. vi. ſ. viii. d | iii.l.vi.ſ. viii. | iii.l. vi. ſ. viii.d |
| Terebentine de Veniſe, le cent peſant cy deuant eſtimé trente ſept liures dix ſols, & à preſent cinquante liures, payera pour l'ancien droict, | l. ſ. | iii. l.ii.ſ. vi. d. | iii. l. xi. ſ. x. d. obo. |
| Et pour la nouuelle reapreciation. | xvi. ſ.viii.d. | xvi. ſ. viii. d. | xvi. ſ. viii. d. |
| Terebentine commune, le cent peſant cy-deuant eſtimé cent ſols, & à preſent dix liures, payera pour l'ancien droict, | vi. ſ. viii. d. | viii. ſ. iiii. d. | ix. ſ. vii. d. |
| Et pour la nouuelle reapreciation, | vi. ſ. viii. d. | vi. ſ.viii.d. | vi. ſ. viii. d. |
| Toreaux de deux à trois ans, la piece cy-deuant eſtimee dix liures, & à preſent quinze liures, payera pour l'ancien droict, | xiii.ſ. iiii. d. | xvi. ſ. viii. d. | xix.ſ.ii. d. |
| Et pour la nouuelle reapreciation, | vi. ſ. viii. d. | vi.ſ.viii.d. | vi.ſ.viii.d. |
| Tuilles couppees, le millier en nombre; cy deuant eſtimé ſix liures, & à preſent dix liures, payera pour l'ancien droict, | viii. ſ. | x. ſ. | xi.ſ.vi.d. |
| Et pour la nouuelle reapreciation, | v.ſ.iiii.d. | v. ſ. iiii. d. | v. ſ.iiii. d. |
| Tuilles dictes feſtieres & cornieres, idem. | | | |

| *Marchandises.* | *Normand. Picard. Berry & Poictou.* xvi. d. pour liur. | *Bourgongne.* xx. d. pour li. | *Champagne.* xxiii. d .pour li. |
|---|---|---|---|
| Et pour la nouuelle reapreciation,idem. | | | |
| Tuilles à Crochet,le millier en nombre cy deuant estimé quatre liures,& à present six liures, payera pour l'ancien droict, | v.s. iiii. d. | vi.s. viii. d. | vii.s.viii.d. |
| Et pour la nouuelle reapreciation, | ii. s. viii.d. | ii.s.viii. d. | ii.s. viii.d. |
| Toilles d'or & d'argent fin, voyez draps d'or. | | | |
| Toilles d'or & d'argent faux,la liure cy deuant estimee six liures, & à present douze liures, payera pour l'ancien droict, | viii. s. | x. s. | xi.s.vi.d. |
| Et pour la nouuelle reapreciation, | viii. s. | viii. s. | viii. s. |
| Toilles de lin de toutes sortes & façons, blanches & escreuës grosses & fines, linge ouuré & non ouuré pour table de quelque sorte que ce soit, le cent pesant cy deuant estimé quarante liures, & à present quatre vingts liures, payera pour l'ancien droict, | liii. s. iiii. d. | iii.l. vi. s. viii. d. | iii.l.xvi.s.viii.d. |
| Et pour la nouuelle reapreciation, | liii. s. iiii. d. | liii.s. iiii. d. | liii.s. iiii. d. |
| Pour la Traicte Domaine. | iiii. l.x.s. | iiii.l.x. s. | iiii.l. x. s. |
| Et pour la nouuelle reapreciation, | xlv. s. | xlv. s. | xlv. s. |
| Toilles de chanure escreuës ou blanches,grosses & moyennes, comprises celles de Champagne dites Daruis , Bouys ou Melins , ouurez & non ouurez, pour tables auec les caneuats & toilles d'Ollonne , le cent pe- | | | |

| *Marchandises.* | *Normand. Picard. Berry & Poictou.* xvi. d. pour liur. | *Bourgongne.* xx. d. pour liu. | *Champagne.* xxiii. d. pour l. |
|---|---|---|---|
| sant cy deuant estimé vingt cinq liures, & à present quarante cinq liures, payera pour l'ancien droict, | xxxiii. s. iiii. d. | xli. s. viii. d. | xlvii. s. xi. d. |
| Et pour la nouuelle reapreciation, | xxvi. s. viii. d. | xxvi. s. viii. d. | xxvi. s. viii. d. |
| Toilles faites destoupes de lin ou de chanure, le cent pesant cy deuant estimé quinze liures, & à present trente liures, payera pour l'ancien droict, | p° la domaniale 34 s 6 d. xx. s. | xxv. s. | xxviii. s. ix. d. |
| Et pour la nouuelle reapreciation. | xx. s. | xx. s. | xx. s. |
| Pour la Traicte Domanialle tant desdites toilles de chanure canneuats & Ollonnes, que de celles qui sont faites destoupes de lin & de chanure, le cent pesant, | xxii. s. vi. d. | xxii. s. vi. d. | xxii. s. vi. d. |
| Et pour la nouuelle reapreciation, | xii. s. | xii. s. | xii. s. |
| Toilles vieilles ou vieil linge, le cent pesant cy deuant estimé dix liures, & à present quinze liures, payera pour l'ancien droict, | xiii. s. iiii. d. | xvi. s. viii. d. | xix. s. ii. d. |
| Et pour la nouuelle reapreciation, | vi. s. viii. d. | vi. s. viii. d. | vi. s. viii. d. |
| Et pour la Domanialle, voyez linge vieil. | | | |
| Toille de cotton & treillis, voyez mercerie. | | | |
| Et pour la Domanialle, voyez bougrans. | | | |
| Toilles à tamis, le cent pesant cy deuant estimé cent sols, & à present sept liures dix sols, | | | |

| *Marchandises.* | *Normand. Picardie Berry & Poictou.* xvi. d. pour liure. | *Bourgongne.* xx. d. pour l. | *Champagne.* xxiii. pour li. |
|---|---|---|---|
| payera pour l'ancien droict, | vi. s. viii. d. | viii. s. iiii. d. | ix. s. vii. d. |
| Et pour la nouuelle reapreciation, | iii. s. iiii. d. | iii. s. iiii. d. | iii. s. iiii. d. |
| Toilles de quintin, voyez toilles de lin. | | | |
| Et pour la Domanialle idem. | | | |
| Toilles rayees de soye, le cent pesant cy deuant estimé vingt cinq liures, & à present quarante cinq liures, payera pour l'ancien droict, | xxxiii. s. iiii. d. | xli. s. viii. d. | xlvii. s. xi. d. |
| Et pour la nouuelle reapreciation, | xxvi. s. viii. d. | xxvi. s. viii. d. | xxvi. s. viii. d. |
| Tonnine & autre poisson de mer, le cent pesant cy deuant estimé sept liures dix sols, & à present dix liures, payera pour l'ancien droict, | x. s. | xii. s. vi. d. | xiiii. s. iiii. d. |
| Et pour la nouuelle reapreciation, | iii. s. iiii. d. | iii. s. iiii. d. | iii. s. iiii. d. |
| Tourte de nauette, rauette & de lin, le millier en nombre cy deuant estimé dix liures, & à present douze liures, payera pour l'ancien droict, | xiii. s. iiii. d. | xvi. s. viii. d. | xix. s. ii. d. |
| Et pour la nouuelle reapreciation, | ii. s. viii. d. | ii. s. viii. d. | ii. s. viii. d. |
| Tourte de noix, le millier en nombre cy deuant estimé quinze liures, & à present dix-huict liures, payera pour l'ancien droict, | xx. s. | xxv. s. | xxviii. s. ix. d. |
| Et pour la nouuelle reapreciation, | iiii. s. | iiii. s. | iiii. s. |
| Tourteaux, le cent pesant cy | | | |

| *Marchandises.* | *Norman. Picardie, Berry & Poictou.* xvi.d. pour liure. | *Bourgongne.* xx. d. pourliu. | *Champagne.* xxiii.d. pour l. |
|---|---|---|---|
| deuant estimé trois liures, & à present quatre liures, payera pour l'ancien droict, | iiii. s. | v. s. | v. s. ix. d. |
| Et pour la nouuelle reapreciation, | i. s. iiii. d. | i. s. iiii. d. | i. s. iiii. d. |
| Tranchois de bois, la grosse cy deuant estimée cinq sols, & à present dix sols, payera pour l'ancien droict, | iiii. d. | v. d. | v. d. obo. |
| Et pour la nouuelle reapreciation, | iiii. d. | iiii. d. | iiii. d. |
| Tresses & tissures d'or & d'argent, la liure voyez passement d'or & d'argent, | | | |
| Trippes de velours, le cent pesant cy-deuant estimé soixante quinze liures, & à present six vingts liures, payera pour l'ancien droict, | v. l. | vi. l. v. s. | vii. l. iii. s. ix. d. |
| Et pour la nouuelle reapreciation, | iii. l. | iii. l. | iii. l. |
| Truittes, le cent en nombre cy deuant estimé vingt liures, payera pour l'ancien droict, | xxvi. s. viii. d. | xxxiii. s. iiii. d. | xxxviii. s. iiii. d. |
| Et pour la nouuelle reapreciation, | neant. | neant, | neant. |
| Treillis & toilles d'Allemagne le cent pesant cy deuant estimé vingt cinq liures, & à present quarante cinq liures, payera pour l'ancien droict, | xxxiii. s. iiii. d. | xli. s. viii. d. | xlvii. s. xi. d. |
| Et pour la nouuelle reapreciation, | xxvi. s. viii. d. | xxvi. s. viii. d. | xxvi. s. viii. d. |
| Et pour la Domanialle, voyez toilles d'estoupes. | | | |

| *Drogueries & Espiceries.* | *Normand. Picard. Berry & Poictou.* xvi. d. pour liur. | *Bourgongne.* xx. d. pour li. | *Champagne.* xxiiii. d .pour li. |
|---|---|---|---|
| **T** | | | |
| TAlcq de Venise, le cent pesant cy deuant estimé cent liures, & à present six vingts liures, payera pour l'ancien droict, | vi.l. xiii. s. iiii. d. | viii.l.vi.s.viii. d. | ix.l.xi. s. viii.d. |
| Et pour la nouuelle reapreciation, | xxvi. s. viii. d. | xxvi. s. viii. d. | xxvi.s.viii. d. |
| Talecq,idem. | | | |
| Et pour la nouuelle reapreciation,idem. | | | |
| Tamarins, le cent pesant cy deuant estimé trente sept liures dix sols, & à present cinquante liures,payera pour l'ancien droict, | l.s. | iii.l. vi. s. viii. d. | iii.l.xi.s.x.d.ob. |
| Et pour la nouuelle reapreciation, | xvi. s.viii.d. | xvi.s.viii.d. | xvi. s. viii. d. |
| Terra merita, le cent pesant cy deuant estimé quinze liures,& à present vingt cinq liures, payera pour l'ancien droict, | xx. s. | xxv. s. | xxviii. s. ix. d. |
| Et pour la nouuelle reapreciation, | xiii. s. iiii. d. | xiii.s. iiii.d. | xiii.s.iiii.d. |
| Terre de Moullard, le baril cy deuant estimé quinze sols, & à present vingt sols, payera pour l'ancien droict, | i. s. | i.s.iii.d | i. s. iiii. d. obo. |
| Et pour la nouuelle reapreciation, | iiii. d. | iiii. d. | iiii. d. |
| Terre rouge, le cent pesant cy deuant estimé vingt cinq sols, & à present trente sols, payera pour l'ancien droict, | xx. d. | ii s.i. d. | ii. s. iiii. d. obo. |

Et

| *Drogueries & Espiceries.* | *Normand. Picard. Berry & Poictou.* xvi. d. pour liur. | *Bourgongne.* xx. d. pour liu. | *Champagne.* xxiii. d. pour l. |
|---|---|---|---|
| Et pour la nouuelle reapreciation, | iiii. d. | iiii. d. | iiii. d. |
| Tercq le Baril cy deuant estimé cent sols, & à present dix liures payera pour l'ancien droict, | vi. s. viii. d. | viii. s. iiii. d. | ix. s. vii. d. |
| Et pour la nouuelle reapreciation, | vi. s. viii. d. | vi. s. viii. d. | vi. s. viii. d. |
| Therebentine de Venise, voyez cy deuant aux marchandises, | | | |
| Therebẽtine commune, idem, | | | |
| Tiercelin, la piece cy deuãt estimé six liures, & à present dix liures, payera pour l'ancien droict, | viii. s. | x. s. | xi. s. vi. d. |
| Et pour la nouuelle reapreciation, | v. s. iiii. d. | v. s. iiii. d. | v. s. iiii. d. |
| Tournesol en drappeau & licquide, le cent pesant cy-deuant estimé trente liures, & à present quarante liures, payera pour l'ancien droict, | xl. s. | l. s. | lvii. s. vi. d. |
| Et pour la nouuelle reapreciation, | xiii. s. iiii. d. | xiii. s. iiii. d. | xiii. s. iiii. d. |
| Turbit, la liure cy deuant estimée dix liures, & à present vingt liures, payera pour l'ancien droict, | xiii. s. iiii. d. | xvi. s. viii. d. | xix. s. ii. d. |
| Et pour la nouuelle reapreciation, | xiii. s. iiii. d. | xiii. s. iiii. d. | xiii. s. iiii. d. |
| Tutie, le cent pesant cy-deuant estimé soixante liures, & à present soixante & dix liures, payera pour l'ancien droict, | iiii. l. | v. l. | v. l. xv. s. |
| Et pour la nouuelle reapreciation, | xiii. s. iiii. d. | xiii. s. iiii. d. | xiii. s. iiii. d. |

| Marchandises. | Norman. Picardie. Berry & Poictou. xvi. d. pour liure. | Bourgongne. xx. d. pour liu. | Champagne. xxiii. d. pour li. |
|---|---|---|---|
| V | | | |
| VAches de Roussy, la piece cy deuant estimee cent sols, & à present sept liures dix sols payera pour l'ancien droict, | vi. s. viii. d. | viii. s. iiii. d. | ix. s. vii. d. |
| Et pour la nouuelle reapreciation, | iii. s. iiii. d. | iii. s. iiii. d. | iii. s. iiii. d. |
| Vaches vnies, graces ou maigres, la piece cydeuant estimee quinze liures, & à present vingt liures, payera pour l'ancien droict, | xx. s. | xxv. s. | xxviii. s. ix. d. |
| Et pour la nouuelle reapreciation, | vi. s. viii. d. | vi. s. viii. d. | vi. s. viii. d. |
| Vaches en grain pour faire empeignes, la piece, voyez cuirs de vaches. | | | |
| Vaches triees & habillees, la piece cy deuant estimee dix liures, & à present quinze liures, payera pour l'ancien droict, | xiii. s. iiii. d. | xvi. s. viii. d. | xix. s. ii. d. |
| Et pour la nouuelle reapreciation, | vi. s. viii. d. | vi. s. viii. d. | vi. s. viii. d. |
| Vaissellès d'argent de toutes sortes, sortans par passeports, payera pour marc, | xx. s. | xx. s. | xx. s. |
| Vasseile d'estein, voyez estein. | | | |
| Vaissellès de Fayence, la douzaine cy deuant estimee quarante sols, & à present qua- | | | |

| *Marchandises.* | *Norman. Picardie. Berry & Poictou.* xvi. d. pour liure. | *Bourgongne.* xx. d. pour liure. | *Champagne.* xxiii. d. pour liu. |
|---|---|---|---|
| rante cinq sols, payera pour l'ancien droict, | ii. s. viii. d. | iii. s. iiii. d. | iii. s. x. d. |
| Et pour la nouuelle reapreciation. | iiii. d. | iiii. d. | iiii. d. |
| Van à vanner, la douzaine cy deuant estimee six liures, & à present dix liures, payera pour l'ancien droict, | viii. s. | x. s. | xi. s. vi. d. |
| Et pour la nouuelle reapreciation, | v. s. iiii. d. | v. s. iiii. d. | v. s. iiii. d. |
| Veaux tannez, la douzaine, voyez bazannes. | | | |
| Veaux corroyez la douzaine, voyez cy deuant aux peaux de veaux. | | | |
| Veaux gras ou maigres, la piece cy deuant estimee cinquante sols, & à present trois liures, payera pour l'ancien droict, | iii. s. iiii. d. | iiii. s. ii. d. | iiii. s. ix. d. |
| Et pour la nouuelle reapreciat. | viii. d. | viii. d. | viii. d. |
| Velours à fleurs d'or, voyez draps d'or. | | | |
| Velours de soye la liure, voyez draps de soye. | | | |
| Verges à esterdre, voyez mercerie. | | | |
| Vergettes, voyez mercerie. | | | |
| Verjus, le tonneau cy deuant estimé dix liures, & à present vingt liures, payera pour l'ancien droict, | xiii. s. iiii. d. | xvi. s. viii. d. | xix. s. ii. d. |
| Et pour la nouuelle reapreciation, | xiii. s. iiii. d. | xiii. s. iiii d. | xiii. s. iiii. d. |
| Verre cassé ou gresil, le baril cy deuãt estimé vingt cinq sols, & à present cinquante sols, payera pour l'ancien droict, | xx. d. | ii. s. i. d. | ii. s. iiii. d. obo. |

| *Marchandises.* | *Norman. Picardie Berry & Poictou* xvi. d. pour liure | *Bourgongne.* xx. d. pour li. | *Champagne.* xxiii. d. pour l. |
|---|---|---|---|
| Et pour la nouuelle reapreciation, | xx. d. | xx. d. | xx. d. |
| Verres tasses, couppes, & bassins cristalins, de Venise, ou d'ailleurs, voyez mercerie. | | | |
| Verres de toutes sortes, excepté celuy de Venise, le cent pesant cy-deuant estimé six liures & à present douze liures, payera pour l'ancien droict, | viii. s. | x. s. | xi. s. vi. d. |
| Et pour la nouuelle reapreciation, | viii. s. | viii. s. | viii. s. |
| Verre en table à faire vitre chacune charetée, contenant quatre panniers, cy deuant estimé vingt liures, & à present quarante liures, payera pour l'ancien droict, | xxvi. s. viii. d. | xxxiii. s. iv. d. | xxxviii. s. iv. d. |
| Et pour la nouuelle reapreciation, | xxvi. s. viii. d. | xxvi. s. viii. d. | xxviii. s. viii. d. |
| Vieilles caboches le cent pesant cy-deuant estimé vingt cinq sols, & à present cinq liures, payera pour l'ancien droict | xx. d. | ii. s. i. d. | ii. s. iiii. d. ob. |
| Et pour la nouuelle reapreciation, voyez fer vieil, | | | |
| Vieil linge, voyez linge viel, Domanialle, idem, | | | |
| Vieil oinct, cy deuant estimé le cent pesant sept liures dix sols & à present quinze liures, payera pour l'ancien droict, | x. s. | xii. s. vi. d. | xiiii. s. iiii. d. |
| Et pour la nouuelle reapreciation, | x. s. | x. s. | x. s. |
| Vieux parchemin, voyez parchemin vieux. | | | |

| *Marchandises.* | *Normand. Picard. Berry & Poictou.* xvi. d. pour liur. | *Bourgongne.* xx. d. pour li. | *Champagne.* xxiii. d. pour li. |
|---|---|---|---|
| Vieux soulliers, la douzaine de paires, cy deuant estimé quatre sols. & à present six sols, payera pour l'ancien droict, | iii. d. | iiii. d. | iiii. d. ob. |
| Et pour la nouuelle reapreciation, | i. d. obol. | i. d. obol. | i. d. obo. |
| Vieux manteaux, le cent pesant cy-deuant estimé dix liures dix sols, & à present vingt vne liures, payera pour l'ancien droict, | xiiii. s. | xvii. s. vi. d. | xx. s. i. d. obo. |
| Et pour la nouuelle reapreciation, | xiiii. s. | xiiii. s. | xiiii. s. |
| Vinaigre le tonneau, cy-deuant estimé sept liures dix sols, & à present quinze liures, payera pour l'ancien droict, | x. s. | xii. s. vi. d. | xiiii. s. iiii. d. |
| Et pour la nouuelle reapreciation, | x. s. | x. s. | x. s. |
| Vin le tonneau, de quelque païs & creu que ce soit mesure de Paris, faisant trois muids, cy deuant estimé vingt sept liures, & à present cinquante cinq liures, payera pour l'ancien droict. | xlii. s. | xlv. s. | li. s. ix. d. |
| Et pour la nouuelle reapreciation, | xxxi. s. iiii. d. | xxxi. s. iiii. d. | xxxi. s. iiii. d. |
| Pour la traicte Domanialle de chacun tonneau, | iiii. l. x. s. | iiii. l. x. s. | iiii. l. x. s. |
| Et pour la nouuelle reapreciation, | xl. s. | xl. s. | xl. s. |
| Voisde ou guelde, qui est espece de pastel, la cimée du poids de huict cens, cy-deuant estimé dix liures, & à | | | |

| *Marchandiſes.* | *Norman. Picardie, Berry & Poictou.* xvi. d. pour liure. | *Bourgongne.* xx. d. pourliu. | *Champagne.* xxiii. d. pour l. |
|---|---|---|---|
| preſent vingt liures, payera pour l'ancien droict, | xiii. ſ. iiii. d. | xvi. ſ. viii. d. | xix. ſ. ii. d. |
| Et pour la nouuelle reapreciation, | xiii. ſ. iiii. d. | xiii. ſ. iiii. d. | xiii. ſ. iiii. d. |
| Pour la Traicte Domanialle de chacune cimée de gueſde de poids de huict cens & au deſſoubs, | xxx. ſ. | xxx. ſ. | xxx. ſ. |
| Et pour la nouuelle reapreciation, | xv. ſ. | xv. ſ. | xv. ſ. |
| Voiſdes en branche, le cent de bottes cy deuant eſtimé vingt cinq liures, & à preſent trente cinq liures, payera pour l'ancien droict, | xxxiii. ſ. iiii. d. | xli. ſ. viii. d. | xlvii. ſ. xi. d. |
| Et pour la nouuelle reapreciation, | xiii. ſ. iiii. d. | xiii. ſ. iiii. d. | xiii. ſ. iiii. d. |
| Volailles, la douzaine cy deuãt eſtimee quarante cinq ſols, & à preſent ſoixante ſols, payera pour l'ancien droict, | iii. ſ. | iii. ſ. ix. d. | iiii. ſ. iii. d. ob |
| Et pour la nouuelle reapreciation, | i. ſ. | i. ſ. | i. ſ. |

| *Drogueries & Eſpiceries.* | *Norman. Picardie Berry & Poictou.* xvi. d. pour liure | *Bourgongne.* xx. d. pour li. | *Champagne.* xxiii. d. pour li. |
|---|---|---|---|
| **V** | | | |
| VErd de veſſie, le cent peſant, cy deuant eſtimé trente ſept liures dix ſols, & à | | | |

| Drogueries & Espiceries, | Normand. Picard. Berri & Poictou, xvi.d. pour liure | Bourgongne. xx.d. pour liu. | Champagne xxiii.d. pour li. |
|---|---|---|---|
| present quarante cinq liures, payera pour l'ancien droict, | l. s. | iii.l.ii.s.vi.d. | iii. l. xi. s. x. d. obol. |
| Et pour la nouuelle reapreciation, | x. s. | x. s. | x. s. |
| Verdet ou verd de gris, le cent pesant cy deuant estimé vingt liures, & à present trente six liures, payera pour l'ancien droict, | xxvi. s. viii. d. | xxxiii. s. iiii. d. | xxxviii. s. iiii. d. |
| Et pour la nouuelle reapreciation, | xxi. s. iiii. d. | xxi. s. iiii. d. | xxi. s. iiii. d. |
| Vermillon, le cent pesant cy deuant estimé cinquante liures, & à present soixante & quinze liures, payera pour l'ancien droict, | iii.l.vi.s.viii.d. | iiii.l. iii.s. iv.d. | iiii.l. xv. s.x.d. |
| Et pour la nouuelle reapreciation, | xxxiii.s. iiii. d. | xxxiii. s. iiii.d. | xxxiii. s. iiii. d. |
| Vernis à peindre, le cent pesant cy deuant estimé cent vingt cinq liures, & à present cent cinquante liures, payera pour l'ancien droict, | viii. l. vi.s.viii.d. | x.l. viii.s.iv. d. | xi. l. xix. s.vii. d. |
| Et pour la nouuelle reapreciation, | xxxiii.s. iiii.d. | xxxiii. s. iiii. d. | xxxiii. s. iiii.d. |
| Vif argent, le cent pesant cy deuant estimé quarante liures, & à present soixante dix liures payera pour l'ancien droict, | liii. s. iiii. d. | iii. l.vi.s.viii.d. | iii.l. xvi.s. viii. d. |
| Et pour la nouuelle reapreciation, | xl. s. | xl. s. | xl. s. |
| Vitriol ou couperose blanc, le cent pesant cy deuant estimé sept liures dix sols, & à present quinze liures, payera pour l'ancien droict, | x. s. | xii.s.vi.d. | xiiii. s.iiii. d. |

| *Drogueries & Espiceries.* | *Normand. Picardie Berry & Poictou.* xvi. d. pour liure. | *Bourgongne.* xx. d. pour l. | *Champagne.* xxiii. pour li. |
|---|---|---|---|
| Et pour la nouuelle reapreciation, | x. s. | x. s. | x. s. |
| Vitriol ou couperose vert, le cent pesant cy deuant estimé douze liures dix sols, & à present vingt liures, payera pour l'ancien droict, | xvi. s. viii. d. | xx. s. x. d. | xxiii. s. xi. d. |
| Et pour la nouuelle reapreciation, | x. s. | x. s. | x. s. |
| Vsblat, autremét colle de poisson, le cent pesant cy deuant estimé vingt liures, & à present trente liures, payera pour l'ancien droict, | xxvi. s. viii. d. | xxxiii. s. iv. d. | xxxviii. s. iv. d. |
| Et pour la nouuelle reapreciation, | xiii. s. iiii. d. | xiii. s. iiii. d. | xiii. s. iiii. d. |
| Vvestum, le cent pesant cy deuant estimé vingt cinq liures, & à present trente liures, payera pour l'ancien droict, | xxxii. s. iiii. d. | xli. s. viii. d. | xlvii. s. xi. d. |
| Et pour la nouuelle reapreciation, | vi. s. viii. d. | vi. s. viii. d. | vi. s. viii. d. |

*Et où il y auroit autres sortes de Marchandises obmises à estre employées au present Estat: Entend sadite Maiesté, que l'appreciation & reapreciation en soit faite par ses Officiers, Fermiers & Commis aux Bureaux des enleuemens, ainsi qu'il leur est mandé par lesdites Lettres de Declaration, pour en estre les droicts payez en chacune Prouince, comme dessus est dit.*

*Faict au Conseil d'Estat du Roy, tenu pour ses Finances à Thoulouse, le vingt-septiesme iour d'Octobre mil six cens trente deux.* LE RAGOIS.

# ESTAT DES DROGVERIES

*& Espiceries venans des pays estrangers, & des Prouinces où les Aydes n'ont cours, entrans dans les Prouinces de Normandie, Picardie, Champagne, Bourgongne, Berry, Poictou, Aulnis, & autres dependantes du Bail des cinq grosses Fermes, & d'Aniou, ensemble du Tablier: Entrée desdites Drogueries & Espiceries de la Rochelle, & de la taxe que chacune espece doit payer pour le droict d'entrée tant pour les anciennes taxes, que pour la Reapreciation nouuelle, suiuant les Lettres de Declaration de sa Maiesté du 14. iour d'Aoust 1632. Pour en estre les droicts payez à raison de quatre pour cent, & sur toutes lesdites Drogueries & Espiceries excepté pour les Muscades, Girofles, Canelle, Poiure & Gimgembre, pour lesquels sera payé à raison de dix pour cent.*

*A SCAVOIR*

*Drogueries & Espiceries.*

## A

AAcatia, le cent pesant cy deuant taxé seize sols, payera xviii. s.

Acorus, le cent pesant cy deuant taxé quarante sols, payera xl. s.

Aës vestum, le cent pesant cy deuant taxé vingt trois sols, payera xl. s.

Agaric de toutes sortes l'vn portant l'autre, le cent pesant cy deuant taxé vingt quatre sols, payera, iiii. l.

Agnus castus, le cent pesant cy-deuant taxé vingt-quatre sols, payera xxvi.s.

Aloës cytrin, le cent pesant cy-deuant taxé soixante sols, payera viii.l.

Aloës chicotin & autres, le cent pesant cy-deuant taxé trois liures, paiera iii.l.x.s.

Aloës moyen, le cent pesant cy deuant taxé xl.sols, payera xlv.s.

Aloës lignum fin, le cent pesant ci-deuant taxé seize liu. paiera xvi.l.

Alun de glace, le cent pesant, voyez cy apres aux grosses denrees.

Alun en roche, le cent pesant, voyez idem,

Alun de plume le cent pesant, idem.

Alun gras du pays, le cent pesant, voyez idem.

Alun blanc & rouge le cent pesant, voyez idem.

Amandes, le cent pesant cy deuant taxé six sols, payera viii.s.

Amatiste, le cent pesant cy deuant taxé trois liures payera iii.l.v.s.

Ambre gris, le cent pesant cy deuant taxé douze cens liures, & à present moderé à vi.c.liures.

Ambre gris, la liure ci-deuant taxé xii.liu. & à present moderé à vi.l.

Ambre iaulne, le cent pesant ci-deuant taxé trente sols, payera xl.s.

Ambre en roche, le cent pesant cy-deuant taxé x.sols, payera xv.s.

Ambre ou carabe, le cent pesant ci-deuant taxé vingt sols, payera xxv.s.

Amidon, le cent pesant ci-deuant taxé iiii.sols, payera vi.s.

Anacardes, le cent pesant ci-deuant taxé vingt sols, payera xxii.s.

Angelica, le cent pesant ci-deuant taxé seize sols, payera xl.s.

Anis ou inde-fine de Barbarie, le cent pesant, voyez inde-fine.

Anis, indefine de Portugal, Venise ou d'ailleurs, le cent pesant, voyez idem,

Anis verd, le cent pesant cy deuant taxé viii.s. paiera xii.s.

Anis en graine, le cent pesant cy deuant taxé iiii.sols, paiera viii.s.

Antimoine, le cent pesant cy deuant taxé xii.s.moderé à viii.s.

Antimoine preparé, le cent pesant cy deuant taxé cinquante sols, paiera lv.s.

Entoffle de giroffle, le cent pesant cy deuant taxé trois liures, paiera, iiii.l.x.s.

Antre, le cent pesant cy deuant taxé xl.sols, paiera xlv.s.

Appios fin, le cent pesant cy deuant taxé xii.liures paiera xii.l.x.s.

Arcançon, le cent pesant, voyez poix blanche & noire.

Arcanette, le cent pesant cy deuant taxé xii.s. paiera xv.s.

Arcenil, le cent pesant cy deuant taxé xvi.sols, paiera xx.s.

Argent vif, pour cent pesant cy deuant taxé trente deux sols, paiera iii.l.iiii.s.

Aristoloche, pour cent pesant viii. s. paiera x. s.

Assafetida, le cent pesant cy deuant taxé xl. s. paiera xlv. s.

Asarum, le cent pesant cy deuant taxé xvi. sols, payera xviii. s.

Assetimom, le cent pesant cy-deuant taxé vingt quatre sols, paiera xxviii. s.

Aspalatum, le cent pesant cy deuant taxé xl. sols, paiera xlvi. s.

Asphaltum, le cent pesant cy deuant taxé iii. liu. paiera iii. l. v. s.

Aspiny ou espine à angelieres, le cent pesant cy-deuant taxé seize sols, paiera xx. s.

Auelines, le cent pesant ci-deuant taxé huict sols, paiera viii. s.

Azerbes, le cent pesant ci-deuant taxé quatre liures, paiera iiii. l.

Azur fin, le cent pesant ci-deuant taxé dix liu. paiera xx. l.

Azur gros & commun, le cent pesant cy-deuant taxé quarante sols, paiera xlv. s.

Azur d'email assorty l'vn portant l'autre cy-deuant taxé trente sols, paiera xl. s.

Amomy veron, la liure cy deuant taxee sept liures, & à present moderé à vi. l.

Aloës moyen, le cent pesant cy-deuant taxé xl. s. payera. xlv. s.

# B

BAllostre en fleur, le cent pesant cy deuant taxé quatre sols, payera x. s.

Barbotine, le cent pesant cy deuant taxé treize liures, & à present moderé à viii. l.

Baye de Laurier, le cent pesant ci-deuant taxé iiii. s. paiera vi. s.

Bedelium, le cent pesant ci deuant taxé cent sols, paiera v. l. x. s.

Beleries & Indez secz pour piece voyez Mirabolans.

Ben blanc & rouge, le cent pesant cy deuant taxé xii. s. paiera xiv. s.

Benioin fin, le cent pesant ci-deuant taxé cent sols, moderé à iii. l.

Benioin gros pour cent pesant cy deuant taxé viii. sols, paiera x. s.

Bezoüard du Ponant, le cent pesant ci-deuant taxé douze cens liures, & à presant moderé à vi. c. l.

Bezoüard de Leuant, la liure ci-deuant taxee douze liures, moderé à present à vi. l.

Bigeoin de Venise, le cent pesant voyez therebentine,

Blanc de plomb, le cent pesant ci-deuant taxé huict sols, paiera x. s.

Bois de gayac, le cent pesant ci-deuant taxé quatre sols, paiera vi. s.

Bois d'Inde, le cent pesant, voyez cy apres aux grosses danrees.
Bois d'aloës, le cent pesant cy deuant taxé quarante sols, payera xlv.s.
Bois de Bursin, le cent pesant cy deuant taxé dix sols, payera xii.s.
Bois d'eschine fin, le cent pesant cy deuant taxé six liures payera vi.l.
Bois d'ebeine, le cent pesant, voyez cy apres aux grosses danrees.
Bois rouge & rozat, le cent pesant, voyez idem.
Bois Iarminy, le cent pesant cy deuant taxé trois sols quatre deniers, payera x.s.
Boiuras, le cent pesant cy deuant taxé huict liures, payera viii.l.v.s.
Bol fin de Leuant, le cent pesant cy deuant taxé quarante sols, payera xlv.s,
Borax, l'vn portant l'autre, le cent pesant cy deuant taxé quatre liures dix sols, payera iiii l.xv.s.
Bray: le cent pesant, voyez aux grosses danrees.
Bresil & toutes autres sortes de bois à teintures, le cent pesant, voyez cy apres aux grosses danrees.

# C

CAlamine, le cent pesant ci deuant taxé quarante sols, paiera xlii.s.
Calminus aromaticus, le cent pesant ci deuant taxé huict sols, paiera x.s.
Calamus commun, le cent pesant cy deuant taxé quatre sols, paiera v.s.
Camphre, le cent pesant ci deuant taxé seize liures, paiera xvi. l.x.s.
Canelle ou cinamomus, le cent pesantcy deuant taxé dix liures, paiera xx.l.
Cantarides, le cent pesant ci-deuant taxé vingt sols, paiera xxx.s.
Capres menuës, le cent pesant ci-deuant taxé douze sols, paiera xii.s.
Capres grosses, le cent pesant ci-deuant taxé six sols, paiera xii.s.
Carabe ou poudre d'ambre, le cent pesant ci-deuant taxé vingt sols, paiera xxv.s.
Cardomomy, le cent pesant ci-deuant taxé cinq liures, paiera v. l.x.s.
Cardomomy mondé, le cent pesant ci-deuant taxé six liures, paiera vi.l.x.s.

Carpy balsamy, le cent pesant cy-deuant taxé vingt-quatre sols, paiera xxviii.s.

Cartamy, le cent pesant ci-deuant taxé douze sols, payera xv.s.

Caruy, le cent pesant ci-deuant taxé six sols, payera x.s.

Casses, le cent pesant ci-deuant taxé seize sols, payera xli.s.

Cassonnades de toutes sortes, le cent pesant, voyez sucre de toutes sortes.

Castor, le cent pesant ci-deuant taxé quarante sols, paiera iii.l.x.s.

Cedre blanc, le cent pesant ci-deuant taxé trente deux sols, paiera xxxv.s.

Cedre rouge, le cent pesant ci-deuant taxé vingt-quatre sols, paiera xxviii.s.

Cemence de saulge, le cent pesant ci-deuant taxé iiii.sols, paiera xxv.s.

Ceruse fine ou blanc de plomb, le cent pesant ci-deuant taxé douze sols paiera xvi.s.

Cereacola, le cent pesant ci-deuant taxé xlviii.s.paiera xlviii.s.

Chicotin ou alloës, le cent pesant ci-deuant taxé trois liures, paiera iii.l.x.s.

Cire d'Espagne, le cent pesant ci-deuant taxé trois liures six sols, payera iiii.l.

Cire blanche, le cent pesant ci-deuant taxé xl.s, payera iii.l.

Cire iaulne, le cent pesant ci-deuant taxé trente-deux sols, paiera xlv.s.

Cire vierge & neufue, le cent pesant ci-deuant taxé trente-deux sols, paiera xlv.s.

Citorat, le cent pesant ci-deuant taxé cinq liures, paiera v.l.x.s.

Citouard ou Zedouard, le cent pesant ci-deuant taxé quatre liures, paiera iiii.l.x.s.

Citrons, le cent en nombre, ci-deuant taxé huict sols, paiera xv.s.

Citrouille, le cent en nombre, ci-deuant taxé cinq sols, paiera vi.s.

Ciuettes, le cent pesant ci-deuant taxé six cens liures, moderé à trois cens liures, ci iii. c.l.

Clouds de girofles, chapellets ou bois de gerofle & grabeaux, le cent pesant ci-deuant taxé dix liures, payera xxx.l.

Cocque de Leuant, le cent pesant, cy-deuant taxé trente sols, paiera xxxv.s.

Cochenille de toutes sortes, le cent pesant ci-deuant taxé douze liures, paiera xl.liu.

Colle douce & amere, le cent pesant ci-deuant taxé trente sols, paiera xxxv.s.

Colle de toutes sortes, le cent pesant ci-deuant taxé huict sols, paiera x.s.

Collombin gros, le cent pesant, voyez gingembre,
Collombin menu, le cent pesant voyez idem.
Colloquinte, le cent pesant ci-deuant taxé vingt-quatre sols, payera trois liures quatre sols, cy iii.l. iiii.s.
Comin, le cent pesant cy deuant taxé six sols; paiera viii.s.
Compros verd, voyez vitriol verd,
Compros blanc, voyez vitriol blanc.
Concombre, le cent pesant ci-deuant taxé six sols, paiera vi.s.
Concordes, le cent pesant ci-deuant taxé six sols, paiera viii.s.
Confitures de toutes sortes, le cent pesant ci-deuant taxé quarante sols, paiera iii.l.
Corail blanc & rouge fin, le cent pesant ci-deuant taxé huict liures, paiera x.l.
Corail blanc & rouge gros, le cent pesant ci-deuant, taxé quarante sols, paiera xlv.s.
Coraline, le cent pesant ci-deuant taxé vingt sols, paiera lv.s.
Coriande, le cent pesant ci-deuant taxé trois sols, paiera v.s.
Coridomede, le cent pesant ci-deuant taxé cinq sols, paiera vi.s.
Corne de Licorne, le cent pesant moderé ci-deuant taxé ii.c.l. payera ii.c.l.
Corticum caparis, le cent pesant ci-deuant taxé seize sols, paiera xvi.s.
Cortimi lomperis, le cent pesant cy-deuant taxé seize sols, paiera xvi.s.
Costus verus, le cent pesant ci-deuant taxé trente sols, paiera xxxv.s.
Coste doux & amer, le cent pesant ci-deuant taxé trente sols, paiera xxxv.s.
Coton filé en laine, & en graine, voyez aux grosses denrees.
Coucourde, le cent pesant cy-deuant taxé cinq sols, paiera vi.s.
Cubebes, le cent pesant ci-deuant taxé quatre liures, paiera iiii.l. x.s.
Cucieres, le cent pesant cy-deuant taxé trois liures dix sols, paiera iii.l.xv.s.

# D

DAttes, le cent pesant ci-deuant taxé treize sols, paiera iii.l.xvi.s.
Dictamus, le cent pesant ci-deuant taxé xii.s. paiera xxxvii.s.

Doronicum, le cent pesant ci-deuant taxé deux sols, paiera xxvii.s.
Dragees de toutes sortes, le cent pesant ci-deuant taxé trente deux sols, paiera xlv.s.

# E

EAuë de Nar & Naphe, le cent pesant ci deuant taxé vingt sols, paiera xxv.s.
Eauë de fleur d'Orange, le cent pesant ci-deuant taxé vingt sols, paiera xxv.s.
Elebore vray, le cent pesant ci-deuant taxé douze sols, paiera xiv.s.
Elebore blanc & noir, le cent pesant cy-deuant taxé xii.s. paiera xiv. s.
Emblis mirabolans, voyez mirabolans.
Encens gros, le cent pesant cy-deuant taxé quatre sols, paiera vi.s.
Encens fin ou Oliban, le cent pesant ci-deuant taxé xvi. s. paiera xxiii.s.
Epithimi, le cent pesant ci-deuant taxé quarante sols, paiera xlii.s.
Escorce de bresil battuë, la voicture de douze sacqs, & le sac de quatre mesure, cy-deuant taxé six sols, paiera viii.s.
Escorce de bresil non battuë, ladite voicture ci-deuant taxee vn sol, paiera i.s.vi.d.
Escorce de Tamarins, pour cent pesant ci-deuant taxé douze sols, paiera xiv.s.
Escorce de Capres, le cent pesant ci-deuant taxé xvi.s. paiera xlv. s.
Escorce de Mandragore, le cent pesant ci deuant taxé quarante sols, paiera xlv.s.
Escorce de citron confit, le cent pesant cy deuant taxé quarante sols, paiera l.s.
Escorce de gazat de Leuant, le cent pesant cy-deuant taxé quatre sols, paiera xxiv.s.
Esnelle, le cent pesant ci-deuant taxé quatre sols, paiera vi.s.
Esponges de toutes sortes, le cent pesant ci-deuant taxé huict sols, paiera xxxviii.s.
Essuelle, pour cent pesant ci-deuant taxé quatre sols, paiera xx.s.
Esustum, pour le cent pesant cy-deuant taxé xxiv.s. paiera xxvi.s.
Eufforbe, le cent pesant cy-deuant taxé seize sols, paiera xviii.s.

# F

FEnoüil, le cent pesant, cy deuant taxé six sols, paiera xvi.s.

Figues & raisins du creu de France, le cent pesant cy deuant taxé quatre sols, payera viii.s.

Fleurs de violettes & autres, le cent pesant cy-deuant taxé six sols, paiera xii.s.

Fleurs de scenanth, le cent pesant cy deuant taxé quarante huict sols, paiera xlviii.s.

Fleurs de soulphre, le cent pesant cy deuant taxé trois liures payera iii.l.v.s.

Floree, le cent pesant cy deuant taxé trois liures, paiera iii.l. v.s.

Florum Cartami ou Safran bastard, le cent pesant cy deuant taxé trente sols, payera xxxv.s.

Folii Indé, le cent pesant cy deuant taxé dix liures, payera x.l.x.s.

Folium gariofily, le cent pesant cy deuant taxé dix liu. payera x.l.x.s.

Folium malabastre, le cent pesant cy deuant taxé cinq liures, payera v.l.v.s.

Fragmens, le cent pesant cy-deuant taxé quatre liu. payera iiii.l.x.s.

Fenegré, le cent pesant cy deuant taxé six sols, payera viii.s.

# G

GAlangal fin, le cent pesant cy deuant taxé huict liures, payera viii.l.x.s.

Galangal sauuage, le cent pesant cy deuant taxé quatre liures, payera iiii.l.vi.s.

Galbanum, le cent pesant cy deuant taxé quarante sols, payera iii.l.

Galles de toutes sortes, le cent pesant cy deuant taxé douze sols, payera xxx.s.

Galipo ou gros encens, le cent pesant cy deuant taxé quatre sols, payera v.s.

Gayac, bois & escorce, le cent pesant cy deuant taxé quatre sols, paiera xxiiii.s.

Gentienne, le cent pesant cy deuant taxé trois s.iiii. d. payera iiii. s.

Gingembre

Gingembre de toutes sortes, le cent pesant cy-deuant taxé dix liures, payera x.l.

Gerôfles de toutes sortes, voyez clouds de gerofle.

Glus, le cent pesant cy deuant taxé six sols, payera viii.s.

Gomme de cedre, le cent pesant cy deuant taxé xxiiii.s. payera xxx.s.

Gomme du païs, le cent pesant cy deuant taxé six sols, payera viii.s.

Gomme animé, le cent pesant cy deuant taxé quatre liu. payera iv.l.xv.s.

Gomme adragan, le cent pesant cy-deuant taxé vingt-quatre sols, payera xxx. s.

Gomme armoniac, le cent pesant cy deuant taxé xxx. s. paiera xl.s.

Gomme de lieré, le cent pesant cy deuant taxé xvi. s. paiera xxxvi.s.

Gomme olampi, le cent pesant cy-deuant taxé xxxii.s. payera xxxviii.s.

Gomme tragacanda, le cent pesant cy deuant taxé trente sols, payera xxxvi.s.

Gomme arabic, le cent pesant cy deuant taxé xii.s. payera xvi.s.

Gomme tacamacha, le cent pesant cy deuant taxé quatre liures, paiera iv.l.x.s.

Gomme lacque, le cent pesant cy deuant taxé xxxii. s. payera xlii.s.

Gomme caragne, le cent pesant cy deuant taxé viii. liu. payera viii. l.v.s.

Gomme ederic, le cent pesant cy deuant taxé xxxii. s. paiera xxxv. s.

Gomme elemy, le cent pesant cy deuant taxé trois liures paiera iii.l.x.s.

Gomme errapin, le cent pesant ci-deuant taxé iiii. liures paiera iv.l.xv.s.

Gomme edere, le cent pesant ci-deuant taxé viii.liu. payera viii. l.xv.s.

Goultran le leths, voyez aux grosses danrees.

Graine & pastel d'escarlatte, le cent pesant ci-deuant taxé neuf liures, paiera xii.l.

Graine de Paradis ou maniquette, le cent pesant cy deuant taxé trente deux sols, payera xxxvii.s.

Graine jaulne, le cent pesant cy-deuant taxé huict sols, paiera xii.s.

Graine de corne de Cerf, le cent pesant ci-deuant taxé quatre sols, paiera vi.s.

Graye de tonneau, le cent pesant cy deuant taxé deux sols, payera v.s.

Grenades, le cent en nombre ci deuant taxé iiii.s. paiera v.s.

Grenas ou citrons estrains, le cent pesant ci-deuant taxé six liures, paiera vi.l.x.s.

Gutta gamba, le cent pesant ci-deuant taxé huict liures, payera viii.l.x.s.

Guinee, le cent pesant ci-deuant taxé huict liures, paiera viii.l.x.s.

Guy de chesne, le cent pesant, cy-deuant taxé douze sols, paiera xiiii.s.

# H

Hermodates,le cent pesant cy deuant taxé xii.sols, paiera xvi.s.
Hiposquistidos,le cent pesant cy deuant taxé xvi.s.paiera xxvi.s.
Houx blanchy,le cent pesant cy deuant taxé six sols,paiera x.s.
Huille de cheneuis,le cent pesant cy deuant taxé iiii.sols, paiera vi.s.
Huille d'aspic,le cent pesant cy deuant taxé xl.sols, paiera xlv.s.
Huille de petrolle,le cent pesant cy deuant taxé xl. s. paiera l.s.
Huille d'amandes douces & ameres, le cent pesant cy deuant taxé quarante sols, paiera l.s.
Huille de therebentine,le cent pesant ci-deuant taxé xvi.s. payera xx.s.
Huille de romarin,le cent pesant cy-deuant taxé xvi. s. payera iii. l.iiii.s.
Huille laurin,le cent pesant ci-deuant taxé xvi.s. payera xxxii.s.
Huille de cade,le cent pesant ci-deuant taxé xii.s.payera xv.s.
Huille de pommade le cent pesant ci-deuant taxé seize sols , payera xviii.s.
Huille benedic, le cent pesant ci-deuant taxé seize sols,payera xxv. s.
Huille de Tartare,le cent pesant cy deuant taxé xvi.s.paiera xviii.s.
Huille de scorpion,le cent pesant cy deuant taxé xx.s.paiera xxxii..s.
Hiacintes , le cent pesant cy-deuant taxé xii. s. payera xxii.s.
Huille de geneure , le cent pesant ci-deuant taxé seize sols , paiera iiii.l,iiii.s.

# I

Ialap,le cent pesant cy-deuant taxé viii.liu.payera viii.l. xv.s.
Inde fine ou anil de Portugal , de Barbarie , de Venise ou d'ailleurs , le cent pesant ci-deuant taxé l'vn portant l'autre trois liu. paiera xii.l.
Indes secqs,la piece, voiez mirabolans.
Irreos,le cent pesant ci-deuant taxé viii.s. payera xvi.s.
Iuiubes,le cent pesant cy-deuant taxé iiii.sols,paiera xxiiii.s.

Iuncus odoratus,le cent pesant cy deuant taxé dix liu. payera x.l.xv.s.
Ius de limon,le cent pesant ci-deuant taxé seize s. paiera xx.s.
Ius de reglisse,le cent pesant ci-deuant taxé seize s. paiera xxv.s.

# L

LAcoa,le cent pesant cy deuant taxé xl.s.payera xlv.s.
Lacque de Venise , le cent pesant cy deuant taxé douze liures , paiera xix.l.
Lacques de Venise pour teinture , le cent pesant , voyez aux grosses denrees
Lacque ronde,le cent pesant cy deuant taxé xlviii.s.paiera iiii.l.
Lacque platte, le cent pesant ci-deuant taxé quarante huict s.moderé à present à xl.s.
Lacre, autrement cire à cacheter , le cent pesant ci deuant taxé trente-deux s.paiera iii.l.iiii.s.
Lapdanum,le cent pesant cy deuant taxé seize s. paiera xxiiii.s.
Lapis entalis,le cent pesant cy-deuant taxé six liu. payera vi.l.xv.s.
Lapis dentalis,le cent pesant ci-deuant taxé six liu. paiera vii.l.
Lapis hematites,le cent pesant ci-deuant taxé v.l. paiera vi.l.
Lapis Iudaicus,le cent pesant ci-deuant taxé quatre liu. paiera v.l.
Lapis lazuli,le cent pesant cy-deuant taxé quatre liu.paiera iiii.l.x.s.
Lapis calaminaris,le cent pesant cy-deuant taxé xx.s.paiera xxii.s.
Lapis magnes,le cent pesant ci-deuant taxé iv.l.x.s. paiera iv.l.xviii.s.
Lierre,le cent pesant ci-deuant taxé huict s.paiera xii.s.
Lignum sanctum, le cent pesant ci-deuant taxé deux sols , paiera iv.s.
Lignum aloës fin,le cent pesant ci-deuant taxé xvi. l. paiera xviii.l.
Lignum aloës moyen , le cent pesant cy-deuant taxé quarante sols , paiera xlviii.s.
Lignum balsami , le cent pesant cy-deuant taxé quarante sols , paiera xlviii.s.
Lignum cassié,le cent pesant ci-deuant taxé trente sols, paiera xxxv.s.
Litarge d'or,le cent pesant ci-deuant taxé quatre sols, paiera vi.s.
Litarge d'argent,le cent pesant ci-deuant taxé quatre s. paiera vi.s.

# M

MEnse, le cent pesant ci-deuant taxé dix liures, paiera xi.l
Mandragore, le cent pesant ci-deuant taxé xvi.s.paiera xl.s
Maniquette ou graine de Paradis, le cent pesant ci-deuant taxé trente deux sols, paiera xxxviii.s.
Manne de Calabre, le cent pesant ci-deuant taxé douze liures, paiera xiii.l.
Manne de Prouence & Dauphiné, le cent pesant ci-deuant taxé quatre liures, paiera iiii.l.xv.s.
Manne de toutes autres sortes, le cent pesant cy deuant taxé quatre liures, paiera iv.l.x.s.
Marcadossin, le cent pesant ci-deuant taxé trente liu. paiera xxxv.l.
Marcasites, la bute ci-deuant taxé six liures, paiera vi.l.
Marmelades comprises soubs l'espece de confitures, le cent pesant cy deuant taxé quarante sols, paiera iii.l.
Mascicot, le cent pesant cy deuant taxé quatre sols, paiera v.s.
Masticq, le cent pesant ci-deuant taxé cinq liures, payera vi.l.
Machnacam, le cent pesant cy deuant taxé huict liures, paiera viii. l.xv.s.
Melons, le cent en nombre cy deuant taxé six sols, paiera viii.s.
Melasses sortans du sucre, voyez aux grosses danrees.
Mesquin, le cent pesant, voyez gingembre.
Miel de toutes sortes, le cent pesant cy-deuant taxé dix sols, paiera xii.s.
Mil ou millet, le cent pesant ci deuant taxé deux sols, payera viii.s.
Mine de plomb, le cent pesant cy deuant taxé, six sols, paiera viii.s.
Mirabolans, emblicqs, rebus, belleries & indez seqcs, chacun cent en nombre ci-deuant taxé vingt sols, paiera xx.s.
Mirabolans, emblicques, & citrons confits, le cent pesant ci-deuant taxé seize liures, paiera xvii.l.
Mirthes, le cent pesant cy deuant taxé douze sols, paiera xxx.s.
Mirtilles, le cent pesant ci deuant taxé huict sols, paiera viii.s.
Mitridat, le cent pesant ci-deuant taxé quarante sols, payera xlv.s.
Momie, le cent pesant ci deuant taxé quatre liures, paiera iiii.l.v.s.
Muscades entieres ou rompuës, massis en nouasses, le cent pesant ci deuant taxé dix liures, paiera xx.l.
Muscq, le cent pesant ci-deuant taxé mil liur. moderé à present à vi. c.l.

# N

NAture de baleine ci deuant taxé huict liures, paiera viii.l.x.ſ.
Nigella griſe,ci-deuant taxé quarante ſols,payera xl.ſ.
Nigella noire,ci deuant taxé douze ſols,payera xiii.ſ.
Noix muſcades,le cent peſant voyez muſcades.
Noix muſcades rompuës,le cent peſant voiez muſcade,
Noix de galles, pour cent peſant voiez galles.
Noix d'Inde, pour cent en nombre & compte ci deuant taxé douze ſols, payera xv.ſ.
Noix de Cipres, pour cent en nombre & compte ci deuant taxé deux ſols, paiera xvi.ſ.
Noix vomiques, idem.

# O

OLiban,le cent peſant,voyez encens fin.
Olliues du crud de France, le cent peſant ci deuant taxé douze ſols, paiera xv.ſ.
Olliues d'Eſpagne, le cent peſant ci-deuant taxé vnze ſols iiii. d. paiera xv.ſ.
Olliues de Gennes, Prouence, Languedoc, le cent peſant ci deuant taxé douze ſols, paiera xv.ſ.
Oppimant,le cent peſant ci-deuant taxé vingt ſols, paiera xxii.ſ.
Oppium,le cent peſant ci-deuant taxé cent ſols,paiera xvi.l.
Oppomanax, le cent peſant cy deuant taxé ſix liures huict ſols, paiera xiiii l.
Oranges,le millier en nombre ci deuant taxé ix.den. ob.payera iii.ſ.
Orcanette, voyez Arcanette.
Orobes,le cent peſant ci-deuant taxé douze ſols. paiera xiv.ſ.
Orpin,le cent peſant ci-deuant taxé cent ſols,paiera v. l. x.ſ.
Orſeille en herbe miſe en baril non accouſtrees,le cent peſant, voyez aux groſſes danrees.
Orſeille en baril preſte & accouſtree, autrement tourne ſol,le cent peſant, voyez idem.

Os de cœur de Cerf, le cent pesant ci-deuant taxé dix s. paiera xxx. s.
Os de Seiche, le cent pesant ci-deuant taxé deux sols, paiera iv. s.

# P

PAnse dasne, le cent pesant ci-deuant taxé douze sols, paiera xv. s.
Passepierre, le cent pesant ci-deuant taxé deux sols, & à present paiera iiii. s.
Pastel, pouldre ou graine d'escarlatte, le cent pesant ci-deuant taxé neuf liures, paiera xii. l.
Panelles de toutes sortes, autrement sucre en pouldre, voyez sucre de toutes sortes.
Perles à l'once, la liure, voyez aux grosses danrees.
Perelle en terre, le cent pesant cy deuant taxé deux s. payera iiii. s.
Perelle en teinture du païs, voyez aux grosses denrees.
Petun ou tabac, le cent pesant ci-deuant taxé xl. s. paiera vii. l.
Pierre d'ayman, le cent pesant, voyez aux grosses denrees.
Pierre ponce, le cent pesant cy deuant taxé huict s. paiera x. s.
Pignons, le cent pesant cy deuant taxé seize sols, paiera xviii. s.
Pirette, le cent pesant ci-deuant taxé huict sols, paiera xvi. s.
Pistaches, le cent pesant ci-deuant taxé seize sols, paiera xx. s.
Poiure long, le cent pesant cy deuant taxé dix liures, paiera x. l.
Poiure de Bresil, le cent pesant cy deuant taxé vingt s. payera xxxii. s.
Poiure de toutes sortes, pour cent pesant ci-deuant taxé dix liures, paiera x. l.
Poix blanche & noire, le cent pesant cy deuant taxé six sols paiera viii. s.
Poix raisine, le cent pesant cy deuant taxé six sols, paiera viii. s.
Pruneaux de toutes sortes, le cent pesant cy deuant taxé deux sols huict deniers, paiera iv. s.
Pouldre de violette, le cent pesant cy-deuant taxé trois l. paiera iii. l. iv. s.
Pouldre de Cypre, le cent pesant ci-deuant taxé quatre liures dix sols, paiera v. l.
Pourcelaine, pour cent pesant, voyez aux grosses denrees.
Prunes de Brignolles, le cent pesant cy deuant taxé quinze sols, paiera xx. s.

# R

RAdix dictami, le cent pesant ci-deuant taxé xl.s. paiera, xlv.s.
Raisine, voyez poix raisine.
Raisins & figues, le cent pesant ci-deuant taxé iv.s. paiera vi.s.
Raisins de Damas & de Corinthe, le cent pesant cy-deuant taxé seize sols, paiera xxv.s.
Razure eboris, autrement racleure d'iuoire, le cent pesant ci-deuant, taxé huict sols, paiera viii.s.
Regal, le cent pesant, cy-deuant taxé seize sols, paiera xviii.s.
Reglisse, le cent pesant ci-deuant taxé quatre sols, paiera vi.s.
Responti, le cent pesant ci-deuant taxé xxxii. liures, paiera xxxii.l.
Ris, le cent pesant ci-deuant taxé quatre sols, paiera x.s.
Roche de Borax, le cent pesant ci-deuant taxé dix liu. paiera xv.l.
Romarin, le cent pesant cy-deuant taxé quatre sols, paiera vi.s.
Roucou, le cent pesant ci-deuant taxé xxviii s. paiera xl.s.
Rozes le cent pesant cy-deuant taxé xxxii.s. paiera xxxv.s.
Rozes de Prouins, le cent pesant cy-deuant taxé xxxii.s. paiera xxxv.s.
Rozette de Borac, le cent pesant cy deuant taxé xx.l. paiera xxi.l.
Rubarbe, le cent pesant ci-deuant taxé cinquante liu. paiera lx. l.
Rupontique, le cent pesant ci-deuant taxé quatre sols, paiera v.s.
Ruchette taxée ii.s.

# S

SAffran bastard, le cent pesant ci-deuant taxé xxx.s. paiera xxxv.s.
Saffran de toutes sortes, le cent pesant ci-deuant taxé trente deux liures, paiera xxxii.l.
Sagapin, le cent pesant ci-deuant ci-deuant taxé iv.l.x.s. paiera iv.l.xv.s.
Salarmoniac, le cent pesant ci-deuant taxé iv.l. paiera iv.l.x.s.
Salnitre, le cent pesant ci deuant taxé douze sols, paiera xvi.s.
Salgemme, le cent pesant ci-deuant taxé douze s. paiera xx.s.
Sal de verre, le cent pesant ci-deuant taxé huict s. payera ix.s.
Sang de dragon fin, le cent pesant ci-deuant taxé six liu. payera vii.l.

Sang de dragon moyen,le cent pesant ci-deuant taxé cinquante sols, paiera iii.l.

Sandarrac,le cent pesant ci-deuant taxé dix sols, payera xvi.s.

Sandal,le cent pesant ci-deuant taxé vingt quatre sols, paiera xxiiii. s.

Sandal blanc , le cent pesant ci-deuant taxé vingt-quatre sols , paiera xl.s.

Sandal rouge,le cent pesant ci-deuant taxé trente sols,payera xxxii. s.

Sandal citrin,le cent pesant cy-deuant taxé cinquante sols,payera iiii.l.

Sarcocolle,le cent pesant cy-deuant taxé xlviii.sols,payera l.s.

Sauon de Castres & Gayette,Sauon blanc & tous autres, le cent pesant ci-deuant taxé huict sols,payera xx.s.

Sauon noir,liquides,de toutes sortes, le cent pesant ci-deuant taxé quatre sols payera viii.s.

Saxafra,le cent pesant ci-deuant taxé neuf liures,paiera ix.l.

Saxifrage,le cent pesant ci-deuant taxé quarante sols,payera xlv.s.

Scamonee, le cent pesant ci-deuant taxé vingt - quatre liures , payera xxviii.l.

Scauisson de toutes sortes,le cent pesant ci-deuant taxé trois liures, payera iii. l. vi. s.

Scenanth en paille,le cent pesant, voyez fleur d'esquinant.

Scorticum caparis,le cent pesant, voyez escorce de capres.

Sebastes,le cent pesant ci-deuant taxé trente sols,payera xxxv.s.

Selse pareille,le cent pesant ci-deuant taxé trente sols , paiera xl.s.

Semen cartamy,le cent pesant ci-deuant taxé vi.s. paiera xii.s.

Semen d'ancy,le cent pesant ci-deuant taxé xii.sols,paiera xxiv.s.

Semen contra,voiez barbotine.

Semence de carin,voiez caruy.

Semence de saulge,le cent pesant ci-deuant taxé iiii.sols, paiera viii.s.

Semence de Venicq,le cent pesant ci-deuant taxé xxx.s.paiera xxx.s.

Semence de perles,le cent pesant ci-deuant taxé cent liures, paiera à present pour chacune liure xl.s.

Semencine,voiez barbotine.

Semorac,le cent pesant ci-deuant taxé quatre sols, paiera v.s.

Sené Grec,le cent pesant ci-deuant taxé vn sol,paiera vi.s.

Sené de Leuant,le cent pesant ci-deuant taxé xlviii.s.paiera iii.l.

Sercocolle,le cent pesant ci-deuant taxé xlviii.sols, paiera l.s.

Siperi,le cent pesant ci-deuant taxé iiii.sols, paiera v.s.

Souffre vif & commun, le cent pesant ci-deuant taxé iii. sols. paiera viii. s.

Sperma cœti,le cent pesant, voiez nature de balaine.

Sperme de balaine,le cent pesant ci-deuant taxé six liu. paiera viii.l.

Spica

Spica celtica, le cent pesant ci deuant taxé xxiv.s. paiera — xxviii.s.
Spica nardi, le cent pesant cy deuant taxé six liu. paiera vi.l.x.s.
Spica semence, le cent pesant ci deuant taxé xxiv.s. paiera xxviii.s.
Spodes, le cent pesant ci-deuant taxé xxiv. sols, payera xxviii.s.
Squille marine, le cent pesant ci deuant taxé huict sols, paiera x.s.
Squinant, le cent pesant ci deuant taxé seize sols, paiera xviii. s.
Stafizagre, le cent pesant ci-deuant taxé huict sols, paiera xvi.s.
Sticades citrin, le cent pesant cy-deuant taxé seize sols, paiera xx.s.
Sticades, le cent pesant cy deuant taxé seize sols, paiera xx.s.
Sticas Arabic, le cent pesant ci-deuant taxé xxiv.s. payera xxviii.s.
Stinx, le cent pesant cy deuant taxé quatre liu. paiera iv. l. x.s.
Stiues, le cent pesant cy deuant taxé iiii. liu. paiera iv.l.x.s.
Storax calamus, le cent pesant ci-deuant taxé trois liu. paiera iii.l.
Storax liquide, le cent pesant ci deuant taxé xx.s. payera xxiv.s.
Storax rouge, le cent pesant cy deuant taxé xl.s. paiera xlviii. s.
Storcade arabus, le cent pesant ci deuant taxé xxiv.s. paiera xxviii.s.
Storcas citrin, le cent pesant ci-deuant taxé xvi.s. paiera xviii.s.
Sublimé, le cent pesant ci deuant taxé xvi. sols, paiera vi.l.
Sucre en pain gros fin de toutes sortes, le cent pesant ci-deuant taxé vingt-quatre sols, paiera iii.l.
Sucre noir, panelle, cassonnade, le cent pesant ci- deuant taxé vingt-quatre sols, paiera xxxv.s.

# T

TAlc de Venize, le cent pesant ci- deuant taxé iv.l. paiera iv.l.v.s.
Taberch, le cent pesant ci-deuant taxé quatre liu. paiera iv.l.
Tamarins, le cent pesant cy deuant taxé xxx. s. paiera xxxv.s.
Terra merita, le cent pesant ci deuant taxé xii. sols, paiera xxiv.s.
Terre de moullar, le baril ci-deuant taxé viii. den. paiera. i.s.
Terre rouge, le cent pesant ci-deuant taxé i.s. paiera ii.s.
Tercq, le baril ci-deuant taxé iiii.s. paiera v.s.
Tiercelin, la piece ci-deuant taxee cinq sols, paiera vi.s.
Tournesol liquide mis en baril, voyez Orseille en baril.
Tournesol en drappeaux mis en balle, le cent pesant, voyez Orseille en herbe.
Turbith, le cent pesant ci deuant taxé quarante liures, paiera xlii.l.
Tutie, le cent pesant ci-deuant taxé xlviii.s. paiera l.s.

# V

| | |
|---|---|
| VErd de vessie, le cent pesant ci-deuant taxé trente s. paiera | xxxvi.s. |
| Verd de lierre, cy-deuant taxé trente six sols, paiera | xxxvi.s. |
| Verdet ou verd de gris, le cent pesant ci-deuant taxé xvi.s. paiera | xx.s. |
| Vermillon, le cent pesant cy-deuant taxé quarante sols, paiera | l.s. |
| Vernis à peindre, le cent pesant ci-deuant taxé cinq liu. paiera | v.l.x.s. |
| Vifargent, le cent pesant ci-deuant taxé xxxii. sols, paiera | lxiiii.s. |
| Vitriol verd ou compros, le cent pesant cy-deuant taxé x.s. paiera | x.s. |
| Vitriol ou comprose blanc, le cent pesant cy-deuant taxé vi.s. paiera | viii.s. |
| Vitriol ou comprose Romain, le cent pesant cy-deuant taxé dix sols, payera | iii.l.x.s. |
| Vsblat, autrement colle de poisson, le cent pesant cy-deuant taxé seize sols, payera | xviii.s. |
| Vvestum, le cent pesant cy-deuant taxé vingt sols, paiera | xliii.s. |

*Et où il y auroit autres sortes de Drogueries & Espiceries obmises à estre employees au present Estat. Entend sadite Maiesté que l'appreciation en soit faite par ses Officiers, Fermiers & Commis : Et que les droicts en soient payez à ladite raison de quatre pour cent, ainsi qu'il leur est mandé par lesdites Lettres de Declaration.*

*Faict au Conseil d'Estat du Roy, tenu pour ses Finances à Thoulouse, le vingt-septiesme iour d'Octobre, mil six cens trente deux.*

Signé, LE RAGOIS.

# ESTAT DES DANREES

& Marchandises venãs des pays estrãgers, & des Prouinces où les Aydes n'ont cours, entrans dans les Prouinces de Normandie, Picardie, Champagne, Bourgõgne, Poictou, la Rochelle, Aulnis, Berry, & autres dependantes du Bail des cinq grosses Fermes, & de la Ferme d'Aniou, ensemble de la taxe que chacune espece de Marchandise doit payer pour le droict d'entrée, tant pour l'ancienne taxe, que pour la nouuelle Reapreciation ordonnee par sa Maiesté par ses Lettres de Declaration du 14. iour d'Aoust 1632. Pour y estre les droicts payez, à raison de deux pour cẽt, de la valleur des marchandises, y compris les caisses, tonneaux, serpilliers, cordes, pailles, cartes, toilles, & autres emballages.

*A SCAVOIR.*

*Marchandises.*

## A

ACier venans des Prouinces estrangeres, le cent pesant cy-deuant taxé dix sols, payera xv. s.

Aigneaux, la piece cy-deuant taxee vn sol, paiera xviii. d.

Airain ouuré & non ouuré, le cent pesant cy-deuant taxé trente sols, paiera xxx. s.

Aix de sapin, la charretee contenant vingt six planches de six pieds de longs, cy-deuant taxée vi. s. viii. d. payera viii. s.

Albastre le pied ci-deuant taxé vn sol six.den. paiera ii.s.

Allumelles de toutes sortes, le cent pesant cy deuant taxé cinq sols, payera x.s.

Allumettes le cent pesant cy deuant taxé deux deniers, payera i.s.

Alun de glace, Alun en roche, Alun de plume, Alun gras, Alun blanc & rouge, de toutes autres sortes l'vn portant l'autre, le cent pesant cy deuant taxé douze sols, paiera xii.s.

Anchois, le cent pesant cy deuant taxé trois sols quatre d. paiera vi.s.

Anguilles, le cent en nombre ci-deuant taxé trois sols quatre deniers, paiera v.s.

Armes, arquebuses, pistolets, arnois, brassarts & autres quinquailleries de fer, le cent pesant ci-deuant taxé dix sols, payera xx.s.

Asnes & asnesses, grandes & petites, la piece ci-deuant taxee deux sols, paiera iii.s.

Auirons, le cent en nombre ci-deuant taxé xl. s. paiera xl.s.

Aux, la somme ci-deuant taxee vn sol, paiera ii.s.

Ayman ou pierre d'ayman, le cent pesant ci-deuant taxé dix sols, paiera xv.s.

Argent en masse ou lingosts, la liure ci-deuant taxee xx.s. paiera xx.s.

Ardoise, le millier en nombre ci-deuant taxé deux sols, paiera iii.s.

# B

BAlaine, le cent pesant cy deuant taxé iii.s.iv.d. payera xii.s.

Balles, panniers & corbeilles, la douzaine cy-deuant taxee cinq deniers paiera i.s.

Barragans, la simple piece ci-deuant taxee cinq sols paiera vii. s. vi. d.

Baragans, la double piece ci-deuant taxee dix sols, paiera xv.s.

Barils vuides le leth ci-deuant taxé vn sol, paiera ii.s.

Bas de soye d'Angleterre de toutes sortes, la paire ci deuant taxee huict sols, paiera x.s.

Bas à botter l'vn portant l'autre, la douzaine de paires ci-deuant taxee dix sols, paiera x.s.

Bas de fil, la douzaine de paires l'vn portant l'autre ci-deuant taxee dix sols, paiera xv.s.

Bas de coton, la douzaine de paires l'vn portant l'autre ci-deuant taxee dix sols, paiera x.s.

Bas d'estames courts & longs de toutes sortes, la douzaine de paires cy deuant taxee dix sols, paiera x.s.

Bas de laine faits au fuzeau autres que bas d'estame, la douzaine de paires l'vn portant l'autre, cy deuant taxee huict sols, paiera x.s.

Bas de chausse de draps de toutes sortes, la douzaine de paires ci-deuant taxee trois sols, paiera vi.s.

Batteau neuf, ci-deuant taxé dix sols, paiera xx.s.

Battin ou iong d'Espagne, le cent pesant ci-deuant taxé v.s. paiera viii.s.

Batterie de cuiure, le cent pesant cy deuant taxé xxx. s. paiera xxxv.s.

Batterie de fer, le cent pesant cy-deuant taxé cinq sols, paiera x.s.

Batterie ou mitraille, le cent pesant ci deuant taxé six sols, paiera x.s.

Baudrayers en broderies d'or & d'argent fin l'vn portant l'autre, la piece ci-deuant taxée quinze sols, paiera xv.s.

Baudrayers galonnez d'or ou d'argent fin l'vn portant l'autre, la piece ci-deuant taxee dix sols, paiera x.s.

Bauge, le cent pesant cy deuant taxé dix sols, payera x.s.

Bayettes ou reuesches de Flandres & autres semblables, la piece ci-deuant taxee dix sols, paiera xv.s.

Bayettes du païs d'Angleterre, la piece contenant iusques à vingt cinq aulnes, ci-deuant taxee huict sols, paiera xx.s.

Bayettes double, la piece ci-deuant taxee seize sols, paiera xl.s.

Bazannes tannees, la douzaine ci-deuant taxee six den. payera iii.s.

Bellerie & Indez, ci-deuant taxé v. den. ob. paiera ii.s.

Berceaux la charette ci-deuant taxee cinq sols, paiera vi.s.

Besches, la douzaine ci-deuant taxee vn sol, paiera ii.s.

Beurres de toutes sortes, le cent pesant ci-deuant taxé iii.s. paiera vi.s.

Bierre le hembourg ou baril ci-deuant taxé iii. den. payera ii.s.

Bœufs gras & maigres, la piece cy-deuant taxee viii.s. vi. d. paiera xv.s.

Bois de Bresil, tant de gros bois de Lamon que gros bois de Feruambourg, le cent pesant ci deuant taxé six sols, payera xii.s.

Bois de bresil de Laual, bois iaulne, & le bois de Campesche, pour cent pesant cy-deuant taxé quatre sols, paiera iv.s.

Bois rouge & rosart, le cent pesant ci-deuant taxé iv. s. paiera iiii.s.

Bois de toutes autres sortes seruans à teintures, le cent pesant, cy-deuant taxé iv.s. paiera v.s.

Bois d'esbeine, le cent pesant cy deuant taxé iv.s. payera x.s.

Bois d'Inde, le cent pesant cy deuant taxé iv.s. paiera iv.s.

Bois de Mirouer autre que d'esbeine, le cent pesant, voyez Mercerie.

Bois de chesne chacune piece de vingt cinq à trente pieds de longueur, & six pouces en carré au dessus, la piece ci-deuant taxee huict den.

paiera xviii.d.
Bois à faire sommiers de vingt à trente pieds de longueur plus ou moins à l'équipolent, pour piece ci-deuant taxee iii.s.iiii. d.paiera viii.s.
Bois à bastir la longue piece ci-deuant taxee iii.s.iv. d.paiera à l'équipo.
Bois ouüré à bastir, le char ci-deuant taxé ii.s.vi.d.paiera viii.s.
Bois soyez, tant en barreaux que planches, le cent en nombre ci-deuant taxé dix sols, paiera xii.s.
Bois à baril, le millier en nombre ci-deuant taxé iv.s.paiera viii.s.
Bois à douuain ou pippe, le millier en nombre cy-deuant taxé huict sols paiera xii.s.
Bois de merrain de toutes sortes, seruant à barils & boucaux, le millier en nombre ci-deuant taxé trois sols, paiera x.s.
Bois de buys, le cent pesant ci deuant taxé vn sol, paiera iv.s.
Bois à faire peignes, le cent pesant, voyez coipeaux
Bois à brusler chargé vn chariot, ci-deuant taxé ii.s.vi.d.paiera iv.s.
Bois à brusler chargé vn charrette, ci-deuant taxé i.s.iii. d.paiera iii.s.
Bois à faire fourreaux d'espee, le pacquet contenant cinquante ou soixante fueillets, ci-deuant taxé vn s.paiera ii.s.
Bois à faire estuits, idem.
Boittes ferrees, bougettes & malles, le cent pesant, voyez mercerie.
Boittes de sapin venans de Foucine & autres lieux, le char ci-deuant taxé six sols huict d.payera xii.s.
Boittes de sapin peintes, & cabinets d'Allemagne, Flandres, & autres lieux de peu de valleur, le cent pesant, voyez mercerie.
Boittes non peintes à mettre confitures, le cent pesant ci-deuant taxé sept s.vi.d.paiera xii.s.
Bombasins de toutes sortes, la piece ci-deuant taxee xv.s.paiera xvi.s.
Bonnets de toutes sortes, le cent pesant cy-deuant taxé xl.s.paiera xl.s.
Bottes façonnees ou faictes, la douzaine ci-deuant taxee quinze sols, paiera xv s.
Bouc & cheure, la piece ci-deuant taxee vn s.iv.d. paiera ii.s.
Boucassin & fustaines seruans à doubler, la piece cy-deuant taxee cinq sols, paiera viii.s.
Bougrans, le cent pesant cy-deuant taxé trente sols, paiera l.s.
Boulle de paillemaille, le cent pesant cy-deuant taxé sept sols six deniers, paiera vii.s.vi.d.
Bources, cordons & ceintures en broderie d'or & d'argent fin, la liure cy-deuant taxee lvi.s. & à present moderé à xxx.s.
Bources en broderie de soye, & garnies de soye auec cordons meslez d'or ou d'argent, la liure cy-deuant taxee huict sols, paiera x.s.

Bources moyennes, voyez mercerie.

Bourre & capiton de ſoye, le cent peſant cy-deuant taxé trente ſols, paiera xxxv. ſ.

Bourre rouge, le cent peſant cy-deuant taxé dix ſols, paiera x. ſ.

Bourre & chiquette, le cent peſant cy-deuant taxé ii. ſ. vi. d. paiera vii. ſ. vi. d.

Bourres à faire licts, le cent peſant cy deuant taxé cinq ſols, paiera x. ſ.

Bourres de toutes ſortes, le cent peſant cy-deuant taxé v. ſ. paiera vi. ſ.

Bouteilles de verre, la douzaine cy-deuant taxee vi. d. paiera i. ſ.

Bouteilles de terre, la douzaine cy deuant taxee ii. d. payera vi. d.

Boutons de crin de cheual, le cent peſant, voyez mercerie.

Boutons d'or & d'argent fin, la liure cy deuant taxée vingt-huict ſols, & à preſent moderé à xx. ſ.

Boutons d'or & d'argent faux, la liure cy-deuant taxee x. ſ. paiera x. ſ.

Boutons de ſoie, la liure cy-deuant taxee dix ſols payera xii. ſ.

Boutons de verre rocaille, le cent peſant, voyez mercerie.

Brebis, la piece cy-deuant taxee vn ſol, payera i. ſ. vi. d.

Brochets, le cent en nombre cy-deuant taxé vi. ſ. viii. d. payera x. ſ.

Bruyeres à faire vergettes, le cent peſant cy-deuant taxé huict ſols, paiera xvi. ſ.

Buffe la piece tant grands que petits, cy deuant taxee xv. ſ. paiera xv. ſ.

Buffe tannez & habillez à faire ceintures, la piece cy deuant taxee dix ſ. payera x. ſ.

Burail ſimple de Flandre de toutes ſortes la piece ci-deuant taxee dix ſols, paiera xv. ſ.

Burail croiſé, la piece cy-deuant taxee xv. ſ. paiera xx. ſ.

Burail d'eſtoupes, la piece cy-deuant taxee ii. ſ. payera v. ſ.

Bure ou bugle griſe ou blanche, la pice cy-deuant taxee quatre ſols, paiera viii. ſ.

Burette, la piece cy-deuant taxee quinze ſols, paiera xv. ſ.

Bray le leth ci-deuant taxé vingt ſols, paiera xxx. ſ.

# C

CAbinets d'Esbeine enrichis d'or, d'argent, de cuiure doré, peintures & broderies, la piece ſera eſtimee pour en eſtre les droicts payez à raiſon de deux pour cent.

Cabinets d'esbeine non enrichis, idem.

Cabinets d'autre bois peints venans d'Allemagne & autres lieux de peu de valeur, le cent pesant, voyez Mercerie.

Caboches & vieux clouds, le cent pesant cy-deuant taxé deux sols cinq deniers, payera iiii.s.

Camelots demy soye, la piece cy-deuant taxé xv.s, paiera xx.s.

Camelots à ondes, la double piece cy-deuant taxee xv.s. paiera xv.s.

Camelots de Turquie, la piece cy-deuant taxee xv. s. paiera xx.s.

Camelots de Bude, la demie piece cy-deuant taxee sept sols six deniers, paiera xv.s.

Camelots de l'Isle d'Arras, & autres semblables estoffes, venans des pays estrangers, la piece simple cy-deuant taxee v.s paiera vii.s. vi. den. & les doubles cy-deuant taxee xv.s. payeront xv.s.

Campanes, le cent pesant, voiez mercerie.

Caneuas, le cent pesant cy deuant taxé xx.s. payera xl.s.

Canons d'arquebuses & de pistolets de toutes sortes, le cent pesant cy deuant taxé dix sols, payera xv.s.

Capiton à faire lassy, le cent pesant cy-deuant taxé xxx.s. payera xl.s.

Cardace pour faire capiton, voiez estraces.

Cardes neufues, le cent pesant cy-deuant taxé trois s. payera v.s.

Cardes vieilles, le cent pesant cy deuant taxé deux s. paiera iii.s.

Carreaux de meulage de Brie, le cent en nombre, cy deuant taxé quatre sols, payera viii.s.

Carreaux de meulage de France, le cent en nombre cy-deuant taxé deux sols, cinq den. payera v.s.

Carreaux à pauer, le millier en nombre cy deuant taxé ii.s. paiera iv.s.

Cartelets, caffarts de villages, gros grain, mezelaine, picottes, plunettes, & autres semblables estoffes, la piece contenant dix aulnes, cy deuant taxee cinq s. payera vii.s. vi.d.

Et la double paiera xv.s.

Carizets ou Crezeaux blanc ou teints, gros ou fins, soit du Nord, de l'Ouest, ou Reddin, la piece contenant douze à treize aulnes, cy-deuant taxee v.s. payera x.s.

Carrisels d'Escosse blancs, ou teints, la piece ci-deuant taxée dix sols, paiera xv.s.

Carpes, le cent en nombre ci-deuant taxé trois s. paiera vi.s.

Carpeaux dits aluins, le cent en nombre ci-deuant taxé vn sol six deniers, paiera ii.s.

Carpettes, autrement tapis à emballer, la douzaine ci-deuant taxée sept sols six d. paiera x.s.

Cartes à iouër pour cent pesant, voyez mercerie.

Casta-

Castalongnes de Flandres, de toutes sortes & grandeurs, la douzaine ci-deuant taxee xv.s.paiera xxv.s.

Ceintures en broderies d'or & d'argent fin, voyez bources & cordons.

Ceintures en broderie de soye, voyez idem.

Ceintures de laine, le cent pesant, voyez idem.

Ceintures, rubans de filoselle & de capiton, le cent pesant, ci-deuant taxé xl.s.paiera iii.l.

Cendres chacun leth, qui est de douze barils, ci-deuant taxé iv.sols, paiera x.s.

Cendre grauelees & potasse, le cent pesant ci-deuant taxé dix sols, paiera xv.s.

Cendres de plomb, le cent pesant ci-deuant taxé ii.s.paiera iv.s.

Cercles ou sacque à tanner, la charettee ci-deuant taxee xii.s. paiera xvi.s.

Cercle, le millier en nombre ci-deuant taxé ii.s.paiera iii.s.

Chair de mouton tuee & habillee, la piece ci-deuant taxee vn sol vi.d. paiera ii.s.vi.d.

Chamois & cheureaux habillez en blanc ou iaune, la douzaine ci-deuant taxee xv.s.paiera xv.s.

Chandelles voyez suif.

Chandeliers & landiers de cuiure, le cent pesant ci-deuant taxé xx. sols, paiera xxv.s.

Chandeliers de fer, le cent pesant, voiez mercerie.

Chantepleure & patenostre de bois, le cent pesant ci-deuant taxé six sols viii.d.paiera xii.s.

Chanure prest à filer, le cent pesant ci-deuant taxé v.s.paiera x.s.

Chanure en masse crud, sans apprester, le cent pesant ci-deuant taxé ii. s. paiera vii.s.vi.d.

Chapeaux de Castor la douzaine cy-deuant taxee quarante sols deux d. paiera ix.l.xii.s.

Chappeaux de feustre de toutes sortes & façons, voyez mercerie.

Chappeaux garnis, la douzaine cy-deuant taxee x.s. payera xx.s.

Chappeaux de paille la douzaine cy-deuant taxee x.d.payera ii.s.

Charbon de pierre la benne, cy-deuant taxee iii.d. paiera ii.s.

Charbon de terre le baril cy-deuant taxé vi.d. paiera vi.d.

Charbon dans sacq ou benne chargé en char cy-deuant taxé v.s.paiera x.s.

Charbon la charette chargee cy-deuant taxé ii.s.vi.d.paiera v.s.

Charbon de terre ou houille, la charretee chargee de seize barils cy-deuant taxee iv.s.ii.d.payera viii.s.

Charbon de bois la benne, cy-deuant taxee v.s.payera x.s.

Chardons à drappiers & à bonnetiers, le millier en nombre cy-deuant taxé iiii.d.paiera vi.d.

Charlottes de bois,pour chacun cent de pieds ci-deuant taxé vi.ſ. viii. den. payera viii.ſ.

Chastaignes,le cent peſant cy-deuant taxé iv.ſ.paiera viii.ſ.

Chaſtions,la piece cy-deuant taxee iii.ſ.iv.d. paiera iii.ſ.iv.d.

Chaudrons de cuiure ou d'airaïn, le cent peſant cy-deuant taxé trente ſols, paiera xxxv.ſ.

Chaudieres & pots de fer,le cent peſant ci-deuant taxé v.ſ.paiera vii.ſ.vi.d.

Chauſſons de laine ou eſtain,la douzaine cy-deuant taxee iii.ſ. paiera iii.ſ.

Chaux la queuë cy-deuant taxee ii.ſ. paiera iii.ſ.

Chemiſes de toille de lin,ouurages de Flandres, voyez ouurages de Flandres.

Chemiſes de toille de lin groſſes, voiez idem.

Chemiſes neufue de toille de chanure fillee, la douzaine ci-deuant taxee v.ſ.paiera x.ſ.

Chemiſes de toille de chanure & d'eſtouppe groſſes, la douzaine cy-deuant taxee ii.ſ. payera iii.ſ.

Cheuaux d'Angleterre, d'Allemagne & autres pais, la piece de la valleur de trente eſcus & au deſſus,cy-deuant taxee xxx.ſ. paiera iv.l.

Cheuaux d'Angleterre,d'Allemagne & autres païs, la piece au deſſous de trente eſcus,cy-deuant taxee xv.ſ.payera xl.ſ.

Cheureaux d'vn an,chacune piece,cy-deuant taxee i.ſ. paiera i.ſ.vi.d.

Cheureaux ou moutons accouſtrez en façon de chamois, la douzaine, voyez ci-deuant chamois.

Cheure graſſe, petite ou maigre, la piece cy-deuant taxee vn ſol ſix den. paiera ii.ſ.

Chiquettes ou bourre,le cent peſant ci-deuãt taxé ii.ſ.vi.d. paiera vii.ſ.vi.d.

Cizeaux & caniuets, le cent peſant voyez mercerie.

Clappes,le millier ci-deuant taxé xvi.ſ.iv.d.paiera xx.ſ.

Cloches,le cent peſant cy-deuant taxé xx.ſ.paiera xxx.ſ.

Clouds à cordonnier,voyez mercerie.

Clouds de fer,le cent peſant cy-deuant taxé v.ſ.paiera vii. ſ.vi. d.

Clouſteries, bandages & autres manufactures de fer, le cent peſant cy deuant taxé v. ſ.paiera vii.ſ.vi.d.

Coffres & bahuts vuides de Flandres & autres païs,la piece cy-deuant taxee xv.ſ.paiera xv.ſ.

Coffres de cippres,la piece cy-deuant taxee xv.ſ. paiera xv.ſ.

Coiffes de fil recouuertes à l'eſguille, les droicts ſe payeront à deux pour cent.

Coppeaux de bois à faire peignes, le cent peſant cy-deuant taxé iiii.ſ.

payera v.ſ.

Collets de toille de toutes façons, ſans paſſemens, voyez ouurages de Flandres.

Collets de buffe, la piece cy-deuant taxee iv. ſ. payera viii.ſ,

Conils cruds & ouurez, voyez pelleteries.

Copre de liege, le cent peſant ci-deuant taxé ii.ſ. payera iv.ſ.

Coquilles de nacre, voyez mercerie.

Corbeilles la douzaine, cy-deuant taxee v. ſ. paiera v.ſ.

Cordages venans des pays eſtrangers, le cent peſant ci-deuant taxé v. ſ. paiera vii.ſ.vi.d.

Cordes de boyaux, voyez merceries.

Cordillats d'Eſpagne, Languedoc & autres de toutes couleurs, la piece ci deuant taxee xxx.ſ moderé à preſent à x.ſ.

Cordons ou queuë de martres ſublimes, petites, l'ordinaire & les grandes à proportions, la piece cy-deuant taxee ii.ſ. paiera iii.ſ.

Cordons d'or ou d'argent la liure ci-deuant taxee iv.l.iv.ſ. moderé à xl.ſ.

Cordõs meſlez d'or ou d'argent la liure ci deuant taxee lvi.ſ.moderé à xl.ſ.

Cordons d'or ou d'argent faux la liure cy-deuant taxee xiv. ſ. moderé à preſent à xii.ſ.

Cordons de ſoye la liure ci-deuant taxee xviii.ſ.vi.d, paiera xviii.ſ.vi.d.

Cordons de toutes ſortes hors or & ſoie, voyez mercerie.

Cornes de cerf pour cent peſant ci-deuant taxé i.ſ.vi.d. paiera iii.ſ.

Cornes de bœufs ou de vaches, le millier en nombre cy-deuant taxé deux ſols vi.d. paiera v.ſ.

Cornes de moutons le cent peſant cy-deuant taxé vi.d.ob. paiera i.ſ.

Cornes de lanternes, voyez merceries.

Coſtes de balaine, le cent peſant ci-deuant taxé x.ſ. paiera xii.ſ.

Cotton en graine, le cent peſant cy-deuant taxé xxx.ſ. paiera xl.ſ.

Cotton en laine, le cent peſant cy-deuant taxé iii.l. payera iii.l.x.ſ.

Cotton fillé, compris cordages & ſerpillieres, le cent peſant cy-deuant taxé quatre liures dix ſols, payera v.l.x.ſ.

Couuertes de poil, la douzaine cy deuant taxée v.ſ. paiera vi.ſ.

Couuertures de rocq, la douzaine ci-deuant taxee iv.ſ. paiera iv.ſ.

Coutepoinctes & loudiers, le cent peſant cideuant taxé iv.ſ. paiera iv.ſ.

Couſteaux, pargois, rocaille, boutons, dez de verre & de cornes, le cent peſant, voiez merceries.

Couſtils de Bretaigne & autres ſemblables eſtoffes, la piece cy-deuant taxee v.ſ. paiera vi. ſ.

Couſtils de Bruxelle, Flandres & autres lieux, ci-deuant taxé cinq ſols, paiera xv.ſ.

Crin de cheual,le cent pesant cy-deuant taxé ii.ſ. payera vii.ſ.vi.d.

Criſtail,le cent peſant voyez mercerie.

Cuiure tiré d'or,la liure cy deuant taxee iii.ſ.iv. d. paiera v.ſ.

Cuiure ouuré & non ouuré, le cent peſant cy-deuant taxé vingt ſols, paiera xxx.ſ.

Cuiure rompu en pots & morceaux, le cent peſant cy-deuant taxé dix ſols, payera xx.ſ.

Cuirs ſecs à poil des Indes ou Perou, venans d'Eſpagne ou Portugal, la piece cy-deuant taxee ſix ſols,paiera vi.ſ.

Cuirs ſecs à poil venans directement de traficq fait en coſtes & Iſles du Perou, & apportez en temps de guerre ou par repreſailles, la piece cy-deuant taxee douze ſols,payera xii.ſ.

Cuirs à poil de Barbarie,la piece cy-deuant taxee iii.ſ.paiera vi.ſ.

Cuirs ſecs du cap de verd, Moſcouie, Irlande, & autres païs eſtrangers, la piece cy-deuant taxee trois ſols,paiera iii.ſ.

Cuirs ſallez de quelque pais que ce ſoit, la piece cy-deuant taxee quatre ſols,paiera v.ſ.

Cuirs de cheual tannez, la douzaine cy-deuant taxee treize ſols quatre den.paiera xv.ſ.

Cuirs de vaches de Rouſſi,la piece cy-deuant taxee iv.ſ.paiera iv.ſ.

Cuirs de vaches tannees, la douzaine cy-deuant taxee vingt-quatre ſols, paiera iii.l.

Cuirs de vaches à grains pour faire empeignes, la piece cy-deuant taxee vn ſol,paiera iii.ſ.

Cuirs de bœufs ou vaches & autres en couleurs pour faire ceintures, la piece cy-deuant taxee ii.ſ. payera vi.ſ.

Cuirs de bœuf ou vaches auec le poil,la douzaine cy-deuant taxee huict ſols,payera xxx.ſ.

Cuirs de bœuf de toutes ſortes tannez, la douzaine cy-deuant taxee quarante huict ſols, paiera iv.l.x.ſ.

Cuirs de cheual auec le poil, la douzaine cy-deuant taxee ſix ſols, paiera xvi.ſ.

Cuirs dorez d'Eſpagne & autres lieux,le cent peſant, compris les caiſſes & cordages,cy-deuant taxé vingt ſols,payera xl.ſ.

# D

DAmas caffars, la piece cy-deuant taxee vingt ſ. payera xxx.ſ.
Damas demie oſtades, voyez oſtades demie.
Demiceints de plomb ou d'eſtein, le cent peſant, voyez merceries.
Dentelles d'or & d'argent fin, la liure cy-deuant taxee trois liures dix-huict ſols, payera iii.l.xviii.ſ.
Dentelles d'or & d'argent fin meſlez de ſoye, la liure cy-deuant taxee trois liures dix-huict ſols, payera iii.l.xviii.ſ.
Dentelles de ſoye venans de Flandres, la liure cy-deuant taxee xviii.ſ. viii. d. payera xl.ſ.
Dentelles de point couppez & Flandres faictes de fil, la liure cy-deuant taxee ſept ſ.iii.d.ob. payera iii.l.
Dentelles de Liege, Lorraine & du Comté, la liure cy-deuant taxee iii. ſ. deux d. payera xxx. ſ.
Dents d'Elephant, voyez Yuoire.
Dents de vaches Marines, le cent peſant cy-deuant taxé ii. ſ. payera iiii.ſ.
Dominoteries, autrement papiers peints, le cent peſant taxé ſept ſols ſix deniers, payera xx.ſ.
& auec mercerie comme mercerie.
Douuain ou bois à baril, voyez bois à baril.
Douuain ou bois à pippe, le millier en nombre, idem.
Draps fins d'Angleterre de toutes ſortes de couleurs, la piece de vingt-quatre à vingt-ſix aulnes, qui n'ont iuſques icy payé aucune choſe, payeront vi.l.
Draps demis dudit pays d'Angleterre, qu'on appelle draps de douzaine, la piece contenant viii. ou ix. aulnes, ci-deuant taxee v.ſ. paiera xv.ſ.
Draps d'Eſcoſſe qui ne ſeruent que pour doubleures, la piece contenant dix ou douze aulnes, cy-deuant taxee trois ſols, payera v.ſ.
Draps petits tant blancs que teints, le cent peſant cy-deuant taxé trente ſols, payera iii.l.
Draps fins de Holande, de vingt-quatre à vingt-ſix aulnes, cy-deuant taxé trois liures, payera vi.l.
Draps d'Eſpagne, la piece cy-deuant taxee dix liu. payera xv.l.
Draps de licts vieils, voyez vieil linge.
Draps de licts neufs de lin, de Holande ou d'autres lieux, voyez lingerie.

Draps de toille de chanure grosse & moyenne, paiera suiuant l'estimation & selon l'aunage.

# E

EAuë de vie, la barique cy-deuant taxee dix sols, paiera xv.s.

Ermine ou rozereaux, le timbre qui est de vingt couples, cy-deuant taxé trente s. paiera xxx.s.

Escorces non hachees, le chariot cy-deuant taxé huict sols huict deniers, paiera xii.s.

Escorces chargé vne charette, cy-deuant taxé quatre sols quatre deniers, paiera vi.s.

Esguillettes de soie ferrees, la liure cy-deuant taxee viii.s. paiera x.s.

Eschauffettes de fer, le cent pesant ci-deuant taxé v.s. paiera x.s.

Eschalats, le char ci-deuant taxé trois sols, paiera vi.s.

Eschalats la charette cy-deuant taxee vn s.vi.d. paiera iii.s.

Esmail, le cent pesant ci-deuant taxé cinquante trois sols quatre deniers, paiera lx.s.

Esmery, le cent pesant, voyez pierre d'emery.

Espieux, la douzaine cy-deuant taxee deux s.vi.d. paiera iv.s.

Espinettes, la piece l'vne portant l'autre ci-deuant taxee seize sols, paiera xvi.s.

Estain non ouuré, fin ou gros d'Angleterre, le cent pesant ci-deuant taxé six sols, paiera xviii.s.

Estain en œuure menuisé, comme sallieres, couppes, gobellets, plats à lauer, tinettes & autres petites ouurages, le cent pesant ci-deuant taxé trente sols, paiera xl.s.

Estain en œuure sans menuiserie, comme pots & plats, le cent pesant ci-deuant taxé douze sols, paiera xxx.s.

Estain de glace, le cent pesant, ci-deuant taxé xv.s. paiera xxx.s.

Estamets ou serges appareillees, la piece ci-deuant taxée quinze sols, paiera xv.s.

Estouppes blanches, le cent pesant ci-deuant taxé deux sols six deniers, paiera iv.s.

Estouppes en bourre, le cent pesant ci-deuant taxé trois deniers, paiera i.s.

Estraces ou cardaces pour faire capiton, la balle de deux cens pesant, cy-deuant taxé trois liures, paiera. iv.liu.

Euillards à moulins, la piece, voyez œuillard.

# F

FAnons de Balaine, la piece tant grands que petits, pour cent en nombre ci-deuant taxé cinquante s. paiera l.s.

Faucilles, le cent pesant ci-deuant taxé xx. s. paiera xxv.s.

Faux d'Allemagne & Flandres, le cent pesant cy-deuant taxé vingt sols, paiera xxv.s.

Feletins, le cent pesant, voyez draps petits.

Fenegré, le cent pesant ci-deuant taxé vn sol, paiera iii.s.

Fer en placque, le millier pesant ci-deuant taxé xvii.s. vi.d. payera xxv.s.

Fer seruant à toutes sortes d'armes & semblables matieres, le cent pesant cy-deuant taxé cinq sols, payera x.s.

Fer creu en gueuses, le millier en nombre ci-deuant taxé quinze sols, paiera xxv.s.

Fer battu, le cent pesant ci-deuant taxé quatre s. ix. d. payera vii.s. vi.d.

Fer venant d'Espagne & autres païs estrangers, le cent pesant cy-deuant taxé cinq sols, paiera vii.s. vi.d.

Fer en verge, le millier pesant cy-deuant taxé xxv.s. paiera xxx.s.

Fer vieil, le cent pesant cy-deuant taxé vn s. ii. d. payera ii.s.

Ferlins la piece contenant depuis sept iusques à neuf aulnes, cy-deuant taxée deux sols, paiera iv.s.

Feuilles doubles de fer blanc, le cent en nombre cy-deuant taxé dix sols, paiera xx.s.

Feuilles simples de fer blanc, le cent en nombre ci-deuant taxé cinq sols, paiera x.s.

Feuilles doubles de fer noir, le cent en nombre cy-deuant taxé quinze sols, paiera xx.s.

Feuillets de cartes à chaperonniers, le cent pesant cy-deuant taxé iiii. s. six d. payera xii.s.

Ficelles, voyez cordages.

Fillatrice, la piece cy-deuant taxee cinq sols, paiera x.s.

Fil d'or ou d'argent faux, voyez or ou argent faux.

Fil de laine de toutes sortes, voyez laines filees.

Fil de sayette & le coupon de fin, pour cent pesant ci-deuant taxé trente sols, payera xl.s.

Fil de latton, le cent pesant cy-deuant taxé trente sols, paiera xxxv.s.

Fil d'archal, le cent pesant cy-deuant taxé vingt s. payera xx.s.

Fil de fer de toutes sortes, le cent pesant cy-deuant taxé xx.s. payera xx.s.

Fil d'espinay, le cent pesant cy-deuant taxé xxx.s. paiera iii.liu.

Fil de caret, venant de païs estrangers, le cent pesant voyez cordages.
Fil d'albalestre le cent pesant cy-deuant taxé xxx. s. payera xxx. s.
Fil doselle, le cent pesant ci-deuant taxé viii. l. payera x. l.
Fil de poil de vaches, le cent pesant cy-deuant taxé ii. s. iii. d. payera viii. s.
Fil de lin blanc & escreu, le cent pesant cy-deuant taxé trente sols, payera iii. l.
Fil de chanure, le cent pesant cy-deuant taxé vingt s. paiera xxv. s.
Fil de quarré à faire cables, voyez cordages.
Fil de chenette, le cent pesant cy-deuant taxé seize s. payera xx. s.
Fil d'estoupes blanc, le cent pesant cy-deuant taxé iv. s. payera x. s.
Fil d'estoupes escreu, le cent pesant cy-deuant taxé vn sol huict deniers, payera v. s.
Fillieres, de fer seruans à tirer le fil d'archal, le cent pesant cy-deuant taxé v. s. payera xv. s.
Flaccons ou bouteilles de verre, la charge à col cy-deuant taxé deux sols, payera iv. s.
Flaquieres de mullet, le cent pesant ci-deuant taxé douze sols six deniers payera xii. s. vi. d.
Fleuree sortans des voides pour teintures, le cent pesant cy-deuant taxé vingt sols, payera xxx. s.
Foines pour fourrures, la douzaine ci-deuant taxee x. s. paiera x. s.
Foin, le chariot chargé cy-deuant taxé trois s. paiera iv. s.
Foin la charette chargee cy-deuant taxee vn sol six deniers, paiera iii. s.
Font d'Espagne, le cent pesant ci deuant taxé v. s. paiera v. s.
Forces à drappier pour tondre, la piece cy-deuant taxee cinq sols huict deniers, payera viii. s.
Fourreaux d'espee, le cent pesant, voyez mercerie.
Frange de soye, voyez passements.
Frange de filozelles, le cent pesant cy-deuant taxé quarante sols, paiera iiii. l.
Frises d'Espagne ou de Flandres, non manufacturees, ny d'Angleterre, la piece ci-deuant taxee vingt sols, paiera xxx. s.
Frises, que l'on appelle de Bristot, contenant seize à dixsept aulnes, chacunes piece ci-deuant taxee v. s. paiera x. s.
Frises seiches d'Angleterre, contenant depuis dixhuict iusques à vingtcinq aulnes, la piece ci-deuant taxee v. s. paiera. x. s.
Frises blanches appellees de cotton, qui se vendent à la godde, le cent de goddes ci-deuant taxé xv. s. payera xl. s.
Frisons d'Angleterre, la piece contenant depuis douze iusques à quatorze aulnes, la piece cy-deuant taxee deux sols, paiera iiii. s.

Fromages

Fromages de Hollande, le cent pesant ci-deuant taxé v.s. paiera vii.s.vi.d.

Fromages en boullettes, le cent pesant cy-deuant taxé trente sols, paiera xxx.s.

Fromages de Milan, le cent pesant ci-deuant taxé ix.s. paiera xv.s.

Fromages de Florence & Marsolin, le cent pesant cy-deuant taxé ix. sols, paiera xv.s.

Fromages de Maillorque, le cent pesant ci deuant taxé ix. s. paiera x.s.

F[illegible]ges de toutes autres sortes, ci-deuant taxé deux sols trois deniers, paiera ii.s.iii.d.

Fromages de vachelins, le cent pesant ci-deuant taxé v.s. paiera viii.s.

Fustailles chacun poinçon, ci-deuant taxe iiii.d. paiera i.s.

Fustailles de bois venans de sainct Claude, de toutes sortes, le cent pesant ci-deuant taxé vi.s.viii.d. paiera vi.s.viii.d.

Fustaines petites non ouurées, seruans à doublures, la piece ci-deuant taxee v.s. paiera vii.s.vi.d.

Fustaines à grain d'orge, la piece ci deuant taxee x.s. paiera xii.s.vi.d.

Fustaines d'Angleterre de toutes sortes à faire pourpoincts & habits, la piece ci-deuant taxee xv.s. paiera xx.s.

Fustaines à jongs, la piece ci deuant taxee x.s. paiera xv.s.

Fust de raquestes, le cent pesant ci deuant taxé ii.s. iv.d. paiera iii.s.

Fuzeaux, le millier en compte ci-deuant taxé iii.d. paiera vi.d.

# G

GAnds en broderie d'or & d'argent fin, la douzaine de paires ci-deuant taxee x.s. paiera xv.s.

Gands à frange d'or ou d'argent, la douzaine de paires ci-deuant taxee iiii.s. paiera x.s.

Gands de cuirs ouurez & garnis de soie, la douzaine de paires cy-deuant taxee v.s. paiera vi.s.

Gands de Rome, la douzaine de paires ci-deuant taxee v. s. paiera vi.s.

Gands parfumez d'Espagne & autres, la douzaine de paires ci-deuant taxee v.s. paiera x.s.

Gands communs, voyez merceries.

Garance, le cent pesant cy-deuant taxé xii.s. paiera xii.s.

Garnitures de licts de poinct couppé de passemens, lassis & d'autres ouurages de Flandres, voyez ouurages de Flandres.

Garnitures de licts de serges auec passemens de soye, le cent pesant cy deuant taxé iv.liu.payera vi.l.

Garnitures de licts de serges auec passemens my-soye, le cent pesant cy deuant taxé iii.liu.payera iv.l.

Garnitures de licts où il y a ouurages de soye & laines faits à l'esguille, de draps ou serges, les droicts se payeront à raison de deux pour cent de la valleur.

Genices de deux ans, la piece cy-deuant taxee ii.s.vi.d.payera v.s.

Genettes noire de toutes sortes, la piece cy-deuant taxee iii. sols iiii. den. payera v.s.

Genettes grises, la piece cy deuant taxee iii.d.ob.payera i.s.

Goultran le lech qui est de douze barils ordinaire, cy-deuant taxee dix sols, payera xx.s.

Et pour la plus grande payera à proportion.

Graine ou semence de iardin, le baril cy deuant taxé iii.s. payera viii.s.

Graine de rabette ou nauette, le septier mesure de Paris, cy deuant taxé ii.s. payera vi.s.

Grauelee, le cent pesant cy deuant taxé x.s.payera xv.s.

Groisil ou verre cassé le baril cy-deuant taxé vi.d.payera ii.s.

Gueusde, le tonneau contenant vingt quatre barils de iauge, tels qu'à mettre harengs cy-deuant taxé iv.liu. xvi.s.payera pour baril viii.s.

Guede ou pastel, le cent pesant cy-deuant taxé huict sols quatre deniers, moderé à vi.s.

# H

HAbillements en broderie d'or & d'argent sur draps de soye, la liure cy deuant taxee trois liures, payera iii.l.

Habillements neuf de soye, la liure cy deuant taxee xiv.s.payera xiiii.s.

Habillemens neufs de draps & serges, le cent pesant cy deuant taxé six liures, payera vi.l.

Haches ou coings de fer, le cent pesant cy deuant taxé deux sols six den. payera x.s.

Hadots & seiches, le millier chargé en mer, cy deuant taxé quatre sols, pajera viii.s.

Hadots & seiches, le millier chargé en terre cy deuant taxé huict sols, payera xvi.s.

Halecret doré, la piece cy deuant taxee cinq sols, paiera v.s.

Harnois de cuir couuerts de velours, garnis de passements de fil d'or ou d'argent, pour cheual, la liure cy deuant taxee vingt sols, moderé à present à x.s.

Harnois ou garniments couuerts de velours, en broderie d'or & d'argent, pour cheual, la liure cy deuant taxee vingt sols, moderé à present à x.s.

Harnois de cuirs couuerts de velours, la liure cy deuant taxee six sols, payera vi.s.

Harnois simple pour cheual, le cent pesant cy deuant taxé quarante sols, payera xl.s.

Houssarts & serpes, le cent pesant cy deuant taxé vi.s. paiera x.s.

Harquebuses, le cent pesant cy-deuant taxé xx.s. paiera xx.s.

Harquebuses de moyenne sortes, le cent pesant cy-deuant taxé cinq sols, payera xx.s.

Hallebardes, le cent pesant cy deuant taxé v.s. payera xv.s.

Harens sol, le leth qui est de dix milliers, cy deuant taxé trois liures, paiera iii.l.

Harens blanc le leth qui est de douze barils cy deuant taxé trois liures, payera iii.l.

Herbe de marroquin, le cent pesant cy deuant taxé iv.s. payera viii.s.

Hermines ou rozereaux, le timbre cy deuant taxé xxx.s. payera xxx.s.

Hoing, le cent pesant cy deuant taxé v.s. paiera vii.s.vi.d.

Houblon, le cent pesant cy deuant taxé i.s.vi.d. paiera iii.s.

Houlles de cuiure, cloches, campanes, grilles & autres metail de fonte en œuure, le cent pesant cy deuant taxé xx.s. payera xxx.s.

Houlle de fer, le cent pesant cy deuant taxé xx.d. paiera iii.s.iv.d.

Huille de camamille, le baril cy-deuant taxé v.s. payera x.s.

Huille de lin, le baril cy deuant taxé six sols, payera xiii.s.

Huille de noix, le baril cy-deuant taxé viii.s.iv.d. payera xv.s.

Huille de nauette ou rabette, le baril cy-deuant taxé vi.s. payera xii.s.

Huille ou graisse de balaine & d'autres poissons, la barique cy-deuant taxee xx.s. payera xxv.s.

Huille d'olif, d'Espagne, & autres païs estrangers, la pippe cy-deuant taxee iiii.liu. payera vi.l.

Huille d'olif, le cent pesant cy deuant taxé xvi.s. payera xvi.s.

# I

IAmbons de mangeance, le cent pesant cy deuant taxé cinq sols, paiera x.s.

Iambons de Bayonne, le cent pesant cy deuant taxé v.s. paiera x.s.

Iaspe, le pied en carré cy deuant taxé xx.d. paiera iii.s.

Iayet, lis & brut, le cent pesant cy deuant taxé xxx.s. paiera xxx.s.

Images peintes sur toilles ou bois, le cent pesant cy deuant taxé trente sols, paiera xlv.s.

Images peintes sur papier, le cent pesant cy-deuant taxé, idem.

Indefine ou anil de Barbarie, voyez aux drogueries.

Indefin ou anil de Portugal, Venise ou d'ailleurs, voyez idem.

Iong d'Espagne, voyez Batin.

Iumens, petits cheuaux, mulles & mullets pour seruir à labourer, la piece au dessous de trente escus, ci-deuant taxee xv.s. paiera xl.s.

Iumens, cheuaux, mulets & mulles pour labourer, au dessus de trente escus, la piece ci-deuant taxee trente sols, paiera iii.l.

Iuoire ou dent d'Elephant & morfil, le cent pesant ci-deuant taxé trente sols, paiera xxx.s.

# L

LAcque de Venise pour teinture, le cent pesant ci-deuant taxé dix liures, payera xii.l.

Laines venans d'Espagne, des Indes, Allemagne, Angleterre & autres païs estrangers, le cent pesant ci-deuant taxé xl.s. paiera l.s.

Laines de Vigongne & Cicouie, le cent pesant cy deuant taxé quarante sols, paiera l.s.

Laines d'Autriche, qui est espece de plob, le cent pesant cy-deuant taxé cinq sols, paiera x.s.

Laines de Languedoc, Prouence & Dauphiné, le cent pesant cy deuant taxé xv.s. paiera l.s.

Laines d'aignelin en suin venant de Moscouie & autres païs estrangers, le cent pesant ci-deuant taxé dix sols, paiera xxx.s.

Laines fines fillees & grosses de toutes couleurs, le cent pesant ci-deuant taxé xl.s. paiera iiii.l.

Lames d'espees, la douzaine, voyez mercerie.

Lames & dagues. la douzaine idem.

Landiers de fer, voyez fer ouuré.

Landiers de cuiure ou airain, le cent pesant ci-deuant taxé vingt sols, paiera xxx.s.

Lanternes, la douzaine ci-deuant taxee iv.d. paiera i.s.

Lard de toutes sortes, le cent pesant cy-deuant taxé iv.s. paiera viii.s.

Lassets de soye, la liure cy-deuant taxee huict sols, paiera xii.s.

Lassets de laine, le cent pesant, voyez mercerie.

Lassets de fil, le cent pesant, voyez mercerie.

Lattes, le millier en nombre ci-deuant taxé trois s. iii. d. paiera v.s.

Latton, le cent pesant, voyez mercerie.

Librairie, le cent pesant neant,

Licts de cotton, le cent pesant ci-deuant taxé iii. liures, paiera iii.l.

Liege, le cent pesant ci-deuant taxé trois s. paiera vi.s.

Ligatures auec soie, la piece contenant douze à quinze aulnes, & le plus grand aulnage à l'equipolent, ci-deuant taxé xv.s. paiera xx.s.

Ligatures communes, la piece de dix à douze aulnes, ci-deuant taxé cinq sols, paiera x.s.

Limailles d'espingles seruans à plomber pots de terre, le cent pesant cy-deuant taxé six sols, paiera xii.s.

Limailles de cuiure, le cent pesant ci-deuant taxé vi. s. paiera xii.s.

Limailles de fer, le cent pesant ci deuant taxé xx.d. paiera ii.s.

Linge de table ouuré, pour cent pesant ci-deuant taxé trois liures dix sols, paiera vi.l.

Linge de table non ouuré fin, le cent pesant ci-deuant taxé quatre liures paiera vii.l.

Lin venant de Moscouie, Dosteland & autres païs estrangers, le cent pesant ci-deuant taxé dix sols, paiera xii.s.

Lin prest à filer, le cent pesant cy-deuant taxé viii.s. paiera xii.s.

Lin crud sans apprester, le cent pesant ci-deuant taxé trois sols quatre deniers, paiera xii.s.

Lizieres de drap, le cent pesant ci-deuant taxé v.s. iii.d. paiera vi.s.

Loudieres & coutepointes, le cent pesant cy-deuant taxé quatre sols six. d. paiera xx.s.

Loups ceruiers, chacune piece de manteau, ci-deuant taxee iii.l. paiera iii.l.

Loups ceruiers de Leuant, la piece cy deuant taxee treize sols quatre deniers, paiera xiii.ſ.iiii.d.

Loups ceruiers d'Eſpagne & autres païs, la piece cy deuant taxee deux ſols huict deniers, payera v.ſ.

Loutres pour fourrures, voyez pelleterie.

Lubernes, la piece de manteau cy deuant taxee trois liures, paiera iii.l.

Luths & autres inſtruments, la caiſſe cy deuant taxee xvi.ſ. paiera xx.ſ.

# M

MAcquereaux le leth, cy deuant taxé dix ſols, payera iii.li.

Malles, mallettes & bougettes, le cent peſant cy deuant taxé trois ſols ſix d. paiera xxvi.ſ.

Et auec mercerie comme mercerie.

Manteaux Lubernes la piece, voyez cy deſſus Lubernes.

Marbre le pied en quarré, cy deuant taxé quatre deniers, payera i.ſ.

Marrein à vin, voyez bois merrein.

Marrein à vin idem.

Marrons, le cent peſant cy deuant taxé vii.ſ.vi.d. payera x.ſ.

Marroquins de Leuant, la douzaine cy deuant taxee trente ſ. paiera l.ſ.

Marroquins d'Eſpagne, de Flandres & autres païs eſtrangers, la douzaine cy-deuant taxee xxx.ſ. payera xxxv.ſ.

Marroquins non paſſez en tan ny en ſommac, la douzaine cy deuant taxee ſix ſols ſix d. payera xx.ſ.

Marroquins & cordoüans de toutes ſortes, la douzaine cy deuant taxee quinze ſols, paiera xx.ſ.

Marſoüin, le cent peſant cy deuant taxé quatre ſols. paiera iiii.ſ.

Martres du païs, grandes & moyennes, la douzaine cy deuant taxee huict ſols, payera xxx.ſ.

Martres ſublimes l'vn portant l'autre, chacun timbre cy-deuant taxé ſoixante liures, paiera lx.liu.

Martres de Canada & Biſcaye, la piece cy-deuant taxee deux ſols ſix deniers payera iii.ſ.

Maaſt de ſapin de douze paumes de groſſeur & au deſſus, la piece cy-deuant taxee ſix ſols, paiera xvi.ſ.

Maaſts de ſapin de ſept paumes de groſſeur & au deſſus iuſques à douze paumes la piece, ci deuant taxee trois ſols, payera x.ſ.

Maasts de sapin de six paumes de grosseur & au dessous, la piece cy deuant taxee vn sol trois den. paiera v. s.

Matelats pour coucher, le cent pesant ci-deuant taxé vi. s. paiera xii. s.

Melasses sortans du sucre, chacun tonneau de mer ci-deuant taxé trois liures, paiera x. liu.

Melons, le cent pesant ci deuant taxé six sols, payera vi. s.

Mercerie meslee, en laquelle sont comprises les marchandises & denrees cy-apres, comme Rubenterie de laine & de fil, Lassets de laine & de fil, Cordons & tresses de laine & de fil d'espinay, Ceintures, Esguillettes de Padouë, plumes à escrire, estain à estamer, fil faux, tarquin, paillette, Lunettes, Orloges de sable, soye de porc, Iayet, Gands, & generalement tout ce qui est contenu dans le chapitre de la mercerie à la sortie, ci-deuant taxé pour le droict d'entree de chacun cent pesant trente sols, paiera xlv. s.

Mercerie menuës qui ne sont de celles specifiees en cet estat, le cent pesant, idem.

Merlus de toutes sortes, le millier ci-deuant taxé trente s. paiera iii. l.

Mesquis, le cent pesant ci-deuant taxé six d. paiera i. s.

Metail de fer, le cent pesant, voyez fer ouuré.

Metail en fonte & en œuure, le cent pesant ci-deuant taxé vingt sols, paiera xx. s.

Metail de cuiure rouge rompu, le cent pesant cideuant taxé x. s. paiera xx. s.

Metail vieux, le cent pesant ci-deuant taxé v. s. paiera x. s.

Meulardeaux au dessous de quatre pieds, la douzaine ci-deuant taxee trente cinq sols, paiera xl. s.

Meulardeaux petits pour taillandiers, la douzaine ci-deuant taxee dix s. paiera xv. s.

Meullardes au dessus de quatre pieds, la piece cy-deuant taxee quatre sols six d. paiera viii. s.

Meulleaux & peillards, la piece ci-deuant taxée vn s. iiii. d. paiera ii. s.

Meulles à moulin, la piece ci-deuant taxee trente s. paiera xl. s.

Miel de toutes sortes, le cent pesant ci deuant taxé dix s. paiera xii. s.

Mil ou millet, le cent pesant cy-deuant taxé trois s. payera vi. s.

Mirouers petits, le cent pesant, voyez mercerie

Mitraille, le cent pesant ci-deuant taxé six s. paiera xii. s.

Moluë seiche, le millier en nombre ci-deuant taxé xxv. s. paiera xxxv. s.

Moluë de terre neufue, le cent en nombre ci deuant taxé six s. paiera x. s.

Morfil ou Yuoire, le cent pesant ci-deuant taxé trente s. paiera xl. s.

Moucades, la piece contenant vnze aulnes, ci-deuant taxee cinq sols, paiera x. s.

Moucades en tapis sera payé à l'equipolent

Moucayards la piece, voyez burail de Flandres.

Moluë le leth qui est de douze barils cy deuant taxé douze sols six deniers, paiera iij.l.

Mousquets & harquebuses, le cent pesant cy deuant taxé vingt sols, paiera xx.s.

Mousquets & harquebuses de moyennes sortes, le cent pesant cy deuant taxé cinq sols, payera xx.s.

Moutons passez en galle, le cent pesant ci-deuant taxé six sols huict den. payera xii.s.

Moutons en jambes, le cent pesant cy deuant taxé v.s. paiera x.s.

Moutons pelez, la douzaine ci-deuant taxee vn sol, paiera iii.s.

Moutons & Cheureuls accoustrez en chamois, la douzaine, voyez Chamois.

Moutons vifs la piece, ci-deuant taxee vingt d. payera ii.s.

Mulles & mullets tant à scelle qu'à porter, la piece, au dessus de trente escus, ci deuant taxee trente sols, paiera iii.l.

Mulles & mullets jeunes, au dessous de trente escus la piece, cy deuant taxee quinze sols, paiera xxx.s.

Miroüers d'esbeine auec leurs glaces, enrichis d'or, d'argent, ou de cuiure doré, payera deux pour cent, selon l'estimation qui en sera faicte.

Miroirs auec esbeine non enrichis, idem.

Moule, le leth contenant douze barils, ci-deuant taxé vingt-quatre sols, payera xxxiii.s.

# N

NAppes & seruiettes, voyez linge de table.

Nappes & seruiettes vieilles, voyez vieil linge.

Nauette ou rabette, pour septier mesure de Paris, ci-deuant taxé deux sols, payera vi.s.

Noir à noircir ci-deuant taxé six den. paiera pour cent pesant x.s.

Noix communes, le muid ou poinçon, ci-deuant taxé vn sol, payera iii.s.

Ocre

# O

OCre ou croye blanche, jaulne, noire ou rouge, le baril ci-deuant taxé six d. paiera iiii.s.
Oeufs, le cent en nombre, ci-deuant taxé deux d. payera vi.d.
Oignons, le cent de bottes, ci-deuant taxé deux s. iiii.d. payera iv.s.
Ollonnes ou caneuats, le cent pesant cy deuant taxé xxii. s. six deniers, paiera xl.s.
Oreillons de toutes bestes à faire colle, le cent pesant cy deuant taxé vn sol quatre den. paiera ii.s.
Or battu, le millier de fueillets, voyez mercerie,
Orpeau & tous autres petits cuirs chargez d'or, le cent pesant, voyez mercerie.
Orseille en herbe mise en baril & non accoustree, le cent pesant ci-deuant taxé dix sols, paiera xx.s.
Orseille en baril, preste & accoustree, autrement tournesol, le cent pesant cy deuant taxé vingt sols, paiera xl.s.
Or en masse, la liure taxee vi.l.
Os de bœufs & de vaches, le millier en nombre ci-deuant taxé six den. paiera vi.s.
Ostades & demie ostades, qui ne sont d'Angleterre, le cent pesant ci-deuant taxé trois liures, paiera iv.l.
Ouurages de Flandres & d'ailleurs, en lingeries de lin, grosses ou moienne, comme toillettes, mouchoirs, chemises & autres ouurages, non compris les dentelles & poinct couppé, la liure cy-deuant taxee sept sols quatre deniers, paiera x.s.
Ouurages de Flandres faicts d'ozier, le cent pesant ci-deuant taxé dix sols, paiera xii.s.
Ozier, le cent de bottes, cy deuant taxee dix sols, paiera xii.s.

# P

PAille, le char ci-deuant taxé deux sols, paiera iii.s.
Pain d'espice, le cent pesant ci-deuant taxé v.s. iiii.d. paiera vi.s.
Papier doré, voyez papier.
Et auec mercerie comme mercerie.

Papier peint ou dominoterie, le cent pesant, voyez mercerie.

Papier blanc de Limoges, ou d'ailleurs, le cent pesant payera nonobstant l'Arrest du Conseil du 6. iour d'Aoust 1630. viii.s.

Papier cassé, le cent pesant ci-deuant taxé deux s. vi.d. payera iii.s.

Papier gris & noir, le cent pesant ci-deuant taxé xx.d. payera ii.s.vi.d.

Parchemin de Flandres, Bretaigne & autres païs, la grosse de peaux cy-deuant taxee vii.s.vi.d. paiera xv.s.

Parchemin vieil, le cent pesant ci-deuant taxé ii.s. paiera iiii.s.

Passemens de soye venans de Flandres, la liure cy-deuant taxee dix huict sols six d. paiera xx.s.

Passements, point couppé & dentelles de fil de Flandres de toutes sortes voyez dentelles de Flandres.

Passemens de Liege, la liure idem.

Passemens de capiton de bourre de soye, de rubens & ceintures de filozelles, de capiton, sayette, ou fil, le cent pesant cy-deuant taxé trente sols, paiera iii.liu.

Pastel ou pouldre de guelde, le cent pesant ci deuant taxé huict s. iiii. d. payera viii.s.iiii.d.

Pastel, la balle du poids de deux cens, à deux cens vingt-cinq liures, cy-deuant taxee dix s. paiera xv.s.

Patenostres de bois moulez, boutons, chiflets, manches d'aleines, peignes, cuilliers & ouurages de bois, le cent pesant, voyez mercerie,

Peaux de veaux à poil, la douzaine ci-deuant taxee vn sol, paiera ii.s.

Peaux de moutons ou cheureaux accoustrez en façon de chamois, voiez chamois ou cheureaux.

Peaux d'aigneaux auec la laine, la douzaine ci-deuant taxee iii.d. paiera i.s.

Peaux en laine de moutons ou brebis, le cent en nombre cy-deuant taxé v.s. paiera x.s.

Peaux blanches de moutons ou brebis passez en mesquis, le cent en nombre ci-deuant taxé iii.s.iv.d. paiera x.s.

Peaux de cheures accoustrees, la douzaine ci-deuant taxee cinq sols, paiera viii.s.

Peaux de cheures non apprestees venans de Barbarie, la douzaine cy-deuant taxee ii.s.vi.d. payera vi.s.

Peaux de bouc & de cheure non apprestees venans d'Ecosses & d'ailleurs la douzaine cy deuant taxee viii. d. payera iii.s.

Peaux de veaux tannez, la douzaine cy-deuant taxee ii.s. paiera iiii.s.

Peaux de veaux corroyees, la douzaine cy-deuant taxee huict s. six den. payera xii.s.

Peaux d'Orignac & Ellant estant à poil, la piece cy-deuant taxee vn sol viii.d. paiera iiii.s.

Peaux de Nice & Romaines noire, la douzaine cy-deuant taxee cinq sols quatre deniers, payera v.s.iv.d.
Peaux de Nice Romaines blanches, la douzaine cy-deuant taxee deux sols, payera ii.s.
Peaux d'Ours, la douzaine cy-deuant taxee vi.s.paiera viii.s.
Peaux d'Ours marins accoustrees, tant grandes que petites, la douzaine cy-deuant taxee vi.s.paiera x.s.
Peaux d'Ours marins non accoustrees, tant grandes que petites, la douzaine cy-deuant taxee trois sols, paiera vi.s.
Peaux de loups, la piece cy-deuant taxee dix d. paiera ii.s.
Peaux de loups marins, la douzaine cy-deuant taxee ii.s.vi.d.paiera v.s.
Peaux de loups ceruiers, la piece cy-deuant taxee iv.s. paiera xii.s.
Peaux de pourceaux non apprestees, la douzaine cy-deuant taxee sept d. payera v.s.
Peaux de pourceaux tannez, la douzaine cy-deuant taxee ii. s. paiera vii.s.
Peaux de chien, le cent pesant cy-deuant taxé iv.s.payera xii.s.
Peaux de chien de mer, le cent pesant cy-deuant taxé xl.s. paiera l.s.
Peaux de bœufs ou de vaches accoustrees en couleur à faire ceintures, la piece cy-deuant taxee ii.s. paiera viii.s.
Peaux de cerf & cheureulx tant grandes que petites, l'vne portant l'autre, estant auec le poil, pour piece cy-deuant taxee viii.d.paiera iii.s.
Peaux de cerfs apprestees, la piece cy-deuant taxee vii.s.vi. d. paiera x.s.
Peaux d'escoufles, la piece cy-deuant taxee xv.s.paiera xv.s.
Peaux de senteurs, la douzaine cy-deuant taxee cinquante s. payera iii.l.
Peaux de castor, le cent en nombre cy-deuant taxé quatre liures, paieront y compris les robbes & morceaux, qui ne sont en peaux entieres, la liure pesant iiii.s.

Peignes de boüis, le cent pesant, voyez mercerie.
Pellaches de fil & de cotton, la piece de dix à vnze aulnes, cy-deuant taxee dix sols, payera xv.s.
Pelleteries communes de toutes sortes, comme Regnards, Loutres, Foines, Patois, Connils cruds & ouurez & doubleaux, le cent pesant cy-deuant taxé vingt six s.viii.d. payera iii.l.
Pelleteries communes prestes à fourrer, le cent pesant cy-deuant taxé trois liures, payera vi.l.
Perles à l'once cy-deuant taxé iii.l. xii. s. paiera pour l'once iii.l.xii.s.
Et pour les rondes & de compte, paieront suiuant l'estimation, à raison de deux pour cent de la valleur.
Pelles de bois & poüllies, le cẽt en compte ci deuant taxé i.s.iv.d. paiera ii.s.
Pelissons, la piece cy-deuant taxee deux s. paiera iii.s.
Perelle ou teinture, le cent pesant cy-deuant taxé iv.s.paiera viii.s.

Picques ferrees & non ferrees, le cent pesant ci-deuant taxé ii.s. paiera x.s.

Pierreries & orfeureries, paieront à raison de deux pour cent, de ce qu'elles seront appreciees.

Piennes ou couppures de laine, le cent pesant voyez laine.

Piennes ou pennes de fil de toutes sortes, le cent pesant cy deuant taxé xviii.s. paiera xxiiii.s.

Pierre d'ayman, le cent pesant cy-deuant taxé dix sols paiera xv.s.

Pierre à faulcheur, le cent pesant cy deuant taxé iii.s. payera iii.s.

Pierre de faux ou dail, la douzaine ci-deuant taxee ix. d. paiera i.s.

Pierre d'emery, le cent pesant cy deuant taxé deux sols, paiera xii.s.

Pierre à affiler, le cent pesant cy deuant taxé vi.d. paiera i.s.

Pierre à bastir, le tonneau qui est de deux milliers pesant cy deuant taxé i.s. iiii d. paiera ii.s.

Pierre d'Arquebuse, le cent pesant cy deuant taxé vi. s. paiera vi.s.

Pistolets, Harquebuses & Mousquets, le cent pesant cy deuant taxé vingt sols, paiera xx.s.

Pistolets moyens & autres semblables à faire armes, le cent pesant cy deuant taxé cinq sols, paiera xv.s.

Placards de cuiure ou d'airain à faire chaudieres & chaudrons, le cent pesant cy deuant taxé v.s. paiera xxv.s.

Placards de fer à faire poëlles, le cent pesant ci-deuant taxé vn sol vi. d. paiera iiii.s.

Planches de sapin de toutes sortes de longueurs, le cent en nombre cy deuant taxé viii.s. iiii. d. paiera xx.s.

Planches de chesne de bois de bord, le cent de pieds de deux pouces d'espoisseur & vn pied de large à douze pouces pour pied, cy deuant taxé iiii.s. paiera viii.s.

Plastre le mout ci-deuant taxé v. d. payera i.s.

Platte ou rozette de cuiure, le cent pesant cy-deuant taxé vingt sols, paiera xxx.s.

Platte ou grand batteau ci-deuant taxé xlv. s. paiera xlv.s.

Platte moyenne ci-deuant taxee xxx. s. paiera xxx.s.

Ploc ou fil de poil de vache, le cent pesant ci-deuant taxé trois sols, paiera v.s.

Plomb, le cent pesant ci-deuant taxé i.s. vi. d. paiera ii.s. vi.d.

Plotons ou tabourets, voiez mercerie.

Plumes d'Autruches de Barbarie, le cent pesant ci-deuant taxé trente liures, paiera lx. liu.

Plumes à faire licts, le cent pesant cy deuant taxé v.s. paiera x.s.

Plumes d'Holande & autres à escrire, le cent pesant, idem.

Plumes d'oye à escrire, idem.

Pleures de laine, le cent pesant, voiez laines.

Poil de Castor & de bieure, le cent pesant cy-deuant taxé huict liures, paiera la liure vii.s.vi.d.

Poil de cheure, le cent pesant ci-deuant taxé ii.s.paiera v.s.

Poil de chien, le cent pesant cy-deuant taxé ii.s. paiera v.s.

Poil ou crin de cheual, le cent pesant cy-deuant taxé deux sols iiii.deniers, paiera vii.s.vi.d.

Poil de vache, le cent pesant cy deuant taxé iii.s.paiera v.s.

Poil de conils, le cent pesant, cy deuant taxé xxvi.s, paiera iii.l.

Poisson pacqué soit en sel ou saulce, dont n'est icy fait particuliere declaration, pour les douze barils cy-deuant taxé iii.liu.paiera iii.l.

Poisson nourrain, autrement filette, le millier en compte cy deuant taxé viii.d.paiera ii.s.

Poids de marc de cuiure ou laton, le cent pesant cy-deuant taxé vingt sols, paiera xxx.s.

Poids de marc de fonte, le cent pesant cy deuant taxé v.s.paiera xv.s.

Poix blanche & noire, le cent pesant ci-deuant taxé iiii.s. paiera v.s.

Pommes poires, le millier en nombre cy-deuant taxé i.s. paiera ii.s.

Poix raisine, le cent pesant cy-deuant taxé iiii.s. paiera vi.s.

Pommes de licts de toutes sortes, le cent en nombre, voyez mercerie.

Porcs gras vifs, la piece cy-deuant taxee ii.s.vi. d.paiera iiii.s.

Porcs communs la piece cy-deuant taxee xv.d.paiera ii.s.

Porcelets de six mois, la piece cy-deuant taxee viii. d. paiera i.s.

Porcs gras tuez & habillez, la piece cy-deuant taxee ii. s. paiera iiii.s.

Porcelaine grande, petite ou moyenne, le cent pesant, payera vi.l.

Potin, le cent pesant cy-deuant taxé iiii.s.payera v.s.

Pots & Chaudiers de fer, Poisles, Cuilliers, & toutes autres sortes de batteries de fer, le millier cy-deuant taxé cinquante sols, paiera v.l.

Pots & plats de terre, la douzaine cy-deuant taxee i.s.vi.d. paiera ii.s.

Poulains, Iuments mullets & mulles au dessus de deux ans, voyez Iuments.

Poulains au dessous de deux ans, la piece idem.

Pierre de ponce, le cent pesant cy deuant taxé treize sols, quatre deniers, paiera xv.s.

Poudre à canon, le cent pesant cy-deuant taxé xvi.s.paiera xvi.s.

Pouppees d'eauë, le cent pesant, voyez mercerie.

# Q

QVeuë de cheual, le cent peſant ci-deuant taxé ii.ſ.iii.d. paiera v.ſ.
Queuë de Martre ſublime, voiez cordons ou queuë.
Qu cuche, le cent peſant cy-deuant taxé i.ſ.iv.d. paiera ii. ſ. vi.d.
Quinquaillerie de cuiure, le cent peſant cy-deuant taxé vingt ſols, paiera xlv.ſ.
Quinquaillerie de fer & acier, le cent peſant cy-deuant taxé dix ſols, paiera xx.ſ.
Quingraue ſeruant à peintures, le cent peſant cy-deuant taxé cinq ſols, payera vii.ſ.vi.d.
Quinee de fil de toutes ſortes, le cent peſant cy-deuant taxé dix-huict ſols, paiera xxiv.ſ.

# R

RApatelles ou toilles faites de queuës de cheual, le cent peſant cy-deuant taxé ii.ſ.iii.d. payera vii.ſ.vi.d.
Raquettes, le cent peſant, voyez mercerie.
Raimonnettes accouſtrees en vergettes, le cent peſant, idem.
Regnard pour fourrures, le cent peſant, voiez pelleterie.
Rechaux de fer, le cent peſant cy-deuant taxé v.ſ. paiera x.ſ.
Rets à pecher, le millier peſant cy-deuant taxé v. ſ. paiera vi.ſ.
Rets de charuë, le millier en nombre cy-deuant taxé ii.ſ. payera iv.ſ.
Reueſches ou bayettes de Flandres & autres ſemblables eſtoffes, voyez bayettes
Rongneures de cartes, le cent peſant cy deuant taxé x.d. payera i.ſ.
Rongneures de laton, le cent peſant cy-deuant taxé iv.ſ. payera x.ſ.
Rongneures de peaux, le cent peſant cy-deuant taxé i.ſ.ii.d. paiera iii.ſ.
Rozeteau le timbre, voyez hermines.
Rozettes ou cuiure, le cent peſant, voyez cuiure en Roſettes.
Rozettes ou clou à Sellier, voyez Mercerie.
Rubens de laine, le cent peſant, voyez mercerie.
Rubens de fil, le cent peſant, idem.

# S

SAbots le chariot chargé cy-deuant taxé vi.s. payera x.s.
Sabots la charette chargee cy-deuant taxee ii.s.vi.d. payera v.s.
Saffle, le cent pesant cy-deuant taxé i.s.payera ii.s.
Salpestre, le cent pesant cy-deuant taxé vii.s. payera xv.s.
Samilis, le cent pesant cy-deuant taxé trois liu. payera iv.l.
Sangles, le cent pesant, voyez mercerie.
Sapins à faire eschelles ou combles de maison, le cent en nombre cy-deuant taxé v.s.payera x.s.
Sapins le cent en nombre cy deuant taxé iv. s. paiera x.s.
Sapins petits, le cent en nombre pour faire pioche, cy-deuant taxé ii. sols, payera iv.s.
Sarges d'Ascot la piece cy-deuant taxee xv.s.payera xx.s.
Sarges de seigneur Daras, Lisle, Cypre, Angleterre, & des païs estrangers, la piece cy-deuant taxee dix sols, payera xx.s.
Serges drappees contrefaites de Florence & autres, blanches ou teintes, la piece contenant depuis treize iusques à quinze aulnes cy-deuant taxee xv.s.paiera xxvi.s.
Serges d'Escosse demies estroites, blanches ou teintes, contenant vingt cinq aulnes, la piece cy-deuant taxee iv.s. paiera vii.s.vi.d.
Serges dudit pais d'Escosse doubles, larges, blanches ou teintes, la piece cy-deuant taxee viii.s. paiera xv.s.
Satin de Burge la piece cy-deuant taxee xv.s.payera xxx.s.
Saumon en hambourg, pour les six hambourgs cy-deuant taxé trois liu. payera iii.l.
Saumon en barils les huict barils cy-deuant taxez iii.l. paiera iii.l.
Seiches & hadots le millier en compte, voyez hadots.
Seilles la douzaine cy-deuant taxee v.d. payera i.s.
Seintures auec or & argent, la piece voyez ceintures en broderie.
Sel de baril payera pour droict d'entree à raison de seize sols le baril, excepté celuy pour la fourniture des Greniers de la ferme des Gabelles, & sera ledit droict de seize sols pour baril payé pour les sels entrant dans la ville de Boulongne Monstreuïl & autres ports & haure de Picardie & Normandie, comme à Calais, cy-deuant taxé xvi.s.payera xvi.s.
Selles de bois, le cent pesant cy-deuant taxé i.s.vi.d.paiera ii.s.
Serains de Canarie de toutes sortes masles & femelles, le cent en nombre cy deuant taxé xxv.s.paiera xxx.s.

Si mieux n'ayment les Marchans payer en essence à raison de deux Serains pour cent.

Serpes & autres cousteaux, le cent pesant cy-deuant taxé vi.s. paiera x.s.
Seruiettes & nappes, voyez linge de table.
Seruiettes & nappes vieilles, le cent pesant, voyez vieil linge.
Serrures, la piece ci-deuant taxee ii.s. payera ii.s.
Sildre, le tonneau ci-deuant taxé xvi.s. paiera xvi.s.
Souldes, le cent pesant ci-deuant taxé ii.s. paiera iii.s.
Soufflets petits, la douzaine ci-deuant taxee iiii.d. paiera i.s.
Soufflets de marefchal, la paire ci-deuant taxee i.s. paiera v.s.
Souldures, le cent pesant ci-deuant taxé viii.den. paiera i.s.
Soulliers neufs, la douzaine de paires ci-deuant taxee ii.s. paiera iii.s.
Soulliers vieils, voyez vieils soulliers.
Stocfix la balle contenant vn millier ci-deuant taxé xl.s. payera xl.s.
Suif venant de Moscouie, d'Ostelland, ou d'autres païs estrangers, le cent pesant ci-deuant taxé x.s. paiera x.s.
Sumacq à faire teintures, le cent pesant ci-deuant taxé iv. s. paiera viii.s.
Sumax, idem.

# T

Tableaux de toutes sortes auec leurs bois non enrichis, le cent pesant ci-deuant taxé xxx.s. paiera iii.l.
Tableaux auec leurs bois enrichis d'or & d'argent, ou cuiure doré, payeront à l'estimation.
Tacque pour foyer, la piece ci-deuant taxee xx.d. paiera ii.s. vi.d.
Tapis velus de Turquie, d'Angleterre ou d'ailleurs, la piece ci-deuant taxée liii.s. iv.d. moderé à xx.s.
Tapis dudit païs d'Angleterre, pour faire chaise & ameublement, le cent pesant cy deuant taxé six liu. paiera vi.l.
Tapis de Moucades, voyez Moucades.
Tapis d'Allemagne, la piece ci-deuant taxee ii.s. paiera iiii.s.
Tapis quarrez en laine, la piece l'vn portant l'autre cy deuant taxee trois sols iv.d. paiera v.s.
Tapis de laine faits à l'esguille, rehaussez de soie, les droicts se paieront à raison de deux pour cent de la valleur.
Tapis de laine faits à l'esguille d'autres sortes, idem.

Tapis

Tapis de ſerges auec paſſements de ſoye, idem.

Tapis de poil de chien, la piece cy-deuant taxee vi.d. paiera i.ſ.

Tapis de Tournay le cent peſant, voyez mercerie.

Tapiſſeries de Flandres, d'Audeuarde & autres lieux de Flandres, excepté, Anuers & Bruxelles, le cent peſant cy-deuant taxé vi.l. payera x.l.

Tapiſſeries d'Anuers & Bruxelles, le cent peſant cy-deuant taxé ſix liu. payera xx.l.

Tapiſſeries des ſuſdits lieux, rehauſſees de ſoye, d'or, ou d'argent, paieront deux pour cent de l'eſtimation.

Tapiſſeries de filetin & d'Auuergne, payeront pour la nouuelle reapreciation pour cent peſant, nonobſtant l'Arreſt du Conſeil, iii.l.

Tapiſſeries de Bergame, le cent peſant cy-deuant taxé iv.l. payera v.l.

Tapiſſeries de cuir d'oré, le cent peſant cy-deuant taxé trois liures, payera iv.l.x.ſ.

Tetaſſe de Hollande pour baril, ci-deuant taxé vi.d. payera i.ſ.vi.d.

Thoreaux de deux à trois ans, la piece cy-deuant taxee iv.ſ. paiera vi.ſ.

Thorillons, la piece cy-deuant taxee ii. ſ. paiera iii.ſ.

Thuilles courbees ou plattes, le millier cy-deuant taxé trois ſ.iv. den. paiera vi.ſ.

Tierain, le cent peſant ci-deuant taxé iv.ſ. payera iv.ſ.

Tiretaine, qui eſt moitié laine, lin, ou fil, voyez mercerie

Thoille de ſoye nouuel vſage, la liure cy deuant taxee trois liu. x. ſols, payera iii.l. x.ſ.

Thoilles d'eſtouppes blanches façon de Boulongne & d'Allemagne, la piece de vingt aulnes ci-deuant taxee viii.ſ. payera viii.ſ.

Thoilles de Hollande & autres ſemblables dudit pays, de xv. aulnes la piece cy-deuant taxee quinze ſols, payera xv.ſ.

Thoilles Baptiſte & Cambray, ſoient cruës, iaulnes, blanches & bazettes, tant fines, moyennes que groſſes, la piece de quinze aulnes ou enuiron meſure de Paris, cy-deuant taxee quinze ſ. payera xv.ſ.

Thoilles de Coutray, Gand & autres lieux, la piece de meſme aulnage, cy-deuant taxee xv.ſ. payera xv.ſ.

Thoilles rayee de ſoye & autres ſemblables eſtoffes, venuës de pays eſtrangers, la piece cy-deuant taxee v.ſ. payera vii. ſ.vi.d.

Thoilles ouurees à faire nappes ou ſeruiettes, la piece de trente-quatre aulnes meſure de Paris, cy-deuant taxee xvii.ſ. payera xxv.ſ.

Thoilles groſſes de Barrois, Cinchamp, Chaſtelleraux & autres lieux, pour cent peſant cy-deuant taxé xxii.ſ. paiera xl.ſ.

Thoilles peintes de Flandres, le cent peſant, voyez mercerie.

Toilles de Souguy nommees Gambes, la piece contenant vingt-quatre aulnes, cy-deuant taxee viii.ſ. payera xv.ſ.

Et les groſſes duoit aulnages, la piece de vingt quatre aulnes cy-deuant taxee iv ſ. payera vii.ſ. vi.d.

Toilles faictes d'eſtouppes, le cent peſant cy-deuant taxé vingt ſols, payera xxx.ſ.

Toilles d'Olonne, & autres ſortes à faire voilles de nauires, le cent peſant cy deuant taxé xxv.ſ. payera xxxv.ſ.

Toilles à tamis, le cent peſant cy-deuant taxé ii.ſ. payera vii.ſ. vi.d.

Toilles de Lachine, faites de cotton, la piece de neuf à dix aulnes, cy-deuant taxee v.ſ. payera vi.ſ.

Toilles de quintin, la piece contenant cinq à ſix aulnes cy-deuant taxee ii.ſ. payera iv.ſ.

Tonnes, Marſoin, Balaine, Anchois, le cent peſant cy-deuant taxé trois ſols iv.d. payera viii.ſ.

Tourte de nauette & rabette, & de lin, le millier en nombre cy-deuant taxé iv.ſ. payera viii.ſ.

Tourte de noix, le millier en nombre cy deuant taxé vi.ſ. payera xii.ſ.

Tourteaux le cent en nombre cy-deuant taxé vn ſol iii.d. payera ii.ſ.

Tracq le baril cy-deuant taxé ii.ſ. payera iii.ſ.

Tranchoirs de bois la groſſe cy-deuant taxee vn den. payera i.ſ.

Treillis d'Allemagne, la piece cy-deuant taxee iii.ſ. payera v.ſ.

Trippes de velours, la piece contenant vingt aulnes cy-deuant taxee dix ſols, payera xv.ſ.

Trippes de ſoye, la piece cy-deuant taxee xii.ſ. vi.d. payera xxv.ſ.

Trouſſe de paille tant de froment qu'autres, le cent peſant cy-deuant taxé deux ſols ſix den. payera ii.ſ. vi.d.

Truittes, le cent en nombre cy deuant taxé viii.ſ. payera xvi.ſ.

# V

Vaches de Rouſſy, la piece ci-deuant taxee iv.ſ. paiera iv.ſ.

Vaches viſues, la piece ci-deuant taxee v.ſ. paiera v.ſ.

Vaches en grain pour faire empeignes, la piece cy-deuant taxee vn sol, paiera iii.s.

Vaches tuees & habillees, la piece cy-deuant taxee trois sols quatre den. paiera v.s.

Vaisselle d'estain, voyez estain.

Vaisselle de Fayence, la douzaine cy-deuant taxee ii.s. paiera ii.s.

Van à vanner, la douzaine cy-deuant taxee x.d. paiera ii.s. vi.d.

Veaux gras ou maigre, la piece cy deuant taxee deux sols six deniers, paiera ii.s. vi.d.

Vellins, le cent pesant, voyez mercerie.

Vaisselles & autres ouurages d'or & d'argent, la liure cy deuant taxee xxx.s. paiera xxx.s.

Verges à estendre, voyez mercerie.

Vergettes, le cent pesant voyez idem.

Verjus, le tonneau ci-deuant taxé x.s. payera xv.s.

Verre cassé ou groisil, le baril ci-deuant taxé v.d. paiera ii.s.

Verre en table pour faire vitres, la charrettee chargee de quatre panniers ci-deuant taxee iii.s. iv.d. paiera xvi.s.

Verres de toutes sortes, excepté celuy de Venise, le cent pesant ci-deuant taxé ii.s. vi.d. paiera x.s.

Verres, tasses, couppes & bassins de cristalin de Venise & d'ailleurs, voiez mercerie.

Vieil linge, le cent pesant ci-deuant taxé v.s. paiera x.s.

Vieil oinct, pour cent pesant ci deuant taxé v.s. paiera x.s.

Vieux soulliers, la douzaine de paires ci-deuant taxee i.d. paiera vi. d.

Vieux manteaux, le cent pesant cy-deuant taxé quatre sols quatre den. paiera xxx.s.

Vieux corcelets, le cent pesant cy-deuant taxé x.s. paiera x.s.

Vieux drappeaux, le millier ci-deuant taxé x.s. paiera x.s.

Vinaigre le tonneau ci-deuant taxé x.s. paiera xv.s.

Vins d'Espagne, Canarie, Madere & autres païs estranges, chacune pippe ou botte ci-deuant taxee iii.l. paiera iv.l.

Vin du Comté, Loraine & autres païs estranges, la queuë ci-deuant taxee vingt sols, paiera xx.s.

Vin de Gascogne, le tonneau cy-deuant taxé xlviii.s. payera xlviii.s.

Vins de Gaillac, le tonneau ci-deuant taxé xlviii.s. payera xlviii.s.

Vins de Congnac, le tonneau ci-deuant taxé xxxvi.s. payera xxxvi.s.

Vins de la Rochelle, de Ré & autres lieux, le tonneau cy-deuant taxé xxiv.s. paiera xxiv.s.

Voide ou pastel des Essores, la cuuee du poids de 800. ci-deuant taxee quatre sols, payera xx.s.

Voide en branche, le cent en nombre de bottes cy-deuant taxee vn sol, payera iii.s.

*Et où il y auroit autres sortes de Danrees & Marchandises obmises à estre employees au present Estat : Entend sa Maiesté, que la reapreciation en soit faite par ses Officiers, Fermiers & Commis: Et que les droicts en soient payez à ladite raison de deux pour cent, ainsi qu'il est mandé par lesdites Lettres de Declaration.*

*Faict au Conseil d'Estat du Roy, tenu pour ses Finances à Thoulouse, le vingt-septiesme iour d'Octobre, mil six cens trente deux.*

LE RAGOIS.

*Collationné à l'Original par moy Conseiller & Secretaire du Roy & de ses Finances.*